# 公路桥梁建设与工程项目管理

丁雪英　陈　强　白炳发◎著

吉林科学技术出版社

图书在版编目（CIP）数据

　　公路桥梁建设与工程项目管理 / 丁雪英，陈强，白
炳发著 . -- 长春：吉林科学技术出版社，2018.4
　　ISBN 978-7-5578-3966-6

　　Ⅰ . ①公… Ⅱ . ①丁… ②陈… ③白… Ⅲ . ①公路桥
—桥梁工程—工程施工②公路桥—桥梁工程—工程管理
Ⅳ . ① U448.14

　　中国版本图书馆 CIP 数据核字 (2018) 第 076113 号

## 公路桥梁建设与工程项目管理

著　　　者　丁雪英　陈　强　白炳发
出 版 人　李　梁
责任编辑　孙　默
装帧设计　陈　磊
开　　本　889mm×1194mm　1/16
字　　数　330千字
印　　张　18.5
印　　数　1-3000册
版　　次　2019年5月第1版
印　　次　2019年5月第1次印刷

出　　版　吉林出版集团
　　　　　吉林科学技术出版社
发　　行　吉林科学技术出版社
地　　址　长春市人民大街4646号
邮　　编　130021
发行部电话/传真　0431-85635177　85651759　85651628
　　　　　　　　　　　85677817　85600611　85670016
储运部电话　0431-84612872
编辑部电话　0431-85635186
网　　址　www.jlstp.net
印　　刷　三河市天润建兴印务有限公司

书　　号　ISBN 978-7-5578-3966-6
定　　价　128.00元

# 前 言
## PREFACE

随着我国市场经济体制的建立和经济法规的逐步完善，公路建设的管理也纳入了法制化的轨道。经过多年的实践和总结，我国在公路工程的项目管理方面基本上形成了一套较为系统的理论、经验和方法，造就了一支庞大的工程项目管理队伍，建成了一大批工程项目管理成功的公路工程项目，为我国的公路建设做出了巨大贡献。

本书撰写中力求体现以应用能力为核心，以解决实际问题为目标，紧密联系公路工程实际，及时反映交通行业对公路工程技术人员的要求，力争使内容达到：①适应当前工作实际需要，加强内容的先进性、针对性和实用性；②适应宽口径复合型人才培养的需要，理论和实践并重，注重学生综合素质的提高。主要内容包括：桩基的结构设计、桩基的施工、地基处理、公路工程监理综述、公路工程监理招投标与合同管理、公路工程组织协调与工地会议、市政工程建设项目进度管理、市政道路工程施工现场综合管理、市政工程建设项目风险管理、市政工程建设项目造价管理。

鉴于作者水平和经验有限，书中难免有谬误和疏漏，敬请读者批评指正。同时，附于书末参考文献的作者们对本书的完成给予了巨大的支持，在此一并致以真诚的谢意！

# 目 录
## CONTENTS

# 第一章　桩基的结构设计

# 第一节 桩基设计的基本要求、流程与验算内容

## 一、桩基设计的基本要求

桩基的设计必须满足 3 个方面的要求：一是必须保证桩基是长期安全适用的；二是合理且经济的；三是必须考虑施工上的方便快速。此外，桩和承台应有足够的强度、刚度和耐久性，地基（主要是桩端持力层）应有足够的承载力，且不产生过量的变形。

桩基设计的安全性要求包括两个方面：一是桩基与地基土相互之间的作用是稳定的且变形满足设计要求；二是桩基自身的结构强度满足要求。前者要求桩基在设计荷载作用下具有足够的承载力，同时保证桩基不产生过量的变形和不均匀变形；后者要求桩基结构内力必须在桩身材料强度容许范围以内。

桩基设计的合理性要求桩的持力层、桩型、桩的几何尺寸及自身参数和桩的布置尽可能地发挥桩基承载能力。按受力确定桩身材料强度等级和配筋率，无论是整体还是局部，既要满足构造要求，又不过量配置材料，施工可行。

桩基设计的经济性要求是指桩基设计中充分把握桩基特性，通过多方案的比较，寻求最佳设计方案，最大限度地发挥桩基的性能，力求使设计的桩基造价最低，又能确保长久安全。

不同的桩基有着各自的一些特点，设计时应加以考虑，见表 1-1。

表 1-1 各类桩基的设计特点

| 桩基类型 | 设计中应注意的问题 |
|---|---|
| 建筑物桩基 | 1. 群桩竖向承载力要满足上部结构荷载要求，沉降量要满足变形要求<br>2. 可考虑承台底土的反作用力，即"桩土共同作用"，以节约工程造价<br>3. 考虑边载作用对桩产生的力矩和负摩阻力<br>4. 考虑特殊情况下对桩产生的上拔力<br>5. 考虑桩的负摩阻力作用<br>6. 基坑开挖对桩的水平推力 |

续表

| | |
|---|---|
| 桥梁桩基 | 1. 群桩竖向承载力要满足上部结构荷载要求，沉降量要满足变形要求<br><br>2. 应充分考虑荷载的最不利组合<br><br>3. 考虑桥桩拉力作用以及桥墩（台）桩的水平荷载<br><br>4. 考虑路堤的边载使桩受到负摩擦力和弯矩的作用。<br><br>5. 考虑浮托力与水流冲刷作用 |
| 港工桩基 | 1. 群桩竖向承载力要满足上部结构荷载要求，沉降量要满足变形要求<br><br>2. 考虑桩型要有足够的刚度和耐久性<br><br>3. 考虑坡岸稳定性对桩的影响<br><br>4. 考虑码头大量堆载对桩产生的负摩阻力及水平力<br><br>5. 考虑高桩码头的群桩效应<br><br>6. 考虑水的托浮、倾覆力矩对桩产生的上拔力 |

## 二、桩基设计流程

一般情况下，桩基础设计的基本流程如下：

（1）确定桩基础的设计等级与设计原则。

（2）桩型、桩断面尺寸、桩长的选择。

（3）确定单桩承载力。

（4）确定桩数及布桩。

（5）群桩承载力与沉降验算。

（6）桩基中各桩受力计算。

（7）桩身结构设计。

（8）承台设计。

## 三、规范对桩基设计验算内容要求

### （一）建筑桩基安全等级

根据桩基损坏造成建筑物的破坏后果（危及人的生命、造成经济损失、产生社会影响）的严重性，桩基设计时应根据表1–2选定适当的安全等级。

表1–2 建筑桩基安全等级

| 安全等级 | 破坏后果 | 建筑物类型 |
|---|---|---|
| 一级 | 很严重 | 重要的工业和民用建筑物，对桩基变形有特殊要求的工业建筑 |
| 二级 | 严重 | 一般的工业与民用建筑物 |
| 三级 | 不严重 | 次要的建筑物 |

### （二）桩基的极限状态

桩基的极限状态分为下列两类：

承载力极限状态：对应于桩基达到最大承载能力或整体失稳或发生不适于继续承载的变形。

正常使用极限状态：对应于桩基达到建筑物正常使用所规定的变形限值或达到耐久性要求的某项限值。

### （三）桩基设计时需进行的承载能力计算

所有桩基均应进行承载能力极限状态的计算，主要包括以下几方面：

（1）桩基的竖向承载力计算（抗压和抗拔），当主要承受水平荷载时应进行水平承载力计算。

（2）对桩身及承台承载力进行计算。

（3）当桩端平面以下有软弱下卧层时，应验算软弱下卧层的承载力。

（4）对位于坡地、岸边的桩基应验算整体稳定性。

（5）按《建筑抗震设计规范》（GB50011—2010）的规定，需进行抗震验算的桩基，应做桩基的抗震承载力验算。

（6）承载力计算时，应采用荷载作用效应的基本组合和地震作用效应组合。荷载及抗震作用应采用设计值。

### （四）建筑桩基的变形验算

以下情况应进行桩基变形验算：

（1）桩端持力层为软弱土的一、二级建筑桩基以及桩端持力层为黏性土、粉土或存在软弱下卧层的一级建筑桩基，应验算沉降；并宜考虑上部机构与基础的共同作用。

（2）受水平荷载较大或对水平变位要求严格的一级建筑桩基应验算水平变形。

（3）沉降计算时应采用荷载的长期效应组合，荷载应采用标准值；水平变形、抗裂、裂缝宽度计算时，根据使用要求和裂缝控制等级应分别采用荷载作用效应的短期效应组合或短期效应组合考虑长期荷载的影响。

建于黏性土、粉土上的一级建筑桩基及软土地区的一、二级建筑桩基，在其施工过程及建成后使用期间，必须进行系统的沉降观测直至沉降稳定。

# 第二节　桩型的选择

桩型与工艺的选择应根据建筑结构类型、荷载性质、桩的使用功能、穿越土层、桩端持力层土类、地下水位、施工设备、施工环境、施工队伍水平和经验，以及制桩材料供应条件等，选择经济合理、安全适用的桩型和成桩工艺。

应考虑的因素包括：

（1）结构类型与荷载。

（2）地质条件，包括地层类别、土性、地下水赋存情况。

（3）施工条件与环境，指当地经验、设备场地作业空间、非浆排渣条件、噪声振动控制等。

（1）对于深厚软土场地，多层、小高层建筑可选用预应力管桩或空心方桩，而高层和超高层建筑，宜采用灌注桩。

（2）对于以一般黏性土、粉土为主的场地，适用性强的灌注桩可作为首选。当土层承载力较低且无浅埋硬夹层时，多层、小高层建筑可选用预应力管桩或预应力空心方桩。

（3）对于填土和液化土场地，填土中若不含粒径 15cm 以上的大块碎石，可选用中小直径预应力管桩。当桩端持力层埋深很大，桩长过大（> 50m）或建筑物荷载集度高，也可采用灌注桩。

（4）对于湿陷性黄土场地，当土层较薄时，可采用后注浆灌注桩。而对土层较厚的高层住宅，采用满布中小桩径的预应力管桩。

（5）对于岩溶场地，由于预制桩无法入岩，故不宜采用预制桩，多采用灌注桩，但成桩过程十分复杂，要因地制宜。

（6）对于虚填块石场地，在沿海和内陆山区，采用开山爆破大块石填海或填谷造地。成桩难度大，迄今未开发出机械成孔设备和方法。

（7）采用嵌岩桩时应考虑场地基岩埋藏深度、建筑物荷载大小与埋深。

（8）挤土沉管灌注桩用于淤泥和淤泥质土层时，应局限于多层住宅桩基。

（9）抗震设防烈度为 8 度及以上地区，不宜采用预应力混凝土管桩和预应力混凝土空心方桩。

# 第三节 桩的布置

## 一、规范对桩基布置的要求

《建筑桩基技术规范》(JCJ94—2008) 对桩的布置做了如下的规定：

（1）基桩的最小中心距应符合表 1-3 的规定；当施工中采取减小挤土效应的可靠措施时，可根据当地经验适当减小。

表1-3 基桩的最小中心距

| 土类与成桩工艺 | | 排数不少于3排且桩数不少于9根的摩擦型桩基 | 其他情况 |
|---|---|---|---|
| 非挤土灌注桩 | | 3.0d | 3.0d |
| 部分挤土桩 | 非饱和土、饱和非黏性土 | 3.5d | 3.0d |
| | 饱和黏性土 | 4.0d | 3.5d |
| 挤土桩 | 非饱和土、饱和非黏性土 | 4.0d | 3.5d |
| | 饱和黏性土 | 4.5d | 4.0d |
| 钻、挖孔扩底桩 | | 2D 或 D + 2.0m（当 D > 2m） | 1.5D 或 D + 1.5m（当 D > 2m） |
| 沉管夯扩、钻孔挤扩桩 | 非饱和土、饱和非黏性土 | 2.2D 且 4.0d | 2.0D 且 3.5d |
| | 饱和黏性土 | 2.5D 且 4.5d | 2.2D 且 4.0d |

注 1.d 为圆柱设计直径或方桩设计边长；D 为扩大段设计直径。

2. 当纵横向桩距不相等时，其最小中心距应满足"其他情况"一栏的规定。

3. 当为端承桩时，非挤土灌注桩的"其他情况"一栏可减小至2.5d。

（2）排列基桩时，宜使桩群承载力合力点与竖向永久荷载合力作用点重合，并使基桩受水平力和力矩较大方向有较大抗弯截面模量。

（3）对于桩箱基础、剪力墙结构桩筏（含平板和梁板式承台）基础，宜将桩布置于墙下。

（4）对于框架—核心筒结构桩筏基础应按荷载分布考虑相互影响，将桩相对集中布置于核心筒和柱下；外围框架柱宜采用复合桩基，有合适桩端持力层时，桩长宜减小。

（5）应选择较硬土层作为桩端持力层：桩端全断面进入持力层的深度，对于黏性土、粉土不宜小于2A，砂土不宜小于1.5A，碎石类土不宜小于1d。当存在软弱下卧层时，桩端以下硬持力层厚度不宜小于3d。

（6）对于嵌岩桩，嵌岩深度应综合荷载、上覆土层、基岩、桩径、桩长诸因素确定；对于嵌入倾斜的完整和较完整的全断面，深度不宜小于0.4d 且不小于0.5m，倾斜度大于30%的中风化岩，宜根据倾斜度及演示完整性适当加大嵌岩深度；对于嵌入平整、完整的坚硬岩和较硬岩的深度不宜小于0.2d，且不应小于0.2m。

## 二、常见的桩基平面布置形式

桩的平面布置形式有方形、矩形、三角形、梅花形等，条形承台下的桩，可采用单排或双排布置，对于大直径桩采用一柱一桩布置。

群桩的合理排列也能达到减小承台尺寸的目的，实践中应用的排列形式，柱下多为对称多边形；墙下为行列式；筏或箱下则尽量沿柱网、肋梁或隔墙的轴线设置。

### 三、桩端持力层的选择

持力层是指地层剖面中某一能对桩起主要支承作用的岩土层。持力层的选用决定于上部结构的荷载要求、场地内各硬土层的深度分布、各土层的物理力学性质、地下水性质、拟选的桩型及施工方式、桩基尺寸及桩身强度等。桩端持力层的性质、埋深影响到桩基承载力、沉降等形状，实际上也决定了桩长。桩端持力层的选定应考虑以下因素：

#### （一）考虑上覆土层性质和桩长径比

上覆土层强度和模量越高，单桩荷载传递的有效长径比（或临界长径比）$l/d$ 越小，对群桩而言，还应考虑群桩效应。

#### （二）考虑桩型与成桩工艺

对于钻挖孔灌注桩，可适用于各种桩端持力层，按设计要求达到所需深度不存在施工困难。对于挤土预制桩，不仅要考虑桩端进入持力层的可贯入性，还应考虑其对硬砂夹层等的穿透性。

#### （三）考虑可选桩端持力层厚度与下卧土层性质

桩端持力层的硬土层厚度不宜小于 1.3.1 节所述的持力层深度与桩端以下持力层厚度之和。

#### （四）考虑工程特点和荷载

应根据上部结构荷载要求和沉降要求来选择桩端持力层；不同高度的建筑物应选择不同的桩长、桩径以及持力层；对于倾斜地层，桩端持力层的选择不但要满足承载力的要求，还要满足稳定性要求。

### 四、桩长与桩径的选择

桩长与桩径要受到下列各种因素的影响：桩的荷载特性（大小、作用方向、动力还是静力）、桩打入地层的土力学特性、打桩方式、桩的类型与桩材等。

#### （一）桩长的选择

在确定桩长时，大致从以下因素考虑：

1. 荷载条件

上部结构传递给桩基的荷载大小控制单桩设计承载力，因而也是控制桩长的主要因素。

2. 地质条件

桩的最大可能打入深度或埋设深度，以及沉降量都与地层层次的排列有密切关系。

3. 地基土的特性

对于不同的地基土，桩长应有不同的考虑。例如：对于可液化土，桩长应穿过可液化砂层，并有足够长度伸入稳定土层；对于湿陷性黄土，桩长必须大于湿陷性土层厚度等。

4. 桩—土相互作用条件

为使桩—土相互作用发挥最佳的承载效果，采用较长的桩、较少的桩数、较大的桩距和较大的单桩设计荷载，通常是比较经济的。

5. 深度效应

在确定桩长时，桩端进入持力层的深度和摩擦桩的入土最小深度应分别不小于端阻临界深度 hcp 和侧阻临界深度 hcs，且桩端离软卧层的距离一般不应小于临界厚度。

6. 压屈失稳可能性

在相同的侧向约束、相同的桩顶约束以及相同的桩端约束条件下，桩越细长越容易出现压屈失稳，故在必要时要进行压屈失稳验算来验证所确定的桩长。

### （二）桩径的选择

确定桩长时要考虑的一些因素也同样适用于桩径。设计时还应该注意到如下的一些规定和原则：

(1) 桩径的确定要考虑平面布桩和规范对桩间距的要求。

(2) 一般情况下，同一建筑物的桩基应该选用同种桩型和同一持力层，但可以根据上部结构对桩荷载的要求选择不同的桩径。

(3) 桩长的选择应考虑长径比的要求，同时按照不出现压屈失稳条件来校验所采用的桩长径比。

(4) 按照桩的施工垂直度偏差控制端承桩的长径比，以避免相邻两桩出现桩端交会而降低端阻力。

(5) 对桩径的确定，要考虑各类桩型施工难易程度、经济性和对环境的影响程度以及打桩挤土因素等。

(6) 当桩的承载力取决于桩身强度时，可由式 (1-1) 估算桩径：

$$A = \frac{Q_u}{\phi\,\varphi f_{ck}} \quad (1-1)$$

式中：$Q_u$——与桩身材料强度有关的单桩极限承载力，kN；

$\phi$——钢筋混凝土受压构件的稳定系数；

$\phi$——施工条件系数；

$f_{ck}$——混凝土的轴向抗压强度，kPa；

A——桩身截面积，$m^2$。

（7）在考虑抗震设计时，桩的上段部位配筋应满足抗震构造要求或扩大桩径。

（8）当场地要考虑桩的负摩阻力时，桩径要做中性点的桩身强度验算。

**（三）桩的最小长径比的综合确定**

对于桩的最小长径比建议按如下原则确定：对于上覆松散、软弱土层情况，最小长径比 l/d 宜取不小于 10；对于上下土层变化较小的情况，最小长径比宜取不小于 7；桩端进入持力层的深度不应小于规范规定值，且应考虑桩的长径比接近临界最小值，应适当加深。对于嵌入中等强度以上完整基岩中的嵌岩桩，可不受最小长径比的限制。

# 第四节　钢筋混凝土预制桩的构造

钢筋混凝土预制桩分为方桩和管桩两大类，而且常采用预应力混凝土。方桩制造方便，通常采用整根预制，必要时也可分节制造；方桩的接桩也较方便。此外，方桩与同面积（同为实心）的圆桩相比，侧摩擦力可提高 13%。某些地区在岸坡或临近驳岸处，为抵抗土压力或增加岸坡的稳定性，采用矩形断面，其长边垂直于岸线，以增加桩的抗弯能力，具有一定效果。在外海和水流流速较大的地区，采用圆桩可减小波浪及水流产生的压力，比方桩有明显的优越性。特别是预应力管桩具有良好的性能，在铁路桥梁工程和建筑工程中应用较多。

## 一、钢筋混凝土方桩

普通钢筋混凝土方桩即非预应力钢筋混凝土方桩，桩身混凝土强度等级不宜低于C35，常用的截面边长 200~550mm，在建筑工程中采用较多，也可在内河中小型码头中采用。

预应力混凝土方桩是港口工程中应用较多的桩型，桩身混凝土强度等级不宜低于C40。预应力混凝土方桩的断面一般为 200mm×200mm~500mm×500mm。当断面边长大于或等于 300mm 时，桩身内可做成圆形空心（一般采用充气胶囊做内模），以减轻自重，有利于存放、吊运和吊立，空心直径根据桩断面的大小而定，保证有一定的壁厚。《港口工程桩基规范》（JTS167—4—2012）中对桩身、桩的配筋以及桩尖的要求如下：

## （一）空心方桩的桩身

（1）桩的外保护层应满足《水运工程混凝土结构设计规范》(JTS151—2011) 的相关要求，内壁保护层厚度不宜小于40mm。采用胶囊抽芯制桩工艺时应考虑胶囊上浮的影响。

（2）对于锤击下沉的空心桩，在桩顶4倍桩宽范围内应做成实心段。对于遭受冻融和冰凌撞击的地区，桩顶实心段长度应适当加长，最好采用实心桩，以增加桩的耐久性。

预应力桩桩身混凝土的强度等级不低于C40。

## （二）桩的主筋

（1）主筋直径一般不小于14mm。当桩宽大于或等于45cm时，主筋根数不宜小于8根；当桩宽在45cm以下时，不得小于4根。

（2）主筋宜对称布置，当外力方向固定时，允许增加附加短筋，以抵抗局部内力，所加短筋应有足够锚固长度，并保证沉桩后符合受力要求。

（3）钢筋混凝土桩宜采用HRB400级和HRB500级钢筋作为主筋，预应力混凝土桩的主筋宜采用冷拉RRB400级钢筋，配筋率均不小于桩截面面积的1%。

## （三）桩的箍筋

（1）箍筋一般采用HPB300级、HRB335级、HRB400级钢筋，直径宜为6～8mm，且做成封闭式。

（2）钢筋混凝土桩的箍筋间距不应大于400mm，预应力混凝土桩的箍筋间距一般取400～500mm。对于承受较大锤击压应力的桩，箍筋宜适当加密。

（3）当桩每边主筋大于等于3根时，应设置附加箍筋，且间距可适当放大。但采用胶囊抽芯工艺制作空心桩时，固定胶囊的附加箍筋间距不应大于500mm，以减小空腔偏心。

（4）在桩顶4倍桩宽和桩端3倍桩宽范围内箍筋的间距宜加密到50～100mm，并在桩顶设置3～5层钢筋网，其钢筋直径为6～8mm，两个方向上的钢筋间距均为50～60mm。钢筋网应与桩顶箍筋相连。桩尖部分斜向钢筋不应少于4根，并应设置间距为50～100mm、直径为6mm的箍筋。当桩尖部分另加短筋时，所加短筋直径不应小于主筋直径，且在桩内应有足够的锚固长度，并应与主筋相连。

## （四）桩尖

（1）桩尖一般做成楔形，便于桩的打入，其长度约为1.0～1.5倍桩宽。

（2）当桩需穿过或进入硬土层时，桩尖长度宜取较大值；当需打入风化岩层、砾石层或打穿柴排等障碍物而沉桩困难时，宜在桩尖设置穿透能力强的桩靴，也可在桩端设置H形钢桩，形成组合桩，以增加打入风化岩的深度，H形型钢伸出混凝土桩端长度可根据具体情况确定，但不宜小于 1.0m。

## 二、预应力混凝土管桩

预应力混凝土管桩按生产工艺可分为两类：

（1）先张法预应力混凝土管桩，由预制预应力管节拼接，采用焊接或法兰盘螺栓连接形成。

（2）后张法预应力混凝土管桩，由预制混凝土管节拼接，并采用后张法预加应力形成。

先张法预应力混凝土管桩是桥梁工程和工业与民用建筑中应用较广的一种桩型，主要由圆筒形桩身、端头板和钢套箍等组成。按其强度等级可分为预应力混凝土管桩（代号 PC 桩）和预应力高强混凝土管桩（代号 PH 桩）。前者混凝土强度等级不低于 C60，后者不低于 C80。管桩外径 300～1000mm，壁厚 60～130mm。常用管径为 400mm 和 500mm，前者壁厚 90～95mm，后者壁厚 100mm。也有厂家生产壁厚 125mm 的"厚壁桩"和壁厚只有 70mm 的"薄壁桩"，以适应实际工程的需要。管桩节长一般不超过 15m，常用 8～12m，根据设计使用的要求，也少量生产过 4～5m 长的短节桩和节长为 25～30m 的管桩。我国将先张法预应力管桩按混凝土抗裂弯矩和极限弯矩的大小分为：A 型、AB 型、B 型和 C 型，其有效预压应力值分别约为 3.92MPa、5.88MPa、7.85MPa 和 9.81MPa。对于预压应力为 4.0M～5.0MPa 的管桩，打桩时桩身一般不会出现横向裂缝，所以对于一般的建筑工程，选用 A 类或 AB 类型桩即可。有关先张法预应力管桩的具体构造可参见国家标准《先张法预应力混凝土管桩》（GB13476—2009）。

后张法预应力混凝土桩也称为雷蒙德桩，在我国港口工程中采用较多。我国生产的雷蒙德桩管节长 4m，外径 1000mm 和 1200mm。首先用离心、振动、辊压 3 个系统组成的离心振动成型机生产管节，运至施工工地后按需要的桩长拼接。管桩的拼接包括用黏结剂黏结管节，用自动穿丝机将钢丝束穿入预留孔，在管桩两端同时张拉和对预留孔道用压力灌入水泥浆填塞。这种大直径管桩与预应力混凝土方桩比，强度高，密度大，耐锤击，承载力大；与钢桩比，耐久性好，使用寿命长，不需经常维护，用钢量仅为钢桩的 1/8～1/6，成本仅为钢桩的 1/3～1/2，故很有发展前途。缺点是生产工艺和设备复杂。大管桩的主筋采用单股或双股钢绞线，沿周长均匀布置，且不少于 16 根。箍筋采用 I 级钢筋，直径不得小于 6mm，并做成螺旋式，桩顶管节和普通管节两端部在 1m 范围内螺距取 50mm，其余应取 100mm。固定箍筋的纵向架立筋宜采用 II 级钢筋，直径一般为 7mm。大管桩壁厚应满足钢绞线预留孔及内外保护层的要求，预留孔的灌浆应密实，灌浆材料的强度不得低于 40MPa，并应满足握裹力的要求。为消除打桩过程中水锤现象对桩身的不利影响，应在桩身适当部位预留排水孔，孔径取 50mm。当桩需打入风化岩层、砾石层、黏土层，沉桩困难时，可设置钢桩靴，并在桩顶设钢板箍。

# 第五节　钢筋混凝土预制桩的强度计算

桩的设计除验算单桩侧面土和桩底土的承载力，以及群桩周围土的承载力外，还需要进行材料的强度、抗裂计算。

## 一、强度和抗裂计算要点

强度是保证桩能正常工作的重要条件，因此，预应力混凝土桩和普通钢筋混凝土桩在施工和使用时期，均应满足强度要求，进行正截面承载力计算。

《港口工程桩基规范》（JTS167—4—2012）规定，施工期预应力混凝土桩锤击沉桩应力验算应满足式（1-2）要求：

$$\gamma_s \sigma_s \leq \frac{\sigma_{pc}}{\gamma_{pc}} + f_t \quad （1-2）$$

式中：$\gamma_s$——锤击沉桩拉应力分项系数，取 1.0；

$\sigma_s$——锤击沉桩桩身设计拉应力标准值，MPa；

$\sigma_{pc}$——扣除全部预应力损失后桩边缘混凝土的预应力值，MPa；

$\gamma_{pc}$——混凝土预应力分项系数，取 1.0；

$f_t$——混凝土轴心抗拉强度设计值，MPa。

对预应力混凝土构件要求在使用和施工阶段都满足抗裂度要求，对普通钢筋混凝土桩在锤击、使用的过程中不要求抗裂，但规定桩在吊运和吊立过程中要求抗裂，故设计时应避免桩断面过小、细长比过大的情况，以免在施工中发生问题。

桩在进行强度计算和抗裂性验算时，计算荷载应根据施工和使用时期可能同时出现的最不利情况组合。《港口工程桩基规范》（JTS167—4—2012）规定，桩在进行正截面承载力计算和抗裂验算时，应根据实际受力情况，按表1-4计算。

表1-4桩的正截面承载力计算及其抗裂度验算

| 项目 | 作用和作用效应 |
|---|---|
| 正截面受压 | （1）受压桩轴向压力 |
| | （2）锤击沉桩压应力 |
| | （3）受压桩轴心压力与弯矩的组合 |

续表

| | |
|---|---|
| 正截面受拉 | (1)锤击沉桩拉应力 |
| | (2)受拉桩轴心拉力 |
| | (3)受拉桩轴心拉力与弯矩的组合 |
| 正截面受弯 | 吊运和其他阶段产生的弯矩 |

注承受较大扭矩或剪力作用时，应对受扭或受剪情况进行验算。

## 二、吊桩内力

钢筋混凝土预制桩和预应力混凝土桩从出槽到沉桩过程中，桩身会产生较大的拉应力。尤其在水中沉桩时，桩吊立过程中（桩由水平变为垂直吊入打桩设备龙口），由于自重、水浮力的作用，桩身可能产生最大的拉应力，桩的强度和抗裂度往往受此控制。桩在吊立过程中影响内力大小的主要因素除吊点位置外，还与下吊索的长度桩轴和水平面的夹角等相关，还要考虑到便于施工。《港口工程桩基规范》(JTS167—4—2012) 规定，桩的吊运可采用二点吊、四点吊或六点吊，也可根据具体情况采用三点吊等其他布点形式进行吊运。当采用二点吊和四点吊时，其吊点位置和内力可按表1-5确定，桩在水平吊运和吊立过程中可采用同一套吊点。其中，四点吊的吊桩工艺参数规定为：下吊索长度为0.5L；吊桩高度 H = 0.8～1.5L，且大于20m。

根据使用经验，对于各类型的管桩，采用四点吊可满足要求，其中钢管桩由于抗弯能力强，一般采用二点吊。

表1-5 吊点位置及弯矩计算公式

| 类型 项目 | | | A 型桩 (等断面桩) | B 型桩 (两端各有2m实心段的空心桩) | C 型桩 (桩尖无实心段，桩顶端6m实心段的空心桩) |
|---|---|---|---|---|---|
| 四点吊 | 吊点位置 | L1/L | 0.05 | 0.05 | 0.05 |
| | | L2/L | 0.28 | 0.28 | 0.29 |
| | | L3/L | 0.31 | 0.31 | 0.33 |
| | | L4/L | 0.23 | 0.24 | 0.21 |
| | | L5/L | 0.13 | 0.12 | 0.12 |
| | 弯矩计算公式 | 吊立 | | $M = \alpha \beta \gamma qL^2$ | |
| | | 水平吊运 (吊索垂直桩轴) | | $M = 0.01115 \alpha \beta \gamma qL^2$ $\quad$ $M0.01126 \alpha \beta \gamma qL^2$ | $M = 0.01250 \alpha \beta \gamma qL^2$ |

| 二点吊 | 吊点位置 | | | | |
|---|---|---|---|---|---|
| | 弯矩计算公式 | 吊立 | M = 0.0250 α β γ qL² | M = 0.02562 α β γ qL² | |
| | | 水平吊运 | M = 0.0215 α β γ qL² | | |

注 M—计算最大弯矩标准值，kN·m；

α—动力系数，起吊和水平吊运时宜取 1.3，吊立过程中宜取 1.1；

γ—作用分项系数，取 1.20；

q—桩的单位长度重力标准值，kN/m；

L—吊运桩长（包括桩尖），m；

β—桩的吊立弯矩系数，见《港口工程桩基规范》(JTJ254—1998) 附录 D。

## 三、沉桩应力

实践表明，无论是锤击沉桩还是振动沉桩，沉桩时桩身各部位产生沉桩拉应力和沉桩压应力，由此可能引起桩身的横向裂缝、纵向裂缝和桩头压坏。

### （一）沉桩拉应力

影响桩身拉应力值大小的因素很多，主要有锤、垫、桩、土等。

1. 锤击能量

沉桩拉应力随锤击能量的加大而加大。当锤击能量一定时，桩身拉应力随锤重增加而减小。为了保证桩能顺利地打入土中而又不致使桩因锤击而破坏，可根据桩断面尺寸、土质等情况选用合适的桩锤。

2. 桩垫

沉桩应力随桩垫弹性的增大而减小，但弹性太大，将吸收大量的锤击能量，从而增加沉桩时间，降低施工效率。

3. 桩长

锤击拉应力在很大程度上取决于桩长与应力波波长的比值。锤击产生的应力波波长变幅大致在 12~50m，当桩长小于应力波波长时，产生的拉应力较小。

4. 土质条件

桩周土质条件不但决定反射应力波的性质，而且也决定应力波的强度，由此影响锤击应力值。

此外，桩的预制质量的不均匀，桩顶高低不平、桩身不直以及偏心锤击都会加大锤击应力值。桩进入嵌固位置后强力矫正桩位，使桩在受弯或受扭状态下进行锤击，也会引起非锤击应力和过大的锤击应力。由于影响锤击沉桩应力的因素较多，并且带有随机性，现通常利用波动方程计算沉桩应力。

为了保证打桩时桩不被打断或打裂，又避免采用过高的配筋率，《港口工程桩基规范》（JTS167—4—2012）中规定，考虑锤击沉桩时，桩身设计拉应力标准值的取值应根据锤型、锤击速度、桩垫性能、桩长及土质情况等综合考虑。其中预应力混凝土方桩，可取5.0MPa、5.5MPa、6.0MPa、6.5MPa 4 级；对预应力混凝土管桩，可取 6.0～11.0MPa。当符合以下情况之一时可取较小值：

（1）锤型和锤击速度较小时。

（2）采用弹性较大的软桩垫。

（3）桩长小于 30m。

（4）无明显的软、硬土层相间情况。另外，对有沉桩经验的地区且经过论证，压应力标准值可适当增减。

### （二）沉桩压应力

沉桩压应力最大值一般发生在沉桩终期。桩头是直接承受桩锤打击的部分，该处产生的压应力往往最大，引起桩顶的破坏。为了避免这种情况的发生，通常对桩头进行加强（如设钢筋网、加密箍筋）。有时打桩压应力出现在桩底端（特别是端承桩的桩底端），此时，需对桩端采取加强措施。

在打击力的作用下，桩身混凝土也在顺桩轴方向上发生压缩变形。由于材料的泊松效应，桩身混凝土在垂直桩轴方向上产生横向拉胀变形。混凝土的抗拉变形能力比抗压变形能力小得多，特别是随着桩长和沉桩能力的加大使垂直桩轴方向的横向拉胀变形过大，桩身顺桩轴方向产生纵向裂缝。随着打击力的重复作用，桩身的纵向裂缝逐渐增多、加宽、伸长致使桩破坏。预应力混凝土桩本身已承受纵向预压力，对抵抗拉应力是有利的。管桩采用射水沉桩、桩尖遇到硬土层时，桩尖的射水往往出不去，发生返回管桩内部的现象，以及由于锤击可能出现的水锤效应，致使桩壁承受较大的内压力也易使桩身产生纵向裂缝。为此《港口工程桩基规范》（JTS167—4—2012）中规定，考虑锤击沉桩时，拉应力标准值应根据桩端支承性质、桩截面大小、桩长、选用的桩锤及地基条件综合考虑。其中，混凝土方桩可取 12.0～20.0MPa；混凝土管桩可取 20.0～25.0MPa。当符合以下情况之一时可取较小值：

（1）锤能和锤击速度较小时。

（2）采用刚度较小而弹性较大的软桩垫。

（3）桩长小于30m。

（4）有不易造成偏心锤击的地质条件。

另外，对有沉桩经验的地区且经过论证，压应力标准值可适当增减。

# 第六节　灌注桩的构造

## 一、配筋

灌注桩的配筋与预制桩不同之处是无须考虑吊装、锤击沉桩等因素。《建筑桩基技术规范》（JGJ94—2008）中规定，当桩身直径为300～2000mm时，正截面配筋率为0.2%～0.65%，大桩径取低值，小桩径取高值。此外，由于纵筋能有效提高桩身承载力，可适当在桩顶一定范围提高配筋率至0.8%～1.0%。

对于受水平荷载桩，其极限承载力受配筋率影响较大，主筋不应小于$8\phi12$，以保证受拉区主筋不少于$3\phi12$。对于抗压和抗拔桩，为保证桩身钢筋笼的成型刚度以及桩身承载力的可靠性，主筋不应小于$6\phi10$；桩身直径$d \leqslant 400$mm时，不应小于$4\phi10$。

## 二、配筋长度

关于配筋长度，主要考虑周详荷载的传递特征、荷载性质、土层性质和地貌等因素。《建筑桩基技术规范》（JGJ94—2008）中规定。

（1）端承型桩和位于坡地、岸边的基桩应沿桩身等截面或变截面通长配筋。

（2）摩擦型灌注桩配筋长度不应小于2/3桩长；当受水平荷载时，配筋长度尚不宜小于4/a（a为桩的水平变形系数）。

（3）对于受地震作用的基桩，桩身配筋长度应穿过可液化土层和软弱土层。

（4）受负摩阻力的桩、因先成桩后开挖基坑而随地基土回弹的桩，其配筋长度应穿过软弱土层并进入稳定土层，进入深度不小于（2～3）d（d为桩身直径）。

（5）抗拔桩及因地震作用、冻胀或膨胀力作用而受拔力的桩，应等截面或变截面通长配筋。

## 三、箍筋配置

关于箍筋的配置，主要考虑3方面因素：一是箍筋的受剪作用；二是箍筋在轴向荷载下对混凝土起到约束加强作用；三是控制钢筋笼的刚度。

《建筑桩基技术规范》（JGJ94—2008）中规定，箍筋应采用螺旋式，直径不应小于6mm,间距宜为200～300mm；受水平荷载较大的桩基、承受水平地震作用的桩基记忆考虑主筋作用计算桩身受压承载力时，桩顶以下5d范围内的箍筋应加密，间距不应大于100mm；当桩身位于液化土层范围内时，箍筋应加密；当考虑箍筋受力作用时，箍筋配置应符合现行国家标准《混凝土结构设计规范》（GB50010—2010）的有关规定；当钢筋笼长度超过4m时，应每隔2m设一道直径不小于12mm的焊接加劲箍筋。

### 四、桩身混凝土及混凝土保护层厚度

考虑到桩的耐久性，《建筑桩基技术规范》（JGJ94—2008）中规定，桩身混凝土强度等级不得小于C25、混凝土预制桩强度等级不得小于C30，并且灌注桩主筋的混凝土保护层厚度不应小于35mm、水下灌注桩的主筋混凝土保护层厚度不应小于50mm。另外，当水土介质对基桩具有中等或强腐蚀性（属于四类、五类环境）时，桩身混凝土最低强度等级、保护层厚度等应符合国家现行标准《港口工程混凝土结构设计规范》（JTJ267）、《工业建筑防腐蚀设计规范》（GB50046）的相关规定。

### 五、扩底灌注桩

对于持力层承载力较高、上覆土层较差的抗压桩和桩端有一定厚度较好土层的抗拔桩，可以采用扩底方式获得较大的端承力。其中，关于扩底端的尺寸，《建筑桩基技术规范》（JGJ94—2008）中已有明确规定。

# 第七节  灌注桩的计算

关于灌注桩的相关计算在《建筑桩基技术规范》（JGJ94—2008）中均有明确规定。

## 一、桩顶作用效应计算

### （一）竖向力

轴心竖向力作用下：

$$N_k = \frac{F_k + G_k}{n} \quad (1-3)$$

偏心竖向力作用下：

$$N_{ik} = \frac{F_k + G_k}{n} \pm \frac{M_{xk}y_i}{\sum y_j^2} \pm \frac{M_{yk}x_i}{\sum x_j^2} \quad (1-4)$$

### （二）水平力

$$N_{ik} = \frac{H_k}{n} \quad (1-5)$$

式中：$F_k$——荷载效应标准组合下，作用于承台顶面的竖向力；

$G_k$——桩基承台和承台上土自重标准值，对稳定的地下水位以下部分应扣除水的浮力；

$N_k$——荷载效应标准组合偏心竖向力作用下，基桩或复合基桩的平均竖向力；

$N_{ik}$——荷载效应标准组合偏心竖向力作用下，第 i 基桩或复合基桩的竖向力；

$M_{xk}$——荷载效应标准组合下，作用于承台地面，绕通过桩群形心的 x、y 主轴的力矩；

$x_i$、$x_j$、$y_i$、$y_j$——第 i、j 基桩或复合基桩至 y、x 轴的距离；

$N_k$——荷载效应标准组合下，作用于基桩承台底面的水平力；

$N_{ik}$——荷载效应标准组合下，作用于第 i 基桩或复合基桩的水平力；

n——桩基中的桩数。

## 二、桩受水平力荷载的计算

《港口工程灌注桩设计与施工规范》（JTJ248—2001）中指出承受水平力和力矩作用的灌注桩在泥面以下的桩身内力和变形，可采用 m 法计算；条件具备时也可以采用 p—y 曲线法计算。另外，对承受水平荷载和全直桩群桩，在非往复水平力作用下，当采用 m 法时，可采用折减后的 m 值按单桩设计。m 值的折减系数取值规定：

（1）桩距不大于 3 倍桩径时，取 0.25。

（2）桩距不小于 6～8 倍桩径时，取 1.0。

（3）桩距大于 3 倍桩径且小于 6～8 倍桩径时，可采用线性插入法取值。

## 三、桩基竖向承载力的计算

桩的竖向承载能力，取决于桩材料的强度，或土对桩的支承能力。其计算应符合现行行业标准《水运工程混凝土结构设计规范》（JTS151—2011）和《水运工程抗震设计规范》（JTJ225）的有关规定。

当桩顶以下范围的桩身螺旋式箍筋间距不大于100mm，且符合配筋要求时：

$$N \le \varphi_c f_c A_{ps} + 0.9 f_y' A_s' \quad （1\text{-}6）$$ (1-6)

否则：

$$N \le \varphi_c f_c A_{ps} \quad （1\text{-}7）$$

式中：N——荷载效应基本组合下的桩顶轴向压力设计值；

$\phi_c$——基桩成桩工艺系数（干作业非挤土灌注桩 $\phi_c = 0.9$；泥浆护壁和套管护壁非挤土灌注桩、部分挤土灌注桩、挤土灌注桩 $\phi_c = 0.7 \sim 0.8$；软土地区挤土灌注桩 $\phi_c = 0.6$）；

$f_c$——混凝土轴心抗压强度设计值；

$f_y'$——纵向主筋抗压强度设计值；

$A'_s$——纵向主筋截面面积。

## 四、最大裂缝宽度验算

灌注桩使用阶段需要控制裂缝宽度时，应验算荷载的长期效应组合下桩身最大裂缝宽度。根据《港口工程灌注桩设计与施工规范》(JTJ248—2001)中有关规定，最大裂缝宽度应满足下式要求

$$W_{max} \leq [W_{max}] \quad (1-8)$$

式中: $W_{max}$——最大裂缝宽度，mm;

$W_{max}$——最大裂缝宽度限值，mm，按表1-6取值。

表1-6 最大裂缝宽度限值 单位: mm

| 裂缝控 | 淡水港 | | | 海水 (含河口) 港 | | | |
|---|---|---|---|---|---|---|---|
| 制等级 | 水上区 | 水位变动区 | 水下区 | 大气区 | 浪溅区 | 水位变动区 | 水下区 |
| C 级 | 0.25 | 0.30 | 0.40 | 0.20 | 0.20 | 0.25 | 0.30 |

# 第二章　桩基的施工

# 第一节　桩基施工前的调查与准备

桩基的施工准备因各种桩的施工技术、工艺、设备，以及各自需要的施工条件、质量措施、安全生产、环境保护和施工管理等不同而各不相同。各类桩基施工准备既有共同性又各自具有特殊性。为做好桩基施工准备，应收集、调查、分析桩基施工的相关资料，制订好合适的桩基施工工艺。

## 一、工程技术资料

### （一）设计文件、合同和相关技术文本

设计文件包括工程及桩基部分的施工图，合同文件包括施工合同、招议标书。同时，还应了解工程的立项、报建、报监、施工许可证等技术、行政文件，以及国家有关法规、规范等，特别是有关施工技术规范、质量标准、验收标准等。

### （二）桩的制作、运输方案及可行性分析

需委托制桩时应选择有资质的单位来预制桩，并要了解制桩单位技术质量管理组织体系、质量保障体系的运作现状、生产能力和供桩的保证能力。若采用水上运输方案，则要分析制桩单位出桩码头的条件、到工地航道的通航条件、通航能力能否满足所选择的船舶和施工进度。若采用陆上运输方案，则要分析制桩单位到工地道路的交通现状能否满足所选择的车辆和施工进度。

### （三）试桩资料、邻近建筑物桩基工程有关资料

工程试桩资料包括施工情况及测试资料或试桩成果。若采用锤击法沉桩，要了解与设计提供的地质报告资料的符合程度、沉桩正位率、桩尖高程、停锤标准、总锤击数、最后贯入度、桩身质量、应变测试资料等。若采用钻孔灌注桩，则应了解地质情况、清孔资料、孔径检测资料、灌注混凝土的质量报告、灌注混凝土的冲盈系数、超声波测试资料等。同时，要了解邻近建筑物桩基工程施工资料，包括其工程情况，所用的桩型、规格、桩尖持力层与设计提供的地质报告资料的符合程度等。

## 二、周边环境条件

（1）周边环境条件资料包括：

1）工、料、机、船等的社会资源现状。

2）交通、金融、集市、物资流通等情况，能否满足工程需要。

3）供水、供电现状及对桩基施工的影响程度及后备措施。分析这些外部条件对桩基工程施工管理的影响，在编制桩基工程施工组织设计时，能准确在制订有针对性的施工组织设计、技术方案和确保工程安全、质量、进度的对策措施，制订有针对性的施工队伍的管理和与社区内各方面交往、相处的预案。

（2）交通、金融、集市、物资流通等情况，分析这些行业对工程的支撑力度和提供方便的程度。如：公路交通现状、最小转弯半径、公路和桥梁的通过能力、有无架空管线、净空高度；有无公交车长途公共汽车、有无货运业务、货运能力；水上交通设施、水上客货运力、航道最大水深、装卸、驳运能力；集市贸易状况、能否满足工程开工后工地生活物资的补给、有无建材、建筑五金、化工、船舶机械汽配件等设备配件商店、能否满足工程需要等。

（3）供水、供电：了解周边工地的供水、供电现状。为桩基工程提供供水、供电的可能性供应方法，供应中是否会停供，停供时间。分析这些因素对桩基施工的影响程度及后备措施的准备。

还应了解当地水务管理部门，对使用天然水资源有无地方法规要求。

## 三、施工方案

桩基础工程在施工前，应根据工程规模的大小、复杂程度和施工技术的特点，编制整个分部分项工程施工组织设计或施工方案。其内容与要求如下：

### （一）机械施工设备的选择

应根据工程地质条件、桩基础形式、工程规模、工期、动力、机械供应，以及现场情况等条件来选择合适的桩基施工设备。

### （二）设备、材料供应计划

制订设备、配件、工具、桩体、灌注桩所需材料的供应计划和保障措施。

### （三）成桩方式与进度要求

对于预制桩要考虑桩的预制、起吊方案、运输方式、堆放方法、沉桩方式、打桩顺序和接桩方法等；对于就地灌注桩要考虑成孔、钢筋笼的放置、混凝土的灌注、泥浆制备、使用和排放、孔底沉渣清理等。

### （四）作业和劳动力计划

制订劳动力计划及相应的管理方式。

### （五）试打桩或试成孔

如编制施工组织设计或施工方案前未进行桩的试沉或试成孔，则此项工作应在桩基正式施工前进行，各方都参加并形成试打桩会议纪要作为施工依据。

### （六）载荷试验

如无试桩资料，设计单位要求试桩时，有相应资质的试桩单位应制订试桩计划。

### （七）制订技术措施

制订保证工程质量、安全生产、劳动保护、防火、防止环境污染和适应季节性施工的技术措施以及文物保护措施。

### （八）编制施工平面图

在图上标明桩位、编号、数量、施工顺序；水电线路、道路和临时设施的位置；当桩基施工需制备泥浆时，应标明泥浆制备设施及其循环系统的位置；材料及桩的堆放位置。

## 四、施工准备

### （一）清除施工场地内障碍物

包括清除妨碍施工的地上、地下障碍物，如电杆、架空线、地下构筑物、树木、埋设管道等。

### （二）施工场地平整处理

（1）现场预制桩场地的处理：为保证预制桩的质量，应对预制混凝土桩的制作场地进行必要的夯实和平整处理。

（2）沉桩场地的平整处理：应做好场地的平整、保证承载力及排水工作。

### （三）放线定位

（1）放基线：桩基轴线的定位点，应设置在不受桩基施工影响处。

（2）设置水准基点：应在施工地区附近设置水准基点以控制桩基施工的标高，一般要求不少于2个，且应设置在不受桩基施工影响处。

（3）施放桩位：按沉桩顺序将桩逐一编号，根据桩号所对应的轴线，按尺寸要求施放桩位，并设置样桩，以供桩机就位后定位。

（4）打桩前的准备工作：针对不同的设计桩型，选择相对应的打桩机各就各位。同时对钻孔桩施工配备好泥浆。

# 第二节　预应力管桩施工

## 一、预应力管桩的制作

预应力混凝土管桩制作工艺有后张法和先张法两种。

后张法的桩径较大（φ800～φ1200），桩身混凝土采用离心—辊压—振动复合工艺成型，每节长 4～5m、壁厚 12～15cm，在管壁中间预留有 15～25 个 φ130 左右的小孔。使用时通过这些预留孔用高强钢绞线将各段管连接起来，并在其后张拉过程中再对这些孔道高压注浆，使之形成一长桩，桩长可达 70～80m。宁波北仑港某码头曾用后张法管桩。

先张法预应力管桩工艺。管桩的生产制作工艺包括钢筋笼制作、混凝土制备、布料合模、预应力张拉、离心成型、普通蒸养和蒸压养护 6 大环节。

先张法预应力管桩是一种空心圆柱形细长构件，主要由圆筒形桩身、端头板和钢套箍组成。

预应力管桩的接头，一般采用端头板电焊连接，端头板厚度一般 18～22mm，端板外缘一周留有坡口，供对接时烧焊用。

钢筋笼的制作。通过对预应力钢筋进行高精度切断并镦头后用自动滚焊编削机滚焊成笼。

高强度等级混凝土的制备。水泥采用不低于 42.5 级的硅酸盐水泥，粗骨料在 5～20mm 且要求岩石强度在 150MPa 以上，细骨料砂的细度模数在 2.6～3.3，砂石必须筛洗洁净，混凝土水灰比 0.3 左右，水瓣用量 500kg/m³ 左右，砂率控制在 32%～36%，掺入高效减水剂，混凝土的坍落度在 3～5cm。

布料合模。用带电子计量装置与螺旋输送装置的布料机将混凝土均匀地投入钢模内，保证管节壁厚均匀，布料结束后进行合模。

预应力张拉。用千斤顶张拉并锚定在端头板上。

离心成型。离心过程主要是低速、中速、高速 3 个阶段，离心时间长短与混凝土坍落度、桩直径、离心机转速等有关。在离心过程中离心力将混凝土料挤向模壁，排出多余的空气和多余的水，使其密实度大大提高。一般从管桩外形可看到，管外壁较光滑，而内壁较粗糙。

初级养护与高压蒸养。先张法预应力混凝土管桩采用二次养护工艺。先经初级蒸汽养护，使混凝土达到脱模强度，放张脱模后再到蒸压釜内进行高温高压（最高压力 1.0MPa，最高温度约 180℃）蒸养 10h 左右。

上述工艺生产出的 PHC（高强度混凝土管桩）管桩强度达 C80 以上，且从成型到使用的最短时间只需（3～4）d，而 PC 混凝土管桩有些厂家采用常压蒸汽养护，脱模后再移入水池养护半个月，所以出厂时间要长。

## 二、预应力管桩的沉桩方法

预应力管桩的施工方法有锤击法沉桩和静力压桩法（顶压法和抱压法）。预应力管桩沉桩过程中要注意土塞效应和挤土效应。

锤击法沉桩和静力压桩法的优缺点见表 2-1。

表 2-1 锤击法沉桩和静力压桩法的优缺点

| 施工方法 | 优点 | 缺点 |
|---|---|---|
| 锤击法沉桩 | 打桩机械简单、打桩速度快、对场地地质承载力要求低、打桩单价低，适用于对打桩振动要求低的工地 | 打桩振动噪声大，有打桩挤土效应对周边环境影响大，桩顶易打碎，打桩时只能记录锤击数和贯入度，不能记录最终压桩力，所以锤击法在城市中心区和老城区无法使用 |
| 静力法沉桩 | 无振动噪声、能记录最终压桩力，压桩直观、一般桩顶完整、能满足环保要求，所以在老城区可以适用 | 对场地地面承载力有要求（常要填塘渣平整），否则要发生压桩机本身沉陷，有打桩挤土效应，沉桩成本比锤击法高一些，有地下硬夹层时无法压桩 |

锤击法沉桩和静力压桩法的常见打桩设备如图 2-1～图 2-3 所示。

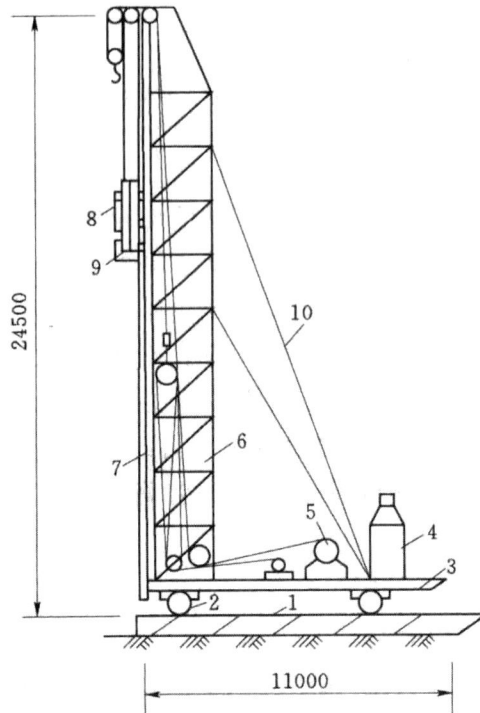

**图2-1滚管式打桩架的结构**

1—枕木；2—滚管；3—底架；4—锅炉；5—卷扬机；6—桩架；7—龙门架；8—蒸汽锤；9—桩帽；10—牵绳

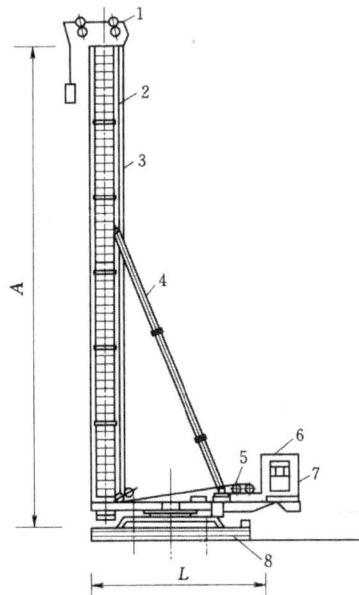

**图2-2步履式打桩架**

1—顶部滑轮组；2—导杆；3—锤和桩起吊用钢丝绳；4—斜撑；5—吊锤和桩用卷扬机；6—司机室；7—配重；8—步履式底盘

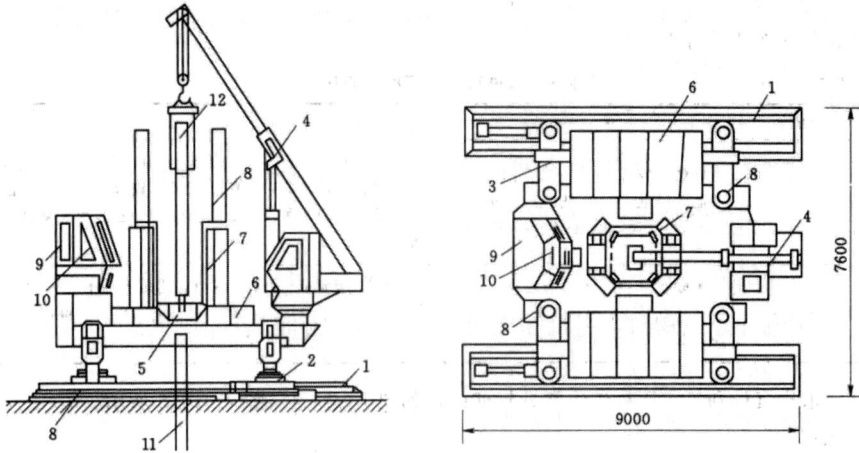

**图2-3全液压式静力压桩机**

1—长船行走机构；2—短船行走及回转机构；3—支腿式底盘结构；4—液压起重机；5—夹持与压板装置；6—配重铁块；7—导向架；8—液压系统；9—电控系统；10—操纵室；11—已压入下节桩；12—吊入上节桩

值得注意的是，预应力管桩或预制桩均属于挤土桩，不论采用锤击法施工或静压法施工都应注意打桩挤土问题和挖土凿桩引起的偏位及破损问题。要注意打桩顺序、打桩节奏、打桩速度及每天打桩数和最后打桩贯入度或压桩力的控制及防挤土（如泄压孔、防挤孔）措施的采取。

预应力管桩沉入土中第一节桩称为底桩，端部设十字形、圆锥形或开口型桩尖，前两种属闭口型。十字形桩尖加工容易，造价较低，破岩能力强，其缺点是在穿越砂层时，不如其他两种桩尖。闭口桩尖，桩端力稳定。开口管桩不需桩尖，所以应用较广。桩刚打入土中时，由于管桩开口使土不断涌入管内，形成土塞，土塞长度约为桩长的1/2～1/3，因土质而定，但形成稳定土塞后再向下沉桩，管桩就变成实心桩，挤土效应明显。单根管桩在沉桩过程中刚开始时挤土效应少，但随着桩入土深度增加挤土效应就很明显。另外一点值得注意，管桩内土塞效应是使短期单桩承载力增加的主要原因，但假如管桩上段节头内漏水使管桩内充水长期浸泡时，土塞中土体由于桩侧内壁水的作用将降低单桩承载力，所以在打桩施工中应引起重视。

### 三、锤击沉桩施工

#### （一）打桩工序

打桩工序为测量、放样桩→打桩机就位→喂桩→对中、调直→锤击法沉桩→接桩→再锤击→打至持力层（送桩）→收锤。

一般情况下，打桩顺序有：逐渐打设、自边沿向中央打设、自中央向边沿打设和分段打设。实际施工中应根据场地地质条件、环境空间、桩位布置、施工进度等情况具体确定合理的打桩顺序，但必须按如下总体原则进行：

（1）对于密集桩群，自中间向两个方向或四周对称施打。

（2）当一侧毗邻建筑物时，由毗邻建筑物处向另一方向施打。

（3）根据基础的设计标高，宜先深后浅。

（4）根据桩的规格，宜先大后小，先长后短。

#### （二）吊桩

桩机就位后，先将桩锤吊起固定在桩架上，以便进行吊桩。吊桩即利用桩架上的卷扬机将桩吊至垂直状态并送入桩干内。桩就位后，在桩顶放上弹性桩垫，放下桩帽套入桩顶，再在桩帽上放好垫木，降下来锤压住桩帽。在锤重压力作用下，桩会沉入土中一定深度，待下沉停下后，再检查一次桩的垂直度，确保合格后即可开始打桩。

#### （三）打桩

开始打桩时，桩锤落距宜低，一般为 0.5～0.8m，以使桩能正常沉入土中。待桩入土一定深度后，桩尖不易产生偏移时，可适当增加落距，并逐渐增加到规定的数值。一般重锤低打可取得良好的打桩效果。

打桩时应观察桩锤的回弹情况，如回弹较大，则说明桩锤太轻，不能使桩下沉，应予以更换。当贯入度骤减，桩锤有较大回弹时，表明桩尖遇到障碍，此时应将锤击的落距减小，加快锤击。如上述情况仍然存在，应停止锤击，研究遇阻的原因并进行处理。打桩过程中，如突然出现桩锤回弹，贯入度突增，锤击时桩弯曲、倾斜、颤动、桩顶破坏加剧等，则桩身可能已经破坏。

#### （四）接桩形式

管桩一般用焊接连接，管桩连接前应清理接口焊接处混凝土及泥土杂物。调整上下节桩接口间隙，用铁片填实垫牢，结合面之间的间隙不得大于 2mm。上下节桩中心线偏差不得大于 5mm，节点弯曲矢高不得大于 1‰桩长，且不大于 20mm。

焊接时应采取措施，减少焊接变形，沿接口圆周宜对称点焊六点，待上下桩节固定后再拆除导向箍，分层焊接，有焊肉不饱满、夹渣、气孔等缺陷时，须按焊接规程处理合格。风天焊接要设防风罩，潮湿天气要利用热风机烘干焊接区。宜采用粉芯焊丝自保护半自动焊接法，焊丝使用前应在干燥箱内经 200~300℃ 烘干 2h，并存放烘干箱内持续恒温 150℃。每个接头焊接完毕，应冷却 1~3min 后，方可继续锤击。

### （五）打桩记录

认真做好打桩记录，一般为 1m 长设一标志，记录下每下沉 1m 的击数，并作最后 10 击贯入度记录。

### （六）停止打桩的标准

当桩端位于一般黏性土或粉质黏土、粉土时，以控制桩端设计标高为主，贯入度可作参考，当桩端位于中等密度以上的砂土层，一般以贯入度控制为主，桩端标高作为参考。对重要建筑物，最好进行试桩，通过试桩的大应变试验，推算桩的极限承载力，来决定停打桩的控制贯入度。一般钢筋混凝土预应力管桩的总锤击数不超过 2500 击，最后 10m 限制击数 1000 击左右。

## 四、静压沉桩施工

静压沉桩是利用静压力将预制桩压入土中的一种沉桩方法，主要用于软土层基础的施工。压桩过程中自动记录压桩力，可以保证桩的承载力并避免锤击过度而使桩身断裂。但压桩设备笨重，效率较低，压桩力有限，单桩垂直承载力较低。

### （一）压桩与接桩

压桩一般情况下都采取分段压入，逐渐接长的办法。当下面的一节压到露出地面 0.8~1.0m 时，接上一节桩。每节桩之间的连接可采用角钢帮焊、法兰盘连接和硫黄胶泥锚固连接等形式。

### （二）送桩与截桩

当桩顶接近地面，而沉桩压力距规定值还略有差距时，可以用另一节桩放在桩顶上向下进行压送，使沉桩压力达到要求的数值。当桩顶高出一定距离，而沉桩压力已达到规定值时，则要截桩，以便压桩机移位和后续施工。

## 五、预应力管桩沉桩施工中的常见问题及注意事项

### （一）锤击沉桩中常见问题及其分析处理

1. 桩头破损

除因为桩尖遇到孤石、障碍物外，其原因往往是桩头钢筋设置不合要求、混凝土强度

不足、锤击偏心、桩垫厚度不足等。

（1）桩头钢筋设置不合要求：非预应力钢筋混凝土桩的主筋端部与桩顶应留有适当距离，而且每根主要主筋端部到桩顶距离是相等的。桩头处箍筋要加密放置，并增置钢筋网片。否则可能造成桩头在捶打时受力不均，强度不够而引起桩头破损。

（2）混凝土强度不足：桩身混凝土必须达到设计标号才能准予沉桩。如采用蒸汽养护，则出池后应放置一个月左右，达到100%强度后才能使用。在浇捣桩身混凝土时，尤其要注意对两端钢筋密布处的振捣，不能因振捣不密实而引起施打中混凝土提早破损。

（3）锤击偏心：桩顶不平，桩与地面不垂直，桩帽、桩垫位置不正确等原因，都能造成锤击偏心，造成桩顶受力不均而提早破损。

2. 桩身断裂

在打桩过程中，若桩尖没遇到地质勘察中所指明的软层，而贯入度突然增大，同时锤弹跳起后，桩身随之出现回弹现象，这就表明桩身可能已经断裂。其主要原因是桩身在施工中出现较大弯曲；打桩中，桩头处错误地施加了牵引力进行校正，使桩身弯曲，在反复冲击中的集中荷载作用下，超过了桩身的抗弯强度，桩身出现了横向裂缝，并不断扩大最后造成桩身断裂破坏。

另外，接桩一定要保证上下节桩在一条轴线上，不能成为折线。接桩时，桩尖所在位置应避免是硬层或夹砂层，因为停锤接桩，会使扰动了的桩周土体得到一定程度的恢复，使本来就难于穿过的中间硬层或夹砂层变得更难穿过，不得不拼命锤击，造成桩头破损或桩身断裂。因此，选配桩节长度时，要结合地质勘察报告进行。

3. 桩顶移动

桩顶位移除了桩位定的不准外，往往由下列原因造成：

（1）第一节桩没有从两个垂直方向校准好垂直度，造成桩身倾斜，以后几节桩往往只能顺着第一节桩的轴线接长，造成桩顶偏位。所以应严格控制第一节桩的垂直度及平面位置，如超过允许偏差，应拔出，采取措施后再重新插入。

（2）桩头不平，桩尖制作歪斜，造成施打过程中桩顶位移。

（3）土层中有较陡的倾斜面，使桩沿斜面滑下。

（4）密集群桩采用了逐排连续打桩的施工流程，使土体挤向一侧，引起桩顶偏移。因此，在软土地基中打密集群桩，一定要组织好施工流程。

4. 挤土隆起和桩身上抬

当大量的预制桩连续沉入土中时，土体压缩，黏性土中孔隙水压力提高，土体被压缩到一定程度后，只能向周围排挤或向上涌起。伴随着土体的隆起，桩也可能被向上涌抬，对密集群桩，应尽可能用挤土效应较小的钢管桩或钢筋混凝土预应力管桩，同时应选用焊接接桩，接缝质量一定要可靠，避免桩身向上涌抬时接头被拉裂。上抬的桩，经过荷载试验一般极限承载力不会减小，但沉降量有所增加，所以打桩流程要尽可能对称，避免建筑物不均匀沉降。

### （二）压桩施工注意事项

压桩施工应注意如下事项：

（1）压桩施工前应对现场的土层地质情况了解清楚，同时应做好设备的检查工作，保证使用可靠，以免中途间断压桩。

（2）最终压力值和桩的接头节点处理必须符合设计要求和施工规范。

（3）压桩过程中，应随时保持轴心受压，若有偏移，应及时调整。

（4）接桩时应保持上下节桩的轴线一致，并尽可能地缩短接桩时间。

（5）测量压力等仪器应注意保养，及时报修和定期标定，以减少量测误差。

（6）当压桩阻力超过桩机能力，或由于来不及调整平衡，使桩机发生较大倾斜时，应立即停压并采取安全措施，以免造成断桩或其他事故。

# 第三节　预制混凝土方桩施工

## 一、混凝土预制桩的制作

混凝土预制方桩可以在工厂或施工现场预制，现场的主要制作程序如下：

制作场地压实平整→场地铺砌混凝土或三七灰土→支模→绑扎钢筋骨架、安装吊环→灌注混凝土→养护至30%强度拆模→支间隔头模板、刷隔离剂、绑钢筋→灌注间隔桩混凝土→同法间隔重叠制作其他各层桩→养护至70%强度起吊→达100%强度后运输、堆放。混凝土预制桩的制作应符合下列要求。

### （一）基本要求

预制桩的制作应根据工程条件（土层分布、持力层埋深）和施工条件（打桩架高度和起吊运输能力）来确定分节长度，避免桩尖接近持力层或桩尖处于硬持力层中时接桩。每根桩的接头数不应超过两个，尽可能采用两段接桩，不应多于3段，现场预制方桩单节长度一般不应超过25m，节长规格一般以2~3个为宜，不宜太多。

## （二）场地要求

预制场地必须平整坚实，并有良好的排水条件，在一些新填土或软土地区，必须填碎石或中粗砂并进行夯实，以避免地坪不均匀沉降而造成桩身弯曲。

## （三）钢筋骨架的要求

在制作混凝土预制桩的钢筋骨架时，钢筋应严格保证位置的正确，桩尖对准纵轴线。钢筋骨架的主筋应尽量采用整条，尽可能减少接头，如接头不可避免，应采用对焊或电弧焊，或采用钢筋连接器，主筋接头配置在同一截面内的数量不得超过50%（受拉筋）；相邻两根主筋接头截面的距离应大于35d（主筋直径），并不小于500mm，桩顶1m范围内不应有接头。对于每一个接头，要严格保证焊接质量，必须符合钢筋焊接及验收规范。

预制桩桩头一定范围的箍筋要加密；在桩顶约250mm范围需增设3~4层钢筋网片，主筋不应与桩头预埋件及横向钢筋焊接。桩身纵向钢筋的混凝土保护层厚度一般为30mm。

## （四）桩身混凝土的要求

预制方桩桩身混凝土强度等级常采用C35~C40，坍落度为6~10cm。灌注桩身混凝土，应从桩顶开始向桩尖方向连续灌注，混凝土灌注过程中严禁中断，如发生中断，应在前段混凝土凝结之前将余段混凝土灌注完毕。在灌注和振捣混凝土时，应经常观察模板、支撑、预埋件和预留孔洞的情况，发现有变形、位移和漏浆时，应马上停止灌注，并应在已灌注的混凝土凝结前修整完好后才能继续进行灌注。

为了检验混凝土成桩后的质量，应留置与桩身混凝土同一配合比并在相同养护条件下养护的混凝土试块，试块的数量对于每一工作班不得少于一组。

对灌注完毕的桩身混凝土一般应在灌注后12h内，在露出的桩身表面覆盖草袋或麻袋并浇水养护。浇水养护时间，对普通硅酸盐水泥或矿渣硅酸盐水泥拌制的混凝土，不得少于7d；对掺用缓凝型外加剂的混凝土，不得少于14d。浇水次数应能保护混凝土处于润湿状态；混凝土的养护用水应与拌制用水相同。当气温低于5℃时，不得浇水。

## （五）桩身质量要求

桩身表面干缩产生的细微裂缝宽度不得超过0.2mm；深度不得超过20mm，裂缝长度不得超过1/2桩宽。在桩表面上的蜂窝、麻面和气孔的深度不超过5mm，且在每个面上所占面积的总和不超过该面面积的0.5%。沿边缘棱角破损的深度不超过5mm，且每10m长的边棱角上只有一处破损，在一根桩上边棱破损总长度不超过500mm。

## （六）制作允许偏差

预制混凝土方桩允许偏差见表2-2。

表 2-2 预制混凝土方桩允许偏差

| 偏差名称 | | 允许偏差 |
|---|---|---|
| 长度偏差 | | ± 50mm |
| 横截面 | 边长偏差 | ± 5mm |
| | 空心桩空心或管芯直径偏差 | ± 10mm |
| | 空心或管芯中心与桩中心偏差 | ± 20mm |
| 桩尖对桩纵轴的偏差 | | < 15mm |
| 桩顶面与桩纵轴线垂直，其最大倾斜偏差不大于桩顶横截面边长 | | 1% |
| 桩顶外伸钢筋长度偏差 | | ± 20mm |
| 桩纵轴线的弯曲矢高 | | 不大于 0.1% 桩长，且不大于 20mm |
| 混凝土保护层 | | + 5mm，0mm |

## 二、混凝土预制桩的起吊、运输和堆放

### （一）桩的起吊

当方桩的混凝土达到设计强度的 70% 时方可起吊。起吊时应采取相应措施，保持平稳，保护桩身质量。现场密排多层重叠法制作的预制方桩，起吊前应将桩与邻桩分离，因为桩与桩之间黏结力较大，分离桩身的工作要仔细，以免桩身受损。

吊点位置和数量应符合设计规定。一般情况下，单节桩长在 17m 以内可采用两点吊，18～30m 的可采用三点吊，30m 以上的应用四点吊。当吊点少于或等于 3 个时，其位置应按正负弯矩相等的原则计算确定，当吊点多于 3 个时，其位置应按反力相等的原则计算确定。

### （二）桩的运输和堆放

预制桩运输时的强度应达到设计强度的 100%。

运输时，桩的支承点应按设计吊钩位置或接近设计吊钩位置叠放平稳并垫实，支撑或绑扎牢固，以防止运输中晃动或滑落；采用单点吊的短桩，运输时也应按两点吊的要求设置两个支承。

预制桩在堆放时，要求场地平整坚实，排水良好，使桩堆放后不会因为场地沉陷而损伤桩身。桩应按规格、长度、使用的顺序分层叠置，堆放层数不应超过 4 层。桩下垫木宜设置两道，支承点的位置就在两点吊的吊点处并保持在同一横断面上，同层的两道垫木应保持在同一水平上。

从现场堆放点或现场制桩点将预制方桩运到打桩机前方的工作一般由履带吊机或汽车吊机来完成。现场预制的桩应尽量采用即打即取的方法，尽可能减少二次搬运。预制点若

离打桩点较近且桩长小于18m的桩，可用吊机进行中转吊运，运输时桩身应保持水平，应有人扶住或用溜绳系住桩的一端，以防止桩身碰撞打桩架。

### 三、混凝土预制桩的接桩

当桩长度较大时，受运输条件和打(压)桩架高度限制，一般应分节制作，分节打(压)入，在现场接桩。接桩形式主要有焊接接头、法兰连接接头和机械快速接头(螺纹式、齿和式)3种，而常用的是焊接接头。

对于焊接接桩，钢板宜用低碳钢，焊条宜用E43，并应符合《建筑钢结构焊接技术规程》(JGJ81—2002)要求；对于法兰接桩，钢板和螺栓宜采用低碳钢。

#### （一）焊接接桩

采用焊接接桩除应符合现行《建筑钢结构焊接技术规程》(IGJ81—2002)的有关规定外，尚应符合下列规定：

（1）下节桩段的桩头宜高出地面0.5m。

（2）下节桩的桩头处宜设导向箍以方便上节桩就位。接桩时上下节桩段应保持顺直，错位偏差不宜大于2mm。接桩就位纠偏时，不得用大锤横向敲打。

（3）桩对接前，上下端板表面应用铁刷子清刷干净，坡口处应刷至露出金属光泽。

（4）焊接宜在桩四周对称地进行，待上下桩节固定后拆除导向箍再分层施焊；焊接层数不得少于两层，第一层焊完后必须把焊渣清理干净，方可进行第二层施焊，焊缝应连续、饱满。管桩第一层焊缝宜使用直径不大于3.2mm的焊条。

（5）焊好后的桩接头应自然冷却后才可继续锤击，自然冷却时间不宜少于8min；严禁用水冷却或焊好即施打。

（6）雨天焊接时，应采取可靠的防雨措施。

（7）焊接接头的质量检查宜采用探伤检测，对于同一工程探伤抽样检验不得少于3个接头。

#### （二）机械快速螺纹接桩

采用机械快速螺纹接桩，应符合下列规定：

（1）接桩前应检查桩两端制作的尺寸偏差及连接件，无受损后方可起吊施工，其下节桩端宜高出地面0.8m。

（2）接桩时，卸下上下节桩两端头的保护装置后，应清理接头残物，涂上润滑脂。

（3）应采用专用接头锥度对中，对准上下节桩进行旋紧连接。

（4）可采用专用链条式扳手进行旋紧（臂长1m，卡紧后人工旋紧再用铁锤敲击扳臂），锁紧后两端板尚应有 1~2mm 的间隙。

### （三）机械啮合接头接桩

采用机械啮合接头接桩，应符合下列规定：

（1）将上下接头钣清理干净，用扳手将已涂抹沥青涂料的连接销逐根旋入上节桩Ⅰ型端头钣的螺栓孔内，并用钢模板调整好连接销的方位。

（2）剔除下节桩Ⅱ型端头钣连接槽内泡沫塑料保护块，在连接槽内注入沥青涂料，并在端头钣面周边抹上宽度 20mm、厚度 3mm 的沥青涂料；若地基土、地下水含中等以上腐蚀介质，桩端板面应满涂沥青涂料。

（3）将上节桩吊起，使连接销与Ⅱ型端头钣上各连接口对准，随即将连接销插入连接槽内。

（4）加压使上下节桩的桩头钣接触，接桩完成。

## 四、混凝土预制桩的沉桩

混凝土预制桩的打（压）桩方法较多，主要有锤击法沉桩和静力压桩法，其施工方法、施工流程及施工要求在前面预应力管桩中已经详细进行了介绍。

除了锤击法沉桩和静力压桩法沉桩外，还有一些特殊的方法，如振动法沉桩、射水法沉桩、植桩法沉桩、斜桩法沉桩等。

## 五、混凝土预制桩施工中的常见问题及注意事项

在预制桩施工过程中，常会发生一些问题，如桩顶碎裂、桩身断裂、桩顶偏位或上升涌起、桩身倾斜、沉桩达不到设计控制要求以及桩急剧下沉等，当发生这些问题时，应综合分析其原因，并提出合理的解决方法，表 2-3 为预制桩施工中常见的问题及解决方法。

表 2-3 预制桩施工中常见的问题及解决方法

| 问题 | 可能产生的原因 | 解决方法 |
| --- | --- | --- |
| 桩顶碎裂 | 桩端持力层很硬，且打桩总锤击数过大，最后停锤标准过严；施工时桩锤偏心锤击；桩顶混凝土有质量问题 | 应按照制作规范要求打桩；上部取土植桩法；对桩顶碎裂桩头重新接桩 |
| 桩身断裂 | 接桩时接头施工质量差引起接头开裂，脱节；桩端很硬，总锤击数过大，最后贯入度过小；桩身质量差；挖土不当 | 打桩过程中桩要竖直；记录贯入度变化，如突变则可能断桩；浅部断桩挖下去接桩，深部断桩则要补打桩 |

| 桩顶位移 | 先施工的桩因打桩挤土偏位；两节或多节桩在施工时，接桩不直，桩中心线成折线形，桩顶偏位；基坑开挖时，挖土不当或支护不当引起桩身倾斜偏位 | 施工前探明处理地下障碍物，打桩时应注意选择正确打桩顺序；在软土中打密集群桩时应注意控制打桩速率和节奏顺序；控制桩身质量和承载力 |
|---|---|---|
| 桩身倾斜 | 先打的桩因后打桩挤土被挤斜；施工时接桩不直；基坑开挖时，或边打桩边开挖，或桩旁堆土，或桩周土体不平衡引起桩身倾斜 | 在打桩中应注意场地平整、导杆垂直，稳桩时，桩应垂直；在桩身偏斜反方向取土后扶直；检测桩身质量和承载力 |
| 桩身上浮 | 先施工的桩因后打桩挤土上浮 | 打桩时应注意选择正确打桩顺序；控制打桩速率和赞奏顺序；上浮桩复打、复压 |
| 桩急剧下沉 | 桩的下沉速度过快，可能是因为遇到软弱土层或是落锤过高，桩接不正而引起的 | 施工时应控制落锤高度，确保接桩质量。如已发生这种情况，应拔桩检查，改正后重打，或在原桩旁边补桩 |

# 第四节　钢桩施工

钢桩基础通常指钢管桩、H形钢桩及其他异型钢桩，较之其他桩型有以下特点：

（1）由于钢材强度高，能承受强大的冲击力，穿透硬土层的性能好，能有效地打入坚硬的地层，获得较高的承载能力，有利于建筑物的沉降控制。

（2）能承受较大的水平力。

（3）桩长可以任意调节，特别是当持力层深度起伏较大时，接桩、截桩及调整桩的长度都比较容易。

（4）重量轻，刚性好，装卸运输方便。

（5）桩顶端与上部承台、板结构连接简单。

（6）钢桩截面小，打桩挤土量小，对土壤扰动小，对邻近建筑物的影响也较小。

（7）在干湿度经常变化的环境，钢桩须采取防腐措施。

钢桩一般适用于码头、水中结构的高桩承台、桥梁基础、超高层公共与住宅建筑桩基、特重型工业厂房等基础工程。

## 一、钢桩的制作

制作钢桩的材料应符合设计要求，并有出厂合格证和试验报告。钢桩制作的允许偏差应符合《建筑桩基技术规范》(JGJ94—2008) 的规定，见表 2-4。

表 2-4 钢桩制作的允许偏差

| 项目 | | 容许偏差 /mm |
|---|---|---|
| 外径或断面尺寸 | 桩端部 | ±0.5%外径或边长 |
| | 桩身 | ±0.1%外径或边长 |
| 长度 | | ＞0 |
| 矢高 | | ≤1‰桩长 |
| 端部平整度 | | ≤2(H 形桩≤1) |
| 端部平面与桩身中心线的倾斜值 | | ≤2 |

## 二、钢桩的焊接

焊接是钢桩施工中的关键工序，应符合下列规定：

（1）必须清除桩端部的浮锈、油污等脏物，并保持干燥，下节桩顶经锤击后变形的部分应割除。

（2）上下节桩焊接时应校正垂直度，对口的间隙宜为 2～3mm。

（3）焊接应对称进行。

（4）应采用多层焊，钢管桩各层焊缝的接头应错开，焊渣应清除。

（5）当气温低于 0℃或雨雪天及无可靠措施确保焊接质量时，不得焊接。

（6）焊接质量应符合《钢结构工程施工质量验收规范》(GB50205—2001) 和《建筑钢结构焊接规程》(JGJ81—2002)。每个接头除应按表 2-5 进行外观检查外，还应按接头总数的 5％进行超声或 2％进行 X 射线拍片检查，对于同一工程，探伤抽样检验不得少于 3 个接头。

表 2-5 接桩焊缝外观允许偏差

| 项目 | | 允许偏差 /mm |
|---|---|---|
| 上下节桩错口 | 钢管桩外径≥700mm | 3 |
| | 钢管桩外径＜700mm | 2 |
| H 形钢桩 | | 1 |
| 咬边深度（焊缝） | | 0.5 |
| 加强层高度（焊缝） | | 2 |
| 加强层宽度（焊缝） | | 3 |

### 三、钢桩的运输和堆放

《建筑桩基技术规范》(JGJ94—2008) 对钢桩的运输和堆放做出如下规定：

(1) 堆存场地应平整、坚实、排水通畅。

(2) 桩的两端应有适当保护措施，钢管桩应设保护圈。

(3) 搬运时应防止桩体撞击而造成桩端、桩体损坏或弯曲。

(4) 钢桩应按规格、材质分别堆放。堆放层数：直径 900mm 的钢桩，不宜大于 3 层；直径 600mm 的钢桩，不宜大于 4 层；直径 400mm 的钢桩，不宜大于 5 层；H 形钢桩不宜大于 6 层。支点设置应合理。钢桩的两侧应采用木楔塞住。

### 四、钢桩的沉桩

钢桩沉桩方法较多，应结合工程场地具体地质条件、设备情况和环境条件、工期要求等选定打桩方法。目前常用的是冲击法和振动法，但由于对噪声和振动的限制，目前采用压入法和挖掘法的工程逐渐增多。

沉桩法的施工工序为：桩机安装→桩机移动就位→吊桩→插桩→锤击下沉、接桩→锤击至设计标高→内切割桩管→精割、盖帽。

沉桩常遇问题的分析及处理。见表 2-3 中预制桩施工中常见的问题及解决方法。

## 第五节　钻孔灌注桩的施工

### 一、施工准备

灌注桩施工前必须做好场地地质、周边管线及地下构筑物等的调查和资料收集工作。同时根据设计桩型、钻孔深度、土层情况综合确定钻孔机具及施工工艺，对人、机、料进行合理配置，编制切实可行的施工组织设计以便指导施工。特别强调以下几点：

(1) 设备选型是关键：基本的成桩工艺及流程与成桩设备直接相关，同时也关系到设计灌注桩能否实现和工程施工进度。

(2) 定位放线是极重要的技术工作：是控制工程质量的第一个特殊工序，应严格按相关程序进行检查、交接和验收，确保准确无误。

(3) 成桩设备的进场检查和验收是重要环节，关系施工安全。

### 二、一般规定

目前，较为常见的灌注桩桩型主要有正、反循环钻孔灌注桩，旋挖成孔灌注桩，冲孔灌注桩，长螺旋钻孔压灌桩，干作业钻、挖孔桩以及沉管灌注桩。

一般情况下，泥浆护壁类的灌注桩，如正、反循环钻孔灌注桩，旋挖成孔灌注桩，冲击成孔灌注桩地层适应性强，可用于黏性土、粉土、砂土、填土、碎石土及风化岩层，地下水位高低对其成孔影响不大。成孔直径一般大于800mm，为大直径桩的主流桩型；其缺点是现场作业环境差、泥浆污染大，尤其是正、反循环钻孔灌注桩这种动态泥浆护壁成孔方式。

旋挖成孔灌注桩采用的是静态泥浆护壁方式，不需要地面循环沟等设施，泥浆排放可得到一定控制。相对污染较小，场地作业面整洁。同时，旋挖成孔效率较高，尤其在城市建筑中正逐步取代以前较为常用的正、反循环钻孔灌注桩。但对于一些特大桩径（≥2000mm）或超长桩（≥60m）泵式反循环钻孔灌注桩仍有一定的优势。

干作业钻、挖孔灌注桩宜用于地下水下的黏性土、粉土、填土、中等密实以上的砂土、风化岩层。

沉管灌注桩宜用于黏性土、粉土和砂土；夯扩桩宜用于桩端持力层为埋深不超过20m的中、低压缩性黏性土、粉土、砂土和碎石类土。

长螺旋钻孔压灌桩以其成孔速度快、无噪声、无振动、污染小的优势目前已在工程上广为应用。

## 三、泥浆护壁成孔灌注桩

一般地基的深层钻进，都会遇到地下水问题和孔壁缩扩颈问题。泥浆护壁成孔灌注桩是采用孔内泥浆循环保护孔壁的湿作业成孔灌注桩，能够解决施工中地下水带来的孔壁塌落、钻具磨损发热及沉渣问题。

### （一）泥浆护壁成孔灌注桩按钻进成孔方式分类

常见钻孔灌注桩成孔工艺方法及适用范围见表2-6。

表2-6 常见钻孔灌注桩成孔工艺方法及适用范围

| 钻进方式 | 适用孔径/mm | 清孔方法 | 混凝土灌注方式 | 适用地层 | 优缺点 |
|---|---|---|---|---|---|
| 潜水电钻 | 600～1000 | 正循环清孔或气举反循环清孔 | 导管水下灌注 | 黏性土、淤泥、砂土 | 由于动力小，一般孔径小，孔深浅，所以不常用 |
| 正循环回转钻 | 500～2000 | 正循环清孔或气举反循环清孔 | 导管水下灌注 | 所有地层 | 采用回旋钻施工，对硬基岩施工速度慢，但该法最常用 |

续表

| | | | | |
|---|---|---|---|---|
| 泵式反循环回转钻 | 600～4000 | 泵式反循环 | 导管水下灌注 | 所有地层 | 适合于大口径灌注桩施工，扭矩大但施工效率低，常用 |
| 取土钻 | 500～2000 | 正循环清孔或气举反循环清孔 | 导管水下灌注 | 适用于各种复杂土层。砂层、砾砂层、强风化基岩 | 施工速度快但对硬基岩持力层因取土困难不适合，常用 |
| 冲击钻 | 600～4000 | 正循环清孔或气举反循环清孔 | 导管水下灌注 | 所有地层 | 对坚硬岩优点最突出，缺点是易扩孔且施工速度慢，常用 |
| 冲抓钻 | 600～1200 | 正循环清孔 | 导管水下灌注 | 适用于杂填土地层和卵石、漂石层 | 对卵、漂石层适合，但易塌孔，不常用 |

## （二）泥浆护壁钻孔灌注桩按清孔方式分类

常见钻孔灌注桩清孔方式及适用范围见表 2-7。

表 2-7 常见钻孔灌注桩清孔方式及适用范围

| 清孔方式 | 适用孔径 /mm | 清孔设备及原理 | 适用桩长 | 适用地层 | 优缺点 |
|---|---|---|---|---|---|
| 正循环清孔 | 600～1000 | 利用泥浆泵向钻杆内或导管内注入泥浆送到孔底，然后该泥浆将孔底沉渣经孔壁循环上来，再流到泥浆池的循环清孔方式 | 一般孔深在70m 以内 | 所有地层 | 最常用的清孔方式，成本低，但速度慢，对于桩长较长时沉渣清理困难，对持力层扰动后沉渣清理更困难 |
| 气举反循环清孔 | 500～2000 | 利用空压机将导管内的风管注入压缩空气，从而使导管内变成低压的气水混合物，由于孔壁与导管内浆液压力差的作用将孔底沉渣抽上来的循环清孔方式 | 所有桩长，但要注意空压机风量和风管高度的协调 | 黏性土和基岩地区。但粉砂层应注意塌孔，清孔时间一般应控制在 10min 以内 | 清孔时间快，效率高。缺点是易塌孔且必须保持孔内泥浆面不下降 |
| 泵式反循环清孔 | 600～4000 | 利用深井砂石泵将孔底沉渣抽上来的循环清孔方式 | 桩长受真空度的制约 | 所有地层 | 优点是扭矩大，适用于超长超大钻孔桩施工，但钻进效率低 |

## （三）泥浆护壁成孔灌注桩施工流程

泥浆护壁成孔可用多种形式的钻机钻进成孔。在钻进过程中，为防止塌孔，应在孔内注入黏土或膨润土和水拌和的泥浆，同时利用钻削下来的黏性土与水混合制造泥浆保护孔壁。这种护壁泥浆与钻孔的土屑混合，边钻边排出孔内相对密度、稠度较大泥浆，同时向孔内补入相对密度、稠度较小泥浆，从而排出土屑。当钻孔达到规定深度后，清除孔底泥渣，然后安放钢筋笼，在泥浆下灌注混凝土成桩。施工流程图见图2-4。

## （四）泥浆的制备与处理

《建筑桩基技术规范》（JGJ94—2008）6.3.1规定：除能自行造浆的黏性土地层外，均应制备泥浆。泥浆的制备通常在挖孔前搅拌好，钻孔时输入孔内；有时也采用向孔内输入清水，一边钻孔，一边使清水与钻削下来的泥土拌和形成泥浆。泥浆应尽可能使用当地材料，但泥浆循环池制作中必须要有排渣池→沉淀池→过筛池→钻孔循环过程。

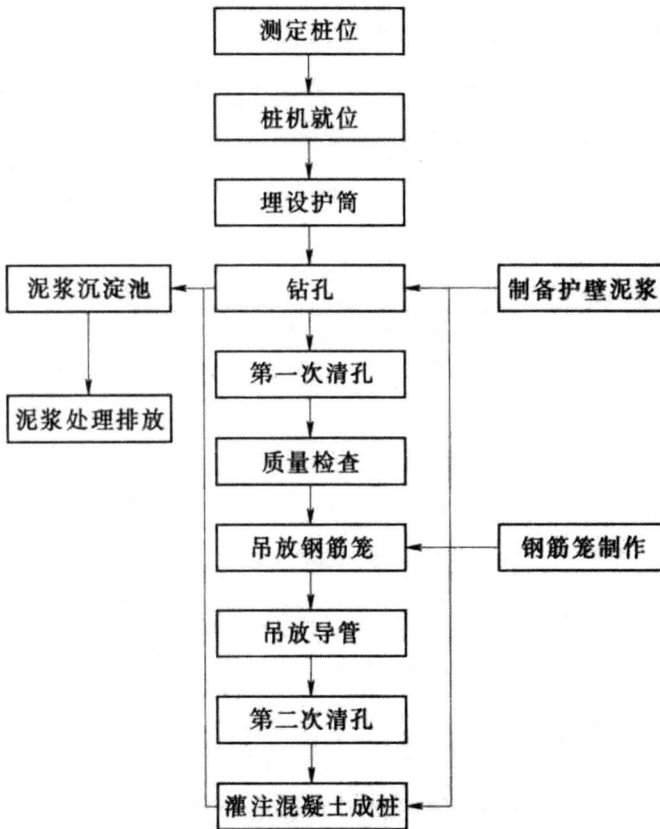

图2-4 泥浆护壁成孔灌注桩施工流程

泥浆制备应选用高塑性黏土或膨润土。拌制泥浆应根据钢筋施工机械、工艺及穿越的土层要求进行配合比设计，泥浆性能指标应符合表2-8的要求。

表2-8 制备泥浆的性能指标

| 项次 | 项目 | 性能指标 | 检验方法 |
|------|------|---------|---------|
| 1 | 密度 /（g·cm$^{-3}$） | 1.1 ~ 1.15 | 泥浆比重计 |
| 2 | 黏度 /s | 10 ~ 25 | 漏斗法 |
| 3 | 含砂率 /% | < 6 | — |
| 4 | 胶体率 /% | > 95 | 量杯法 |
| 5 | 失水量 /（L·30min$^{-1}$） | < 30 | 失水量仪 |
| 6 | 泥皮厚度 | 1 ~ 3mm/30min | 失水量仪 |
| 7 | 静切力 | 1min20 ~ 30mg/cm$^2$<br>10min50 ~ 100mg/cm$^2$ | 静力力计 |
| 8 | 稳定性 | < 0.03g/cm$^2$ | — |
| 9 | pH 值 | 7 ~ 9 | pH 试纸 |

### （五）泥浆护壁的规定

（1）施工期间护筒内的泥浆面应高出地下水位1.0m以上，在受水位涨落影响时，泥浆面应高出最高水位1.5m以上，在水中桩基施工时，泥浆面应高出河流最高水位1.5 ~ 2m。

（2）在清孔过程中，应不断置换泥浆，直至浇筑水下混凝土。

（3）浇筑混凝土前，孔底500mm以内的泥浆比重应小于1.25；含砂率不大于8%；黏度不大于28Pa·s。

（4）在容易产生泥浆渗漏的土层中，应采取维持孔壁稳定的措施。

（5）废弃的泥浆、渣应按环境保护的有关规定处理。

### （六）护筒的设置

在孔口设置护筒是一项保证质量的重要施工措施，护筒的作用及设置规定如下：

（1）护筒的作用是固定钻孔位置，保护孔口，提高孔内水位，防止地面水流入，增加孔内静水压力以维护孔壁稳定，并兼做钻进向导。

（2）护筒一般用4 ~ 8mm钢板制成，水上桩基施工时应根据护筒长度增加钢板的厚度，其内径应大于钻头直径，当用回转钻时，宜大于100mm；当用冲击钻和潜水电钻时，宜大于200mm，在护筒上部开设1 ~ 2个溢浆孔。

（3）护筒埋设深度根据土质和地下水位而定，在黏性土中不宜小于1.0m，在砂土中不宜小于1.5m，其高度尚应满足孔内泥浆面高度的要求。

（4）埋设护筒时，在桩位打入或挖坑埋入，一般宜高出地面300 ~ 400mm，或高出地下水位1.5m以上使孔内泥浆面高于孔外水位或地面，在水上施工时，护筒顶面的标高应满足在施工最高水位时泥浆面高度要求，并使孔内水头经常稳定以利护壁。

（5）护筒埋设应准确、稳定，护筒中心与桩位中心的偏差不得大于 50mm；护筒的垂直度，尤其是水上施工的长护筒更为重要。

泥浆护壁成孔灌注桩施工常遇问题和处理方法见表 2-9。

表 2-9 泥浆护壁成孔灌注桩施工常遇问题和处理方法

| 常遇问题 | 原因分析 | 预防措施与处理方法 |
| --- | --- | --- |
| 坍孔壁（在冲孔过程中孔壁的土不同程度地坍塌） | 提升、下落冲锤、掏渣筒和放钢筋笼时碰撞孔壁护筒周围未用黏土封紧密而漏水或埋置太浅。未及时向孔内加清水或泥浆，孔内泥浆面低于孔外水位，或泥浆比重偏低遇流沙、淤泥、松散砂层而钻进太快 | 提升或下落冲锤、掏渣筒和放钢筋笼时保持垂直上下用冲孔机时，开孔阶段保持低锤密击，造成坚固孔壁后再正常冲击清孔完毕立即浇筑混凝土时，如轻度坍孔可加大泥浆比重；如严重坍孔，用泥土、泥膏投入，待孔壁坚固后用低速重新钻进 |
| 钻孔偏移倾斜（在成孔过程中孔位偏移或孔身倾斜） | 钻架不稳，钻杆导架不垂直，钻机磨损，部分松动土层软硬不均冲孔机成孔时未处理探头石或基岩倾斜等问题 | 将桩架重新安装牢固，并对导架进行水平和垂直校正，修钻孔设备如有探头石，宜用钻机钻透，用冲孔机时应低锤密击，把石击碎，基岩倾斜时，投入块石填平，用锤密打；倾斜过大时，投入黏土石子，重新钻进，控制转速，慢速提升下降往复扫孔纠正 |
| 吊脚桩（孔底残留石渣过多：孔底涌进泥沙或坍壁泥土落在孔底） | 清孔后泥浆比重过小，孔壁坍塌或未浇筑混凝土。清渣未净，残留石渣过多吊放钢筋笼、导管等物碰撞孔壁，使泥土坍落孔底 | 做好清孔工作，达到要求时立即灌注混凝土。注意泥浆浓度，使孔内水位经常高于孔外水位保护孔壁，不让重物碰撞 |
| 夹泥（在桩身混凝土内混进泥土或夹层） | 灌注混凝土时，孔壁泥土坍下，落在混凝土内 | 浇筑混凝土时，避免碰撞孔壁控制孔内水位高于孔外水位如泥土坍塌在桩内混凝土上时，应将泥土清除干净后，再继续浇筑混凝土 |

| 梅花孔（冲孔时孔形不圆，呈梅花瓣状） | 冲孔机转向环失灵，冲锤不能自由转动。泥浆太稠，阻力太大，提锤太低，冲锤得不到转动时间，换不了方位 | 经常检查吊环，保持灵活<br>勤掏渣，适当降低泥浆稠度<br>保持适当的提锤高度，必要时辅以人工转动 |
|---|---|---|
| 卡锤（冲孔时，冲锤在孔内卡住） | 冲锤在孔内遇到大的探头石（叫上卡）。冲锤磨损过甚，孔径成梅花形，提锤时，锤的大径被孔的小径卡住（叫下卡）。石头落在孔内，夹在锤与孔壁之间 | 上卡时，用一个半截冲锤冲打几下，使锤脱离卡点，掉落孔底，然后吊出<br>下卡时，用小钢轨焊成T形钩，将锤一侧拉紧然后吊起。<br>被石头卡住时，可用上法提出冲锤 |
| 流沙（冲孔时大量流沙涌进桩底） | 孔外水压力比孔内大，孔壁松散使大量流沙涌塞桩底 | 流沙严重时，可抛入碎砖石、黏土，用锤冲入流沙层，做成泥浆结块，做成坚厚孔壁，阻止流沙涌入 |
| 不进尺（钻进时，钻机不下落或进展极慢） | 钻头周围堆积土块<br>钻头合金刀具安装角度不适当，刀具切土过浅，泥浆比重过大，钻头配重过轻 | 加强排渣，降低泥浆比重<br>重新安排刀具角度、形状、排列方向，加大配重 |

## 四、干作业成孔灌注桩

干作业成孔灌注桩系指不用泥浆或套管护壁的情况下，用人工或机械钻具钻出桩孔，然后在桩孔中放入钢筋笼，再灌注混凝土的成桩工艺。干作业成孔灌注具有施工振动小、噪声低、环境污染少的优点。干作业成孔灌注桩分为钻孔（扩底）灌注桩、螺旋钻成孔灌注桩和柱锤冲击成孔灌注桩。

### （一）钻孔（扩底）灌注桩施工

钻孔扩底灌注桩工法是把按等直径钻孔方法形成的桩孔钻进到预定的深度，换上扩孔钻头后，撑开钻头的扩孔刀刃使之旋转切削地层扩大孔底，成孔后放入钢筋笼，灌注混凝土形成扩底桩以获得较大承载能力的施工方法。

1. 选择扩底部持力层的要求

在选择此类钻扩桩的扩底部持力层时，一般要求在有效桩长范围内，没有地下水或上层滞水，土层应不塌落、不缩径、孔壁应当保持直立，扩底部与桩根底部应置于中密以上的黏性土、粉土或砂土层上，持力层应有一定厚度，且水平方向分布均匀。

但干作业钻孔（扩底）灌注桩不可避免地在桩端会留有一定厚度的虚土，一般在100~500mm。根据地层及地下水情况有所不同，因此，适应范围和区域受到一定的限制。由于一定程度的桩端虚土（≤500mm厚）对挡土桩发挥正常使用功能的影响不大，干作业钻孔灌注桩被更为广泛地使用于挡土支护领域。

2.混凝土灌注

灌注混凝土时，为避免混凝土直接冲砸孔壁，应通过溜槽或串筒导管等把混凝土输入孔底，串筒末端离孔底高度不宜大于2m，并由专人在操作面使用高频率、大口径插入式振捣棒分层均匀捣实。混凝土的坍落度应掌握在100～150mm为宜。混凝土应从桩底到桩顶面一次性浇灌完成。

### （二）螺旋钻成孔灌注桩

1.施工工序

螺旋钻孔机成桩的施工工序是：桩机就位→取土成孔→清孔并检查成孔质量→安放钢筋笼或插筋→放置护孔漏斗→灌注混凝土成桩。

由螺旋钻头切削土体，切下的土随钻头旋转并沿螺旋叶片上升而排出孔外。当螺旋钻机钻至设计标高时，在原位空转清土，停钻后提出钻杆弃土，钻出的土应及时清除，不可堆在孔口。钢筋骨架绑好后，一次整体吊入孔内。如过长亦可分段吊，两段焊接后再徐徐沉放在孔内。钢筋笼吊放完毕，应及时灌注混凝土，灌注时应分层捣实。

2.螺旋钻成孔灌注桩的特点及适用范围

螺旋钻成孔灌注桩的特点是：成孔不用泥浆或套管护壁；施工无噪声、无振动、对环境影响较小；设备简单，操作方便，施工速度快；由于干作业成孔，混凝土灌注质量易于控制。其缺点是孔底虚土不易清除干净，影响桩的承载力，成桩沉降较大，另外由于钻具回旋阻力较大，对地层的适应性有一定的条件限制。

这种成孔方法主要适用于黏性土、粉土、砂土、填土和粒径不大的砾砂层，也可用于非均质含碎砖、混凝土块、条石的杂填土及大卵砾石层。

## 五、冲击成孔灌注桩的施工

冲击成孔灌注桩是利用冲击式钻机或卷扬机把带钻刃的、有较大质量的冲击钻头（又称冲锤）提高，靠自由下落的冲击力来削切岩层或冲挤土层，部分碎渣和泥浆挤入孔壁中，大部分成为泥渣。并利用专门的捞渣工具掏土成孔，最后灌注混凝土成桩。

### （一）冲击成孔灌注桩施工工艺

冲击成孔灌注桩设备简单、操作方便，所成孔坚实、稳定、坍孔少，不受场地限制，无噪声和振动影响，因此，应用广泛。在黏土、粉土、填土、淤泥中成孔较高，而且特别适用于含有孤石的砂砾石层、漂石层、坚硬土层及岩层。桩孔直径一般为60～150cm，最大可达250cm；孔深最大可超过100m。冲击桩单桩成孔时间相对稍长，混凝土充盈系数相对较大，可达 1.2 ~ 1.5。但由于冲击桩架小，一个场地可同时容纳多台冲击桩基施工，所以群桩施工速度一般。其最大优点是可在硬质岩层中成孔。

冲击成孔灌注桩施工工艺流程是：设置护筒→钻机就位、孔位校正→冲击成孔、泥浆循环→清孔换浆→终孔验收→下钢筋笼和导管→二次清孔→灌注混凝土成桩。

### （二）冲击成孔灌注桩施工机械与操作规程

1. 施工机械

冲击成孔灌注桩的设备由钻机、钻头、转向装置和打捞装置等构成。钻头有一字形、十字形、工字形、圆形等，常用钻头为十字形，其重量应根据具体施工条件确定。掏渣筒的主要作用是捞取被冲击钻头破碎后的孔内钻渣。它主要由提梁、管体、阀门和管靴等组成。

阀门有多种形式，常用的有碗形活门、单向活门和双扇活门等。

2. 施工要点

根据《建筑桩基技术规范》(JGJ94—2008)，冲击成孔灌注桩的施工应符合下列要求。

（1）埋设护筒：冲孔桩的孔口应设备护筒，其内径应大于钻头直径 200mm，其余规定与正、反循环钻孔灌注桩要求相同。

（2）安装冲击钻机：在钻头锥顶和提升钢丝绳之间设置保证钻头自动转向的装置，以免产生梅花孔。

（3）冲击钻进

1）开孔时，应低锤密击，如表层土为淤泥、细砂等软弱土层，可加黏土块夹小片石反复冲击孔壁，孔内泥浆应保持稳定。

2）进入基岩后，应低锤冲击或间断冲击，如发现偏孔应立即回填片石至偏孔上方 300 ~ 500mm 处，然后重新冲击。

3）遇到孤石时，可预爆或用高低冲程交替冲击，将其击碎或挤入孔壁。

4）应采取有效的技术措施，防止扰动孔壁造成塌孔、扩孔、卡钻和掉钻及泥浆流失等。

5）每钻进 4 ~ 5m 深度应验孔一次，在更换钻头前或容易缩孔处，均应验孔。

6）进入基岩后，每钻进 100 ~ 500mm 应清孔取样一次（非桩端持力层为 300 ~ 500mm，桩端持力层为 100 ~ 300mm），以备终孔验收。

7）冲孔中遇到斜孔、弯孔、梅花孔、塌孔、护筒周围冒浆时，应立即停钻，查明原因，采取措施后继续施工。

8）大直径桩孔可分级成孔，第一级成孔直径为设计桩径的 0.6 ~ 0.8 倍。

（4）捞渣：开孔钻进，孔深小于 4m 时，不宜捞渣，应尽量使钻渣挤入孔壁。排渣可用泥浆循环或抽渣筒等方法，如采用抽渣筒排渣，应及时补给泥浆，保证孔内水位高于地下水位 1.5m。

（5）清孔：不宜坍孔的桩孔，可用空气吸泥清除；稳定性差的孔壁应用泥浆循环或抽渣筒排渣。清孔后，在灌注混凝土之前泥浆的密度及液面高度应符合规范的有关规定，孔底沉渣厚度也应符合规范规定。

（6）清孔后应立即放入钢筋笼和导管，并固定在孔口钢护筒上，使其在灌注混凝土中不向上浮和不向下沉。当钢筋笼下完并检查无误后应立即灌注混凝土，间隔不可超过 4h。

## 六、钻孔灌注桩成桩质量问题及处理对策

### （一）允许偏差

《建筑桩基技术规范》（JGJ94—2008）中规定，钻孔灌注桩的平面施工允许偏差见表 2–10。

表 2–10 灌注桩成孔允许偏差

| 成孔方法 | | 桩径允许偏差 /mm 1～3 根桩、条形桩基沿垂直轴线方向和群桩基础中的边桩 | 垂直度允许偏差 /% 条形桩基沿轴线方向和群桩基础中间桩 | 桩位允许偏差 /mm | |
| --- | --- | --- | --- | --- | --- |
| 泥浆护壁钻、挖、冲击桩 d ≤ 1000mm d > 1000mm | | d ≤ 1000mm | 1 (100 + 0.01) H | d/6 且不大于 100 | d/4 且不大于 150 |
| | | ± 50 | | (150 + 0.01) H | |
| 锤击（振动）沉管振动冲击沉管成孔 d > 500mm | D ≤ 500mm | −20 | 1 100 | 70 | 150 |
| | | −20 | | 150 | |
| 螺旋钻、机动洛阳铲干作业成孔 | | −20 | 1 | 70 | 150 |
| 人工挖孔桩 | 现浇混凝土护壁 | ± 50 | 0.5 | 50 | 150 |
| | 长钢套管护壁 | ± 50 | 1 | 100 | 200 |

注 1. 桩径允许偏差的负值是指个别断面。

2.H 为施工现场地面标高与桩顶设计标高的距离：为设计桩径。

## （二）桩身施工质量问题

在钻孔灌注桩的施工过程中，常会发生一些问题，如桩头混凝土强度不足、桩身缩颈、扩颈、桩身断桩或夹泥、桩端沉渣厚等，当发生这些问题时，应综合分析其原因，并提出合理的解决方法，表2-11即为钻孔灌注桩常见问题及处理对策。

表2-11 钻孔灌注桩常见问题及处理对策

| 问题 | 可能原因 | 处理对策 |
| --- | --- | --- |
| 桩头混凝土强度不足 | 桩顶标高上超灌高度不够，浮浆多 | 凿到硬混凝土接桩 |
| 桩身缩颈 | 淤质地层护壁不够，待孔时间长使孔壁收缩 | 承载力检验，若不满足设计则补桩 |
| 桩身扩颈 | 砂土层塌孔，护壁不好 | 可以不处理 |
| 桩身断桩或夹泥 | 灌注混凝土时导管拔空，泥浆涌入界面 | 补桩 |
| 桩端沉渣厚 | 清洁工作未做好或待孔时间过长 | 桩端注浆或桩架复压或补桩 |

另外，钻孔灌注桩在凿桩时容易将桩头凿坏，而引起桩头沉降大，在施工中应引起注意。

对具体问题要具体分析，要结合设计要求、地质情况和施工记录对具体问题提出有针对性的处理意见，必要时召开专家论证会商讨处理对策。但关键是打桩单位要认真施工，监理单位要严格监理，设计单位要及时解决遇到的具体问题，这样才能保证钻孔桩施工质量。

# 第六节　人工挖孔桩的施工

人工挖孔灌注桩是用人工挖土成孔，然后安放钢筋笼，灌注混凝土成桩。这类桩具有承载能力高、造价低廉等优点，适宜的地层是黄土、无地下水或地下水较少的黏性土、粉土，含少量砂、砂卵石的黏性土层，也可应用于膨胀土、冻土及密实程度较好的人工填土、砂卵石。在地质情况复杂、地下水位高以及孔中缺氧或有毒气发生的土层中不宜采用。

## 一、人工挖孔桩施工的主要施工机具

（1）起吊机具：小卷扬机或电动葫芦、提升架等，用于材料和弃土的垂直运输及施工人员上下。

（2）扶壁钢模板（或波纹模板）、砖等。

（3）排水机具，潜水泵用于抽出桩孔中的积水。

（4）鼓风机和送风管、向桩孔强制送入新鲜空气。

（5）挖土工具：镐、锹、土筐等。若遇到硬土或岩石还需风镐、空压机、**爆破器材等**。

（6）混凝土拌制、振捣机具，混凝土拌和站（拌和机）、振捣棒。

（7）应急软爬梯、简易防护棚，防止提升弃土时落下伤人。

## 二、人工挖孔桩的施工工艺

人工挖孔桩施工最大的隐患是孔壁土体坍塌和上部掉下的异物伤人。为确保安全施工，必须认真制订孔内防止土体坍落的支护措施和防止上部异物掉入孔底伤人的措施，如采用现浇混凝土护壁、喷射混凝土护壁、波纹钢模板护壁、砌砖圈护壁等，应采取孔底设置局部挡棚防止异物掉入伤人等技术措施。

### （一）放线定位

按设计图纸放线、定桩位。

### （二）开挖土方

采取分段开挖，每段高度决定于土壁保持直立不坍塌状态的能力，一般以 0.8～1.0m 为一施工段。挖土由人工从上到下逐段用镐、锹进行，遇坚硬土层用锤、钎破碎。同一段内挖土次序为先中间后周边。扩底部分采取先挖桩身圆柱体，再按扩底尺寸从上到下削土修成扩底形。

弃土装入活底吊桶或箩筐内，垂直运输时则在孔口安支架，用 10～20kN 慢速卷扬机提升。桩孔较浅时，也可用木吊架或木辘轳用粗麻绳提升。吊至地面上后用机动翻斗车或手推车运出。

在地下水以下施工时，应及时用吊桶将泥水吊出。如遇大量渗水，则在孔底一侧挖集水坑，用高扬程潜水泵排出桩孔外。

### （三）测量控制

桩位轴线采取在地面设十字控制网、基准点。安装提升设备时，使吊桶的钢丝绳中心与桩孔中心线一致，以做挖土时粗略控制中心线使用。

### （四）支设护壁模板

通常在孔内采用现浇混凝土护壁、钢模板或波纹模板、喷射混凝土护壁等。土质稳定，渗水量少的土层也可采用预制混凝土井圈，砖砌井圈等。模板高度取决于开挖土方施工段的高度，一般为 1m，由 4 块或 8 块活动钢模板组合而成。

护壁支模中心线控制，将桩控制轴线、高程引到第一节混凝土护壁上，每节以十字线对中，吊线锤控制中心点位置，用尺杆找圆周，然后由基准点测量孔深。

## （五）设置操作平台

在模板顶放置操作平台，平台可用角钢和钢板制成半圆形，两个合起来即为一个整圆，用于临时放置混凝土拌和料和灌注扶壁混凝土使用。

## （六）灌注护壁混凝土

护壁混凝土要注意捣实，因它起着护壁与防水双重作用，上下护壁间搭接 50 ~ 75mm。护壁分为外齿式和内齿式两种。外齿式的优点：作为施工用的衬体，抗塌孔的作用更好；便于人工用钢钎等捣实混凝土；增大桩侧摩阻力，护壁通常为素混凝土，但当桩径、桩长较大，或土质较差、有渗水时应在护壁中配筋。上下护壁的主筋应搭接。

分段现浇混凝土护壁厚度，一般由地下最深段护壁所承受的土压力及地下水的侧压力确定，地面上施工堆载产生的侧压力影响可不计。

## （七）拆除模板继续下一段的施工

当护壁混凝土达到一定强度（按承受土的侧向压力计算）后便可拆除模板，一般在常温情况下约过 24h 后便可以拆除模板。模板拆除后，再开挖下一段土方，然后继续支模灌注护壁混凝土，如此循环，直到挖到设计要求的深度。

## （八）钢筋笼沉放

钢筋笼就位，对质量在 1000kg 以内的小型钢筋笼，可用带有小卷扬机的活动三支木搭的小型吊运机具，或用汽车吊吊放入孔内就位。对直径、长度、质量大的钢筋笼，可用履带吊或大型汽车吊进行吊放。

## （九）排除孔底积水，灌注桩身混凝土

在灌注混凝土前，应先放置钢筋笼，并再次测量孔内虚土厚度，超过要求应进行清理。混凝土坍落度为 8 ~ 10cm。

混凝土灌注可用吊车吊混凝土，或用翻斗车，或用手推车运输向桩孔内灌注。混凝土下料用串桶，深桩孔用混凝土导管。混凝土要垂直灌入桩孔内，避免混凝土斜向冲击孔壁，造成塌孔（对无混凝土护壁桩孔的情况）。

混凝土应连续分层灌注，每层灌注高度不得超过 1.5m。对于直径较小的挖孔桩，距地面 6m 以上可利用混凝土的大坍落度（掺粉煤灰或减水剂）和下冲力使之密实；6m 以内的混凝土应分层振捣密实。对于直径较大的挖孔桩应分层捣实，第一次灌注到扩底部位的顶面，随即振捣密实；再分层灌注桩身，分层捣实，直至桩顶，当混凝土灌注量大时，可用混凝土泵车和布料杆。在初凝前抹压平整，以避免出现塑性收缩裂缝或环向干缩裂缝。表面浮浆层应凿除，使之与上部承台或底板连接良好。

### 三、人工挖孔桩施工注意要点

《建筑桩基技术规范》(JGJ94—2008) 规定，人工挖孔桩施工应采取下列安全措施。

(1) 孔内必须设置应急软爬梯；供人员上下井使用的电葫芦、吊笼等应安全可靠，并配有自动卡紧保险装置，不得使用麻绳和尼龙绳吊挂或脚踏井壁凸缘上下。电葫芦宜用按钮式开关，使用前必须检验其安全起吊能力。

(2) 每日开工前必须检测井下是否有有毒、有害气体，并应有足够的安全防范措施。桩孔开挖深度超过 10m 时，应有专门向井下送风的设备，风量不宜少于 25L/s。

(3) 孔口四周必须设置护栏，护栏高度一般为 0.8m。

(4) 挖出的土石方应及时运离孔口，不得堆放在孔口四周 1m 范围内，机动车辆的通行不得对井壁的安全造成影响。

### 四、人工挖孔桩施工常见问题及处理对策

在人工挖孔桩的施工过程中，常会发生一些问题，如桩头混凝土强度不足、桩身缩颈、扩颈、桩身断桩或夹泥、桩端沉渣厚等，当发生这些问题时，应综合分析其原因，并提出合理的解决方法，表 2-12 即为人工挖孔桩常见问题及处理对策。

表 2-12 人工挖孔桩常见问题及处理对策

| 问题 | 可能原因 | 处理对策 |
| --- | --- | --- |
| 桩身离析 | 挖孔桩内有水，灌混凝土时遇水混凝土离析 | 钻孔注浆或补桩 |
| 桩端持力层达不到设计要求 | 未挖到真正的硬岩层，在做桩端岩基静载试验后重新再向下挖到硬层；成桩后承载力不到，则桩端持力层承载力不足；桩端下有软下卧层 | 向下挖或补桩 |

# 第三章　地基处理

# 第一节 概述

在土木工程中，当天然地基不能满足建筑物对地基强度与稳定性和变形的要求时，常采用各种地基加固、补强等技术措施来改善地基土的工程性状，以满足建设工程的要求。这些地基加固、补强等技术措施统称为地基处理。

## 一、地基的分类及特点

地基是受建筑物荷载影响的那一部分土层，与基础直接相连。

地基可分成天然地基和人工地基。天然地基是基础未经加固而直接在上面建造房屋，是工业与民用建筑中常用的一种基础类型。人工地基是由于天然地基不很坚固，需先进行人工处理，如更换垫层等，然后再在上面建筑构筑物。天然地基施工简单，造价低廉，而人工地基施工复杂，造价相对较高。常见不良地基的类型见表3-1。

表3-1 常见不良地基的类型及特点

| 类型 | 特点 |
|---|---|
| 湿陷性黄土地基 | 湿陷性黄土是指在覆盖土层的自重应力和建筑物附加应力的综合作用下，受水浸湿后，土的结构迅速破坏，并且发生显著的附加下沉，其强度也随之迅速下降的黄土。黄土浸湿陷落而引起建筑物不均匀沉降是造成黄土地基事故的主要原因。由于大面积地下水位上升，部分湿陷性黄土饱和度达到80%以上，黄土湿陷性消除，转变为低承载力和高压缩性土 |
| 膨胀土地基 | 膨胀土中有大量蒙特石矿物，是一种吸水膨胀、失水收缩，具有较大往复胀缩变形的高塑性黏土。在膨胀土场地上造建筑物如处理不当，会使房屋发生开裂等事故 |
| 泥炭土地基 | 凡有机质含量超过60%的土称为泥炭土。泥炭土是在沼泽和湿地中生长的苔藓、树木等植物分解而形成的有机质土，呈黑色或暗褐色，具有纤维状疏松结构，为高压缩性土，具有含水量高、压缩性大、不均匀等特点 |
| 多年冻土地基 | 在高寒地区，温度连续三年或三年以上保持在≤0℃，并含有冰的土层，称为多年冻土，多年冻土的强度和变形有其特殊性。例如，冻土中既有固态冰又有液态水，在长期荷载作用下具有流变性 |

| | |
|---|---|
| 岩溶与土洞地基 | 岩溶又称"喀斯特",它是可溶性岩石,如石灰岩、岩盐等长期被水溶蚀而形成的溶洞、溶沟、裂缝,以及由于溶洞的顶板塌落,使地表发生塌陷等现象和作用的总称。土洞是岩溶地区上覆土层,被地下水冲蚀或潜蚀所形成的洞穴。这种地基对结构影响较大,可能造成地面变形、地基陷落,发生水的渗漏和涌水现象 |
| 山区地基 | 山区地基的地质条件复杂,主要为地基的不均匀性和场地的不稳定性。例如,山区的基岩面起伏大,且可能有大块孤石,使建筑地基软硬悬殊,容易导致事故的发生。尤其山区常有滑坡、泥石流等不良地质现象,威胁建筑物的安全。因此,在山区修建房屋时,要注意地基的稳定性和避免过大的不均匀沉降 |
| 饱和粉细砂与粉土地基 | 这种地基在静载作用下强度较高,但在机器振动、车辆荷载、地震作用下可能发生液化或震陷变形,地基因此,而丧失承载力,发生倾斜倒塌、墙体开裂等事故 |
| 盐渍土地基 | 含盐量超过 0.3% 的土称为盐渍土,这种土中的盐遇水溶解,物理和力学性能均发生变化,强度降低,从而发生地基陷落。某些盐渍土在温度或湿度发生变化时,会发生体积膨胀。此外,盐渍土地基中的盐还会导致地下设施材料的腐蚀 |
| 软弱土地基 | 1. 软弱土地基的分类和特点<br>(1)软黏土地基:软黏土是软弱黏性土的简称,它主要是第四纪后期形成的海相、泻湖相、三角洲相、溺谷相和湖沼相的黏性土沉积物或河床冲积物。当天然含水量大于液限,天然孔隙比大于 1.0 而小于 1.5 时称为淤泥质土,天然孔隙比大于 1.5 时称为淤泥。这类土的特性是:<br>1) 含水量高,$W > WL$,呈流塑状态<br>2) 孔隙比大,$e \geq 1.0$<br>3) 压缩性高,一般 $a1 \sim 2 = (0.7 \sim 1.5) \text{ MPa}^{-1}$,属高压缩性土<br>4) 渗透性差,通常渗透系数是 $k \leq i \times 10^{-6} \text{cm/s}$,这类建筑地基的沉降往往持续几十年才稳定<br>5) 具有结构性,施工时扰动结构,则强度降低<br>(2)杂填土地基。杂填土是人类活动所形成的堆积物,由大量垃圾、工业废料或生活垃圾组成,其成分复杂,性质也不尽相同,且无规律性,结构松散,分布无规律,极不均匀<br>(3)冲填土地基。冲填土是疏浚江河时,用挖泥船的泥浆泵将河底的泥沙用水力冲填至岸上形成的土,含黏土颗粒多的冲填土往往是强度低、压缩性高的欠固结土。以粉土或粉细砂为主的冲填土容易产生液化<br>2. 软弱土地基的分布<br>淤泥和淤泥质土广泛地分布在上海、天津、宁波、温州、连云港、福州、厦门、广州等东南沿海地区及昆明、武汉等内陆地区。此外,各省市都存在小范围的淤泥和淤泥质土;冲填土主要分布在沿海地区,例如天津市有大面积海河冲填土。杂填土分布最广,历史悠久的城市,杂填土厚度大,市区多为建筑垃圾 |

此外，如旧房改造和增层，工厂设备更新、加重，在邻近低层房屋开挖深坑建高层建筑等情况，都存在地基土体的稳定性与变形问题，需要进行研究与地基处理的分类。可以按地基处理的原理、地基处理的目的、地基处理的性质、地基处理的时效和动机等不同角度进行分类。其中最本质的是根据地基处理原理进行分类。地基严格分类是很困难的，不少地基处理方法具有几种不同的作用。例如：振冲地基具有置换作用，有的还有挤密作用；又如各种挤密法中，同时也有置换作用。此外，还有一些地基处理方法的加固机理以及计算方法目前还不是十分明确，尚需进一步探讨。地基处理方法不断地发展，功能不断地扩大，也使分类变得更加困难。工程中的常用地基见表3-2。

表3-2 工程中的常用地基

| 地基名称 | 说明 |
| --- | --- |
| 灰土地基 | 灰土地基是将基础底面下要求范围内的软弱土层挖去，用一定比例的石灰与土，在最优含水量的情况下，充分拌和，分层回填夯实或压实而成。灰土垫层具有一定的强度、水稳定性和抗渗性，施工工艺简单，取材容易，费用较低，是一种应用广泛、经济、实用的地基加固方法。适于加固深1~4m的软弱土、湿陷性黄土、杂填土等，还可用作结构的辅助防渗层 |
| 砂和砂石地基 | 砂和砂石地基是用砂石通过一定比例级配，作为一种地基垫层的方法，应用范围比较广泛。由于砂、石颗粒大，可防止地下水因毛细作用上升，地基不受冻结的影响；能在施工期间完成沉陷；用机械或人工都可使垫层密实，具有施工工艺简单，可缩短工期，降低造价等特点。适于处理3.0m以内的软弱、透水性强的黏性土地基；不宜用于加固湿陷性黄土地基及渗透系数小的黏性土地基 |
| 土工合成材料地基 | 土工合成材料地基是用土工合成材料铺设成的地基，土工合成材料是以合成纤维、塑料、合成橡胶等聚合物为原料制成的用于岩土工程的新型材料。在国际上常以土工织物和土工膜分别作为用于岩土工程的透水性合成纤维材料的总称。然而，由于定义上的不明确和应用上的交织，特别是新型透水与不透水组合材料的出现，使两者难以简单地划分或概括：<br>1. 土工合成材料的分类<br>土工合成材料由合成纤维制成。合成纤维是以煤、石油、天然气和石灰石等做起始原料，经过化学加工而成的聚合物，再经过机械加工制成纤维、条带、网格和薄膜等。目前，合成纤维的品种主要有锦纶、涤纶、腈纶、维纶、丙纶和氯纶等。土工合成材料分类随着新材料和新技术的发展，会有所变化。从现状和分类趋向发展，暂将土工合成材料分为四大类：<br>（1）土工织物：土工织物是由单股丝、多股丝和纤维等一种或多种原材料合成。根据原材料和制作方法的不同，它包括了编织物、有纺型织物、无纺型织物和复合织物等<br>（2）土工膜：土工膜是由各种塑料、橡胶或土工织物喷涂防水材料而制成的各种不透水膜。它包括土工(薄)膜、加筋土工膜和复合土工膜等<br>（3）特种土工合成材料：通过特殊原材料和特殊的制造方法制成的土工合成材料。它包括土工垫、土工网、土工格栅、土工工格室、土工膜袋和土工泡沫塑料板等 |

| | |
|---|---|
| 土工合成材料地基 | （4）复合型土工合成材料：复合型土工合成材料是由土工织物与特种土工合成材料组合而成<br><br>2. 土工合成材料的特性<br><br>土工合成材料的主要特性是：质地柔软而重量轻、整体连续性好（可做成较大面积的整体，长度上可制成数百米到上千米）、抗拉强度高、耐腐蚀性和抗微生物侵蚀性好、反滤性防渗性好，施工方便<br><br>（1）物理特性：物理特性主要指的是厚度、单位面积重量和开孔尺寸等<br><br>1）厚度：常用的各种土工合成材料厚度：土工织物一般为 0.1～5mm，最厚的可达 10mm 以上；土工膜一般为 0.25～0.75mm，最厚的可达 2～4mm；土工格栅的厚度随部位不同而异，其肋厚一般为 0.5～5mm<br><br>2）单位面积重量：土工织物和土工膜单位面积的重量取决于原材料的体积质量，同时受厚度、外加剂和含水量的影响。常用的土工织物和土工膜单位面积重量一般在 50～1200g/m$^2$ 的范围内<br><br>3）开孔尺寸：开孔尺寸即等效孔径：土工织物一般为 0.05～1.0mm；土工垫为 5～10mm；土工网及土工格栅为 5～100mm<br><br>（2）力学特性：力学特性主要指抗拉强度、渗透性和剪切摩擦等<br><br>1）抗拉强度：它是土工合成材料主要的特性指标。由于土工织物在受力过程中厚度是变化的，故其受力大小一般以单位宽度所承受的力表示。常用的无纺型土工织物抗拉强度为 10～30kN/m，高强度的为 30～100kN/m；常用的有纺型土工织物为 20～50kN/m，高强度的为 50～100kN/m；一般的土工格栅为 30～200kN/m，高强度的为 200～400kN/m |
| 土工合成材料地基 | 2）渗透性：土工合成材料的渗透性是其重要的水力学特性之一。根据工程应用的需要，常要确定垂直和平行于织物平面的渗透性。渗透性主要以渗透系数表示，土工织物的渗透系数约为 $8 \times 10^{-4}$～$5 \times 10^{-1}$cm/s，其中无纺型土工织物的渗透系数为 $4 \times 10^{-3}$～$5 \times 10^{-1}$cm/s<br><br>3）剪切摩擦：土工合成材料作为加筋材料埋在土内，或作为反滤层铺在土坡上，都将与周围土体构成复合体系。两种材料在外荷及自重作用下产生变形时，将会沿其界面发生相互剪切摩擦作用。土与土工合成材料之间的摩擦角，是与土的颗粒大小、形状、密实度和土工合成材料的种类、孔径以及厚度等因素有关。对于细粒土以及疏松的中砂等与织物之间的摩擦角，大致接近于土的内摩擦角；对于粗粒土以及密实的中细砂等与织物之间的摩擦角，一般小于土的内摩擦角。此外，土工合成材料的力学特性，除了上述的三种特性外，还有撕裂强度、顶破强度、穿透强度和握持抗拉强度等 |
| 粉煤灰地基 | 粉煤灰地基是以粉煤灰为垫层的地基<br><br>近年来，随着燃煤发电厂排放出越来越多的燃烧废料——粉煤灰，其堆放不仅占用了大量的土地资源，而且还会对周围环境造成不同的污染。建造储灰场地又要耗费大量的基本建设费用。因此，合理利用这部分资源——变废为宝，已成为紧迫的问题 |

| | |
|---|---|
| 强夯地基 | 1.强夯法的创立与推广<br><br>强夯法是1969年法国Menard技术公司首创的一种崭新的地基加固方法。它用巨锤、高落距,对地基施加强大的冲击能,强制压实地基<br><br>强夯法首次用于芒德利厄海围海造地,建造20幢8层住宅的地基加固。建筑场地为新近建筑的采石场弃土碎石层,厚约9m,其下为12m厚疏松的砂质粉土,底部为泥灰岩。工程起初宜用桩基,因负摩阻力占桩基承载力的60%~70%,不经济。后考虑预压加固,堆土高5m,历时3个月,沉降仅20cm,无法采用,最后改为强夯。锤重10t,落距13m,夯击一遍,夯击功能1200kN·m/m²,沉降量达50cm,满足工程要求。8层楼竣工后,基底压力为300kPa,地基沉降量仅13mm。强夯法试验成功后,迅速在世界各国推广。它已被广泛地应用在工业与民用建筑、仓库、油罐、储仓、公路和铁路路基、飞机场跑道及码头等<br><br>2.强夯法的加固作用效果<br><br>使用强夯法对地基的加固效果,主要体现在以下几个方面:<br><br>(1)提高地基承载力。强夯加固处理后,地基承载力标准值通常可提高1~5倍,达到180~250kPa<br><br>(2)深层地基加固。强夯法可使深层地基得到加固,国内有效深度一般为5~10m。高能量强夯法加固深度可超过10m<br><br>(3)消除液化。饱和疏松粉细砂为液化土,经强夯后可以消除液化<br><br>(4)消除湿陷性。湿陷性黄土具有与一般粉土与黏性土不同的特性,主要是具有大孔隙和湿陷性。该土经强夯后可消除湿陷性。藏川铁路枢纽所进行的强夯试验,采用100kN夯锤,10m落距,当夯击10~15次时,距地表5m内黄土湿陷性完全消失,5~8m夯后的湿陷系数有明显的减少。另一试验点将落距增大15~17m,并将夯击能加大一倍,10m深度内的湿陷性完全消失<br><br>(5)减少地基沉降量。强夯加固地基,使土的体积质量增大,孔隙比减小,压缩系数降低。因此,地基沉降量有时可减小数倍,并可解除不均匀沉降的危害<br><br>3.强夯法的适用范围<br><br>至今,强夯法的适用范围仍不能达成统一意见,但都认为随着土体渗透性减小,强夯效果将会减弱。在软弱的淤泥土中,使用强夯法很难取得加固效果。Smoltczy认为强夯法只适用于塑性指数 $I_p ≤ 10$ 的土体。VAN IMPE也认为强夯法的加固效果与塑性指数有关,并认为当加固土层中有较多的 $CaCO_3$ 时,强夯的效果更好,而土中某些黏土矿物(如蒙脱石)的含量较大,则会对强夯产生越不利的影响 |
| 强夯地基 | 我国《建筑地基处理技术规范》(JGJ79—2Q02)认为,强夯法适用于碎石土、砂土、低饱和度的粉土与黏性土、湿陷性黄土、杂填土和素填土等地基。对高饱和度的粉土与黏性土地基,当采用在夯坑内回填块石、碎石或其他粗颗粒材料进行置换时,应通过现场试验确定其适用性。直接采用强夯法加固高饱和度的黏性土,一般来说处理效果不显著,尤其是淤泥和淤泥质土地基,处理效果更差,应慎用 |

| | |
|---|---|
| 注浆地基 | 1. 注浆地基的特点<br>注浆法处理地基始于 1802 年，是指用液压、气压或电化学原理通过注浆管把浆液均匀地注入到地层中，浆液以填充、渗透和挤密等方法，将土颗粒间或岩石裂隙中的水分和空气赶走。经过一定方法处理后浆液将原来松散的颗粒胶凝成一个整体，形成一个结构新、强度大、防水防渗性能高的和化学稳定性好的结石体 |
| | 注浆法在我国煤炭、冶金、水电、建筑、交通和铁道等部门都进行了使用，并取得了良好的效果。注浆法的加固目的有以下几方面：<br>(1) 增加地基土的不透水性，防止流沙、钢板桩渗水、坝基漏水、隧道开挖时涌水，以及改善地下工程的开挖条件<br>(2) 防止桥墩和边坡护岸的冲刷<br>(3) 整治塌方滑坡，处理路基病害<br>(4) 提高地基土承载力，减少地基的沉降和不均匀沉降<br>(5) 进行托换技术，亦即解决对原有建筑物的地基处理，或解决处理原有建筑物基础下需要修建地下工程，以及邻近需要建造新工程而影响到原有建筑物的安全问题，尤其是古建筑的地基加固更为常用<br>根据注浆施工的原理，大致可将注浆分为渗透注浆、挤密注浆、劈裂注浆与电动化学注浆四类<br>2. 注浆施工分类<br>(1) 渗透注浆：渗透注浆是指在压力作用下，使浆液充填土的孔隙和岩石的裂隙，排挤出孔隙中存在的自由水和气体，而基本上不改变原状土的结构和体积 (这就是砂性土注浆的结构原理)，所用注浆压力相对较小，这一类注浆一般只适用于中砂以上的砂性土和有裂隙的岩石<br>(2) 挤密注浆：挤密注浆是指用较高的压力注入浓度较大的水泥浆或水泥砂浆，使黏性土体变形后在注浆管端部附近形成"浆泡"，由浆泡挤压土体，并向上传递反压力，从而使地层上抬，硬化的浆液混合物是一个坚固的压缩性很小的球体。挤密注浆可用于非饱和的土体。它可用来调整不均匀沉降，进行托换技术，以及在大开挖或隧道开挖时对邻近土进行加固，但是在加固深度为 1~2m 时不能保证加固的有效性，除非其上有原有建筑物制约。在美国 Maryland 州 Baltimore 地下铁道的 Bolton 山站附近施工时，采用了挤密注浆以防止地面沉降。浆液泡通过间距 3m、直径 76mm 注浆管，以提供在盾构通过后的隧道拱顶与地面间的支承。压浆泵的压力为 2MPa，注入深度约为 12m，并在盾构后约 2m 处进行施工<br>(3) 劈裂注浆：劈裂注浆是指在压力作用下，浆液克服地层的初始应力和抗拉强度，引起岩石和土体结构的破坏和扰动，使地层中原有的裂隙或孔隙张开，形成新的裂隙或孔隙，促使浆液的可注性和扩散距离增大，而所用注浆压力相对较高<br>(4) 电动化学注浆：电动化学注浆是指在施工时将带孔的注浆管作为阳极，用滤水管作为阴极，将溶液由阳极压入土中，并通以直流电 (两电极间电压梯度一般采用 $0.3~1V/cm$)。在电渗作用下， |

| | |
|---|---|
| 注浆地基 | 　　孔隙水由阳极流向阴极，促使通电区域中土的含水量降低，并形成渗浆通路，而化学浆液也随之流入土的孔隙中，使之在土中硬结。如地基土的渗透系数 $k < 10^{-4}$cm/S，由于孔隙很小，只靠静压力难于使浆液注入土的孔隙，此时需用电渗的作用使浆液进入土中。因而，电动化学注浆法就是在电渗排水和注浆法的基础上发展起来的一种加固方法。但由于电渗排水作用，可能引起邻近原有建筑物基础的附加沉降，这一情况应予慎重注意 |
| 预压地基 | 　　在软土地基上直接建造建筑物或进行填土时，地基由于固结和剪切变形会产生很大的沉降，甚至由于强度不足而产生地基土破坏<br><br>　　预压地基就是在建筑物施工前，对建筑地基进行预压，使土体中的水通过砂井或塑料排水带排出，产生固结，同时孔隙比减小，抗剪强度相应提高，能承受更大的荷载。其形成方法有两种：加载预压法和真空预压法，它们的地基处理深度可分别达到 10m 和 15m<br><br>　　预压法由加压系统和排水系统两部分组成<br><br>　　预压地基适用于处理淤泥质土、淤泥和冲填土等饱和黏性土地基。用预压法处理地基应预先勘察土层在水平和竖直方向的分布和变化、透水层的位置及水源补给条件等。应通过土工试验确定土的固结系数、孔隙比和固结压力关系、三轴试验抗剪强度以及原位十字板抗剪强度等<br><br>　　对重要工程，应预先在现场选择试验区进行预压试验。在预压过程中应进行竖向变形、侧向位移、孔隙水压力等项目的观测以及原位十字板剪切试验。根据试验区获得的资料分析地基的处理效果，与原设计预估值进行比较，对设计进行必要的修正，并指导全场的设计和施工<br><br>　　对主要以沉降控制的建筑，当地基经预压消除的变形量满足设计要求且受压土层的平均固结度达到80%以上时，方可卸载；对主要以地基承载力或抗滑稳定性控制的建筑，在地基上经预压增长的强度满足设计要求后，方可卸载<br><br>　　我国沿海地区和内陆湖泊及河流各分布着大量软弱质黏土。这种土的特点是含水量大、压缩性高、强度低、透水性差，不少情况埋藏较深。在这种地基土上建造建筑物或进行填土时，地基由于固结和剪切变形而产生很大的沉降和沉降差异，而且沉降延续时间较长，因而影响到建筑物的正常使用。另外，由于其强度低、地基承载力和稳定性往往不能满足工程要求而产生地基土破坏。因此，这类软土地基通常采用预压地基 |
| 振冲地基 | 　　振冲地基是利用振动器水冲成孔，填以砂石骨料，借振冲器的水平及垂直振动，振密填料，形成碎石桩体与原地基构成复合地基以提高地基承载力的地基。它是以起重机吊起振冲器，启动潜水电动机带动偏心块，使振冲器产生高频振动，同时开动水泵通过喷嘴喷射高压水流。在振动和高压水流的联合作用下，振冲器沉到土中的预定深度，然后经过清孔工序，用循环水带出孔中稠泥浆后，从地面向孔中逐段添加填料（碎石或其他粒料），每段填料均在振动作用下被挤密实，达到所要求的密实度后提升振冲器。再于第二段重复上述操作，如此直至地面，从而在地基中形成一根大直径（1m 左右）的密实桩体，与原地基构成复合地基，提高地基承载力和改善土体排水降低通道 |

| | |
|---|---|
| 振冲地基 | 在砂性土中，振冲起密实作用，故称为振冲密实地基。它一方面依靠振冲器的强力振动使饱和砂层发生液化，砂颗粒重新排列，孔隙减少；另一方面依靠振冲器的水平振动力，在加回填料情况下还通过填料使砂层挤压加密。在黏性土中，振冲主要起置换作用，故称为振冲置换地基。它是利用一个产生水平方向振动的管状设备在高压水流下边振边冲在软弱黏性土地基中成孔，再在孔内分批填入碎石等坚硬材料制成一根根桩体，桩体和原来的黏性土构成所谓的复合地基<br><br>振冲加固可提高地基承载力，减少沉降和不均匀沉降，达到地基抗地基液化能力的效果。一般经振冲加固后，地基承载力可提高1倍以上。振冲置换地基适用于不排水抗剪强度不小于20kPa的黏性土、粉土、饱和黄土和人工填土等地基。振冲密实地基适用于砂土和粉土等地基。不加填料的振冲密实地基仅适用于黏粒含量小于10%的粗砂、中砂地基<br><br>目前，我国应用振冲地基的加固深度一般为14m，而最大达18m；置换率一般在10%~30%，每米桩的填料量为0.3~0.7m³，直径为0.7~1.2m<br><br>对大型的、重要的或场地复杂的工程，应进行试冲，振冲地基节省材料，施工简单，加固期短，取材容易，费用低廉，经济效益较好 |
| 高压喷射注浆地基 | 高压喷射注浆地基是将带有特殊喷嘴的注浆管钻入土层的预定位置后，用高压设备以20~40MPa的压力把浆液或水喷射出来，形成高压冲击破坏土体，形成预定形状的空间，并与土体混合，形成比较均匀高强的加固体，从而达到加固地基的目的。它具有增大地基承载力，止水防渗，减少支挡结构物土压力，防止砂土液体和降低土的含水量等多种功能<br><br>1. 高压喷射注浆地基具有下述优点<br>（1）适用范围较广：由于高压喷射注浆法固结体质量较高，有强化地基作用。它既可用于工程建设之前、之中，还可用于竣工后的托换工程，可以不损坏建筑物的上部结构。此外，还有防水止渗作用<br>（2）适用地层较广：高压喷射注浆法适用于处理淤泥、淤泥质土、黏性土、粉土、黄土、砂土、人工填土和碎石土等地基。此外，还具有施工简便灵活、可控制固结形状、喷射方式多样、加强土的固化、耐久性好、料源广阔、浆液可回收利用、施工管理便利、安全生产、环保效果好等优点<br>2. 高压喷射注浆地基可按多种方式分类<br>（1）按喷射流方向，可分为旋喷、定喷、摆喷三种<br>1）旋喷：喷嘴一边喷射一边旋转，固结体呈圆柱状。主要用于加固地基，提高地基承载力，改善土的变性性质，也可组成闭合的帷幕，用于截阻地下水流和治理河沙<br>2）定喷：喷嘴边喷射边提升，喷射方向不变，固结形状有板状和劈状<br>3）摆喷：喷嘴边喷射边摆动，角度较小，固结体形有厚墙状。定喷和摆喷常用于基坑防渗、改善地基土水流性质<br>（2）按注浆管类型，又可分为单管法、二重管法、三重管法、多重管法和多孔管法等五种方法<br>1）单管法：俗称CCP法，是利用钻机等设备，将安装在注浆管（单管）底部侧面的特殊喷嘴，置入土层中，用高压水泥浆泵等装置，以20MPa左右的压力，把浆液从喷嘴中喷出去冲击破坏土体，同时借助注浆管的旋转和提升，使浆液与从土体上崩落下来的土搅拌混合，经过一定时间凝固，便在土中形成圆柱状的固结体（直径一般为0.3~0.8m） |

| | |
|---|---|
| 高压喷射注浆地基 | 2）二重管法：俗称 JSG 工法。使用双通道的二重注浆管。当二重注浆管钻进到土层的预定深度后，通过在管底部侧面的一个同轴双重喷嘴，同时喷射出高压浆液和空气两种介质的喷射流冲击破坏土体。即以高压泥浆泵等高压发射装置喷射出压力 20MPa 左右的浆液，从内喷嘴中高速喷出，并用压力 0.7MPa 左右把压缩空气从外喷嘴中喷出。在高压浆液流和它外圈环绕气流的共同作用下，破坏土体的能量显著增大，喷嘴一边喷射一边旋转和提升，最后在土中形成圆柱状固结体（直径一般在 1m 左右）。固结体的直径明显增加<br><br>3）三重管法：俗称 CJP 工法。使用分别输送水、气、浆三种介质的三重注浆管。在以高压泵等高压发射装置产生 20MPa 左右的高压水喷射流的周围，环绕一股 0.7MPa 左右的圆筒状气流，进行高压水喷射流和气流同轴喷射冲切土体，形成较大的空隙，再另由泥浆泵注入压力为 2～5MPa 的浆液填充，喷嘴做旋转和提升运动，最后便在土中凝固为直径较大的圆柱状固结体（直径一般为 1.0～2.0m）<br><br>4）多重管法（3S 法）<br><br>5）多孔管法（MJS 法） |
| 水泥土搅拌桩地基 | 水泥土搅拌桩地基适用于正常固结的淤泥与淤泥质土、粉土、饱和黄土、素填土、黏性土以及无流动地下水的饱和松散砂土等地基。当地基土的天然含水量小于 30%（黄土含水量小于 25%）、大于 70% 或地下水的 pH 值小于 4 时不宜采用该法。此外，水泥土搅拌法用于处理泥炭土、有机质土、塑性指数 Ip 大于 25 的黏土、地下水具有腐蚀性时以及无工程经验的地区，必须通过现场试验确定其适用性 |
| | 水泥土搅拌桩地基是日本在 20 世纪 70 年代中期首创，并开始应用于实际工程，简称 CMC 工法。常用在钢铁原料堆场、港工码头岸壁、高速公路等厚层的软土地基加固工程。1977 年我国由冶金部建筑研究总院和交通部水运规划设计院开始进行深层搅拌机械研制和室内外试验<br><br>水泥土搅拌地基加固软（黏）土地基是利用水泥作为固化剂，通过特制的深层搅拌机械，在地基深部就地将软土和水泥浆强制拌和，使软土硬结成具有整体性、水稳性和足够强度的水泥加固土，从而提高地基强度和增大变形模量。这些加固体与天然地基形成复合地基，共同承担建筑物的荷载<br><br>水泥土搅拌地基由于将固结剂和原地基黏性土搅拌混合，因而不存在水对周围地基的影响，且不会使地基侧向挤出，故对周围已有建筑物的影响很小；施工时无振动和噪声，所以对环境也无污染，可在市区内进行施工；土体经加固后重度基本不变，这样使软弱下卧层不致产生附加沉降；根据上部结构的需要，可灵活地采用柱状、壁状和块状等加固形式。在日本，最大的柱体直径可达 1.75m，最大加固深度为 60m。对含有石块、树根或生活垃圾的人工填土不宜使用<br><br>通常，水泥土搅拌桩地基加固软土技术可在下列情况下使用： |

| | |
|---|---|
| 土和灰土挤密桩复合地基 | 1）适用于墙下条形基础、油罐等液体贮罐基础、工业厂房中具有地面荷载的地坪、高填方路堤下的基层、露天堆场基础等<br><br>2）进行大面积地基加固，以防止码头岸壁滑动，深基坑开挖时边坡塌滑、坑底隆起和减少软土中地下构筑物的沉降等<br><br>3）对桩侧或板桩背后的软土进行加固以增加侧向承载能力，做地下防渗墙以阻止地下渗透水流<br><br>土和灰土挤密桩是利用沉管、冲击或爆扩等方法在地基中挤土成孔，然后向孔内夯填素土或灰土成桩。土或灰土挤密桩通过成孔过程中的横向挤压作用，桩孔内的土被挤向周围，使桩间得以挤密，然后将备好的素土（黏性土）或灰土分层填入桩孔内，并分层捣实至设计标高。用素土分层夯实的桩体，称为土挤密桩；用灰土分层夯实的桩体，称为灰土挤密桩。二者分别与挤密的桩间土组成复合地基，共同承受基础的上部荷载<br><br>土和灰土挤密桩复合地基是一种人工复合地基，属于深层加密处理地基的一种方法，主要作用是提高地基承载力，降低地基压缩性。对湿陷性黄土则有部分或全部消除湿陷性的作用。土或灰土挤密桩在成孔时，桩孔部位的土被侧向挤出。从而使桩周土得以加密。因此，具有就地取材、以土治土、原位处理、深层加密和费用较低等特点，在我国西北及华北等黄土地区已广泛应用<br><br>土和灰土挤密桩适用于处理地下水位以上的湿陷性黄土、素填土和杂填土等地基。处理深度宜为 5~15m。土或灰土挤密桩，在消除土的湿陷性和减小渗透性方面，其效果基本相同或差别不明显，但土挤密桩地基的承载力和水稳性不及灰土挤密桩。选用上述方法时，应根据工程要求和处理地基的目的确定。当以提高地基的承载力或增强其水稳性为主要目的时，宜选用灰土挤密桩法；当以消除地基的湿陷性为主要目的时，宜选用土挤密桩法<br><br>大量的试验研究资料和工程实践表明，土和灰土挤密桩用于处理地下水位以上的湿陷性黄土、素填土、杂填土等地基，不论是消除土的湿陷性还是提高承载力都是有效的。但当土的含水量大于 24% 及其饱和度超过 65% 时，在成孔及拔管过程中，桩孔容易缩颈，周围土地易发生隆起，挤密效果差，故上述方法不适用于处理地下水位以下及处于毛细饱和带的土层。因此，当地基土的含水量大于 24%、饱和度超过 65% 时，由于无法挤密成孔，故不宜选用上述方法 |
| 土和灰土挤密桩复合地基 | 土挤密桩法 1934 年首创于苏联，主要用于消除黄土地基的湿陷性，至今仍为俄罗斯及东欧诸国湿陷性黄土地基常用的处理方法之一。我国自 20 世纪 50 年代中期开始，在西北，黄土地区开展土桩挤密法的试验应用，又在 20 世纪 60 年代中期试验成功了具有中国特色的灰土桩挤密法。自 20 世纪 70 年代初期以来，逐步在陕、甘、晋和豫等省区推广应用土桩及灰土桩，取得了显著的经济效果，这种地基已经成为我国黄土地区建筑地基的主要方法之一 |

| | |
|---|---|
| 水泥粉煤灰碎石桩复合地基 | 水泥粉煤灰碎石桩，又称为 CFG 桩（C 指 Cement、F 指 Fly-ash、G 指 Gravel），是由碎石、石屑、粉煤灰组成混合料，掺适量水进行拌和，采用各种成桩机械形成的桩体。通过调整水泥的用量及配比，可使桩体强度等级在 C5～C20，最高可达 C25，相当于刚性桩。由于桩体刚度很大，区别于一般柔性桩和水泥土类桩。因此，常常在桩顶与基础之间铺设一层 150～300mn 厚的中砂、粗砂、级配砂石或碎石（称其为褥垫层），以利于桩间土发挥承载力，与桩组成复合地基 |
| | 褥垫层在水泥粉煤灰碎石桩复合地基中具有重要作用，它可起到保证桩土共同承担荷载、调整桩与土垂直荷载及水平荷载的分担和减小基础底面的应力集中的作用 |
| 水泥粉煤灰碎石桩复合地基 | CFG 桩的特点是：改变桩长、桩径、桩距等设计参数，可使承载力在较大范围内调整；有较高的承载力，承载力提高幅度在 250%～300%，对软土地基承载力提高更大；沉降量小，变形稳定快；工艺性好，灌注方便，易于控制施工质量；可节约大量水泥、钢材，利用工业废料，消耗大量粉煤灰，降低工程费用，与预制钢筋混凝土桩加固相比，可节省投资 30%～40%。适用于多层和高层建筑地基，如砂土、粉土、松散填土、粉质黏土、黏土、淤泥质土等的处理 |
| 夯实水泥土桩复合地基 | 夯实水泥土桩复合地基处理技术是近年来在北京等地旧城区危改小区工程中开发的地基处理新技术，它是利用工程用土料和水泥拌和形成混合料，通过各种机械成孔方法在土中吸孔并填入混合料夯实，形成桩体，当采用具有挤土效应的成孔工艺时，还可将桩间土挤密，形成复合地基，提高地基承载力（50%～100%），降低压缩量，材料易于解决，施工设备简单，施工方便，工效高，地基处理费用低 |
| | 夯实水泥土桩法适用于地下水位以上，天然含水量 12%～23%，厚度 10m 以内的粉土、素填土、杂填土、黏性土等地基，夯实水泥土强度主要由土的性质、水泥品种、水泥强度等级、龄期、养护条件等控制。夯实水泥土设计强度应采用现场土料和施工采用的水泥品种、强度等级进行混合料配比设计 |
| | 由于夯实水泥土的强度等级一般小于等于 C5，因此，处理的深度应加以限制。当采用洛阳铲成孔时，宜小于 6m，当处理深度大于 6m 时，此时由于施工工艺所限，效率太低，因此，不宜采用 |

| | |
|---|---|
| 砂桩地基 | 砂桩也称为挤密砂桩，是指用振动或冲击荷载在软弱地基中成孔后，再将砂挤压入土中，形成大直径的密实砂石桩加固地基的方法。适用于挤密松散砂土、素填土和杂填土等地基。对在饱和黏性土地基上，主要不以变形控制的工程也可采用砂桩置换<br><br>对松散砂土地基，在砂桩的成桩过程中，因采用振动或冲击下沉，桩管对周围砂层产生很大的横向挤压力，将地基中等于桩管体积的砂，挤向桩管周围的砂层，使桩管周围的砂层密实度增大，从而提高了地基的抗剪强度和水平抵抗力；使砂土地基挤实到临界孔隙比以下，以防止砂土在地震时的液化。由于砂层孔隙比减小，因而促使固结变形的减小，同时，由于施工时的挤密作用，使地基变得十分均匀<br><br>对饱和黏性土地基，由于黏性土多为蜂窝结构，渗透系数小，黏性土一旦受力扰动后，扰动土比具有相同容重与含水量的原状土的力学性质会降低，因而砂桩在饱和黏性土成桩过程中很难起到挤密加固作用，甚至会使桩周土体强度出现暂时降低。所以砂桩对饱和黏性土加固的效果正是利用了砂桩本身的强度及其排水效果，即其固结作用主要是砂桩的置换和地基土的排水固结作用。砂桩与桩间黏性土形成了复合地基，提高了地基的承载力和地基的整体稳定性。由于密实的砂桩在地基中构成排水路径起着排水砂井的作用，因而加速了固结速率 |
| 砂桩地基 | 砂桩法起源于19世纪30年代的欧洲。第二次世界大战后，苏联对砂桩法的研究取得较大进展，使它得到较广泛的应用。20世纪50年代后期，日本采用振动式和冲击式的施工方法，使砂桩法的处理深度、施工质量和施工效率都有了较大提高<br><br>砂桩法在20世纪50年代引进我国，在工业、交通、水利等工程建设中都得到应用。砂石桩法早期应用于砂土和人工填土，而在饱和黏性土中采用砂桩法，有成功的经验，也有达不到预期效果的教训。因此，在选用砂桩法加固软土地基时要十分慎重<br><br>砂桩法一般可用于加固路堤、原料堆场、堤防码头及油罐基础的地基<br><br>采用砂桩法处理地基时，应补充设计、施工所需要的有关资料，包括砂土的相对密实度、砂石料特性、可采用的施工机具及性能等 |

## 二、地基处理的目的及对象

地基处理的目的，就是对软弱地基上可能发生的问题，如沉降、承载力偏低和渗漏等，采取一定的方法和措施加以改善地基条件，以满足建（构）筑物对地基的要求。

目前，我国国民经济飞速发展，岩土工程和土木工程建设规模日益扩大，对地基的要求越来越高，难度也越来越大。土木工程功能化、城市建设立体化、交通高速化和改善综合居住条件成为现代化土木工程的特征。随着现代化建设事业的发展，越来越多的岩土工程和土木工程需要对天然地基进行处理，以满足现代建（构）筑物对地基的要求。

与建（构）筑物的上部结构相比，地基不确定因素多、问题复杂、难度大。地基问题处理不好，后果严重。据调查统计，世界各国发生的各种土木工程建设中的工程事故，地基问题常常是主要原因。地基问题处理好，不仅安全可靠而且具有较好的经济效益。近些年来我国地基处理技术发展很快，地基处理队伍不断壮大，地基处理水平不断提高，地基处理已成为活跃的土木工程领域中的一个热点。总结国内外地基处理方面的经验教训，推广和发展各种地基处理技术，提高地基处理水平对加快基本建设速度、节约基本建设投资具有特别重要的意义。

地基处理的对象是软弱地基和特殊土地基。在这类地基上建造建筑物时，主要有以下五个方面问题。

### （一）地基承载力及稳定性

地基承载力及稳定性是指地基在建（构）筑物荷载（包括静、动荷载及其各种组合）作用下能否保持稳定，若地基承载力不能满足要求，在建（构）筑物荷载作用下地基将会产生局部或整体剪切破坏，影响建（构）筑物的安全与正常使用，严重的会引起建（构）筑物的破坏。天然地基承载力主要与土的抗剪强度有关，同时与基础的形式和埋深也有关系。天然地基承载力不能满足要求时，需要进行地基处理，形成人工地基，以满足建（构）筑物对地基承载力的要求。

### （二）沉降、水平位移及不均匀沉降

在建（构）筑物的荷载（包括静、动荷载及它们的各种组合）作用下，地基发生沉降或水平位移，或不均匀沉降可能会超过相应的允许值。若地基变形超过允许值就会影响建（构）筑物的安全与正常使用，严重的会引起建（构）筑物的破坏。天然地基变形主要与荷载大小和土的变形特性有关，也与基础形式有关。

### （三）渗漏

渗漏主要分两类：一类是堤坝蓄水构筑物地基渗流量超过其允许值时，其后果是造成较大量损失；另一类是地基中水力比降超过其允许值时，地基土会因潜蚀和管涌产生破坏而导致建（构）筑物破坏造成工程事故。天然地基渗漏问题主要与土的渗透性有关。若天然地基不能满足要求，则需对地基进行改良，以减小土的渗透性，或在地基中设置止水帷幕，阻截渗流。

### （四）液化

在动荷载（地震、机器振动与波浪荷载、车辆振动和爆破等）作用下，会引起饱和松散的粉细砂（包括部分粉土）产生液化，它是土体失去抗剪强度与承载力，出现近似液体特性的一种现象，并会造成地基失稳和震陷。

### （五）特殊土不良地基的特性

主要是指消除或减少黄土的湿陷性和膨胀土的胀缩性等特殊土的不良地基特性。

我国地域辽阔，分布着各种各样的地基土，其物理力学性质和水理性质等，因土的种类不同而可能存在很大差别。各种地基土中，主要包括：软黏土、人工填工（包括素填土、杂填土和冲填土）、饱和粉细砂（包括部分轻亚黏土）、湿陷性黄土、有机质土和泥炭土、膨胀土、多年冻土、岩溶、土洞和山区岩石地基等。为了更好地进行地基处理，我们应对它们有所了解和熟悉。分别简单介绍如下：

1. 软黏土

软黏土是软弱黏性土的简称，有时还简称为软土。它是第四纪后期形成的海相、泻湖相、三角洲相、溺谷相和湖泊相的黏性土沉积物或河流冲积物，有的属于新近淤积物。软黏土大部分是饱和的，其天然含水量大于液限，孔隙比大于 1.0。当天然孔隙比大于 1.5 时，称为淤泥；当天然孔隙比大于 1.0 而小于 1.5 时，称为淤泥质土。软黏土的特点是天然含水量高（一般为 35% ~ 80%），天然孔隙比大（一般为 1.0 ~ 2.0），抗剪强度低（不排水抗剪强度约在 5 ~ 25kPa），压缩系数高（一般为 a1 ~ 2 = 0.5 ~ 1.5MPa$^{-1}$，最大可达到 4.5MPa$^{-1}$），渗透系数小（一般约 $1 \times 10^{-6}$ ~ $1 \times 10^{-8}$cm/s）。在荷载作用下，软弱土地基承载力低，地基沉降变形大，不均匀沉降也较大，而且沉降稳定历时比较长，在比较深厚的软黏土层上，结构物基础的沉降往往需要几年甚至几十年。软黏土地基是在工程建设中遇到最多需要处理的软弱地基，它们广泛地分布在我国沿海以及内地河流两岸和湖泊地区。例如：上海、宁波、福州、厦门、广州、珠海等沿海地区，以及南京、武汉、芜湖和昆明等内陆地区。

2. 人工填土地基（包括素填土、杂填土和冲填土）

人工填土按照物质组成和堆填方式可以分为素填土、杂填土和冲填土三类。按堆填时间分为老填土和新填土两类。黏性土堆填时间超过 10 年、粉土堆填时间超过 5 年，称为老填土。

（1）素填土：是由砂、粉土、黏性土等一种或几种材料组成的填土，其中不含杂质或含杂质较少。若分层压实则称为压实填土，其性质取决于填土性质、压实程度以及堆填时间。

（2）杂填土：是人类活动形成的无规则堆积物，由大量建筑垃圾、工业废料或生活垃圾组成，其成分复杂，成层有厚有薄，性质也不相同，且无规律性。在大多数情况下，杂填土较为疏松且不均匀。在同一场地的不同位置，地基承载力和压缩性也有较大差异。

（3）冲填土：是由水力冲填泥沙形成的。冲填土的性质与所冲填泥沙的来源及冲填时的水力条件等有密切关系。含黏土颗粒较多的冲填土往往是欠固结的，其强度和压缩性指标都比同类天然沉积土差；粉细砂为主的冲填土，其性质基本上和粉细砂相同。

### 3. 饱和粉细砂

指饱和粉砂土、饱和细砂土和砂质粉土。粒径大于 0.25mm 的颗粒不超过全重的 50%，粒径大于 0.075mm 的颗粒超过全重的 85% 的称为细砂土；粒径大于 0.075mm 的颗粒不超过全重的 85% 但超过 50% 的称为粉砂土。粒径大于 0.075mm 的颗粒不超过全重的 50%，而粒径小于 0.005mm 的颗粒含量不超过全重的 10%，塑性指数不大于 10 的称为砂质粉土。处于饱和状态的细砂土、粉砂土和砂质粉土在静载作用下虽然具有较高的强度，但在机器振动、车辆荷载、波浪或地震力的反复作用下有可能产生液化或大量震陷变形。地基会因液化而丧失承载能力。如需要承担动力荷载，这类地基也需要进行处理，以消除其振动液化性。

### 4. 湿陷性土

湿陷性土主要包括湿陷性黄土、粉砂土和干旱、半干旱地区具有崩解性的碎石土等。是否属于湿陷性土可根据野外浸水载荷试验确定，当在 200kPa 压力作用下附加变形量与载荷板宽之比大于 0.015 时称为湿陷性土。在工程建设中遇到最多的是湿陷性黄土。

湿陷性黄土是指在覆盖土层的自重应力或自重应力与建筑物附加应力综合作用下，受水浸湿后，土的结构迅速被破坏，并发生显著的附加下沉，其强度迅速降低的黄土。由于黄土湿陷而引起建筑物不均匀沉降是造成黄土地区事故的主要原因。由于大面积地下水位上升等原因，部分湿陷性黄土饱和度达到 80% 以上，黄土湿陷性消退，转变为低承载力（100kPa）和高压缩性土。饱和黄土既不同于软土，也不属于湿陷性黄土，它兼具两者特性，这类地基的处理问题逐渐增多。黄土在我国特别发育、地层多、厚度大，广泛分布在甘肃、陕西、山西大部分地区，以及河南、河北、山东、宁夏、辽宁、新疆等部分地区。当黄土作为建筑物地基时，首先判断它是否具有湿陷性，然后才考虑是否需要地基处理以及如何处理。

### 5. 有机质土和泥炭土

土中有机质含量大于 5% 时称为有机质土，大于 60% 时称为泥炭土。

土中有机质含量高，强度往往降低，压缩性增大，特别是泥炭土，其含水量极高，压缩性大，且不均匀，一般不宜作为天然地基，需要进行地基处理。

### 6. 膨胀土

膨胀土是一种吸水膨胀、失水收缩，具有较大往复胀缩变形的特殊黏土。主要矿物成分为强亲水性的蒙脱石和伊利石，天然状态下一般强度高、压缩性低，易被误认为是工程性质良好的土。由于膨胀土的显著胀缩特性，使膨胀土地区的房屋建筑、铁路、公路、机场、水利工程等经常遭受巨大的破坏，因此，给各国造成的经济损失每年都很大。利用膨胀土作为建（构）筑物地基时，如果没有采取必要措施进行地基处理，常会给建（构）筑物造成危害。膨胀土在我国分布范围很广，根据现有资料，广西、云南、湖北、河南、安徽、四川、河北、山东、陕西、江苏、贵州和广东等地均有不同范围的分布。

7. 多年冻土

多年冻土是指温度连续 3 年或 3 年以上保持在 0℃ 或 0℃ 以下，并含有冰的土层。多年冻土的强度和变形有许多特殊性质。例如，冻土中因有冰和冰水存在，故在长期荷载作用下有强烈的流变性。多年冻土作为建（构）筑物地基需慎重考虑，并采取必要的处理措施。

8. 岩溶、土洞和山区岩石地基

岩溶或称"喀斯特"，它是石灰岩、白云岩、泥灰岩、大理石、岩盐、石膏等可溶性岩层受水的化学和机械作用而形成的溶洞、溶沟、裂隙，以及由于溶洞的顶板塌落使地表产生陷穴、洼地等现象和作用的总称。土洞是岩溶地区上覆土层被地下水冲蚀或被地下水潜蚀所形成的洞穴。岩溶和土洞对建（构）筑物的影响很大，可能造成地面变形、地基陷落，发生水的渗漏和涌水现象。在岩溶地区修建建筑物时要特别重视岩溶和土洞的影响。

山区地基地质条件比较复杂，主要表现在地基的不均匀性和场地的稳定性两方面。山区基岩表面起伏大，且可能有大块孤石，这些因素常会导致建筑物基础产生不均匀沉降。另外，在山区常有可能遇到滑坡、崩塌和泥石流等不良地质现象，给建（构）筑物造成直接的或潜在的威胁。在山区修建建（构）筑物时要重视地基的稳定性和避免过大的不均匀沉降，必要时需进行地基处理。

托换技术或称基础托换是指解决对原有建筑物的地基需要处理和基础需要加固；或解决对既有建筑物基础下需要修建的地下工程，其中包括隧道要穿越既有建筑物，以及邻近需要建造新工程而影响到既有建筑物的安全等问题的技术总称。

托换技术是一种建筑技术难度较大、费用较贵、工期较长和责任心较强的特殊地基处理施工方法。托换技术需要应用各种地基处理技术，因而国内外都将托换技术列入"地基处理"的内容范畴。同时，一个优秀的托换工程也是一个善于巧妙和灵活地综合选用各种地基处理方法的工程。

## 三、地基处理方法的分类及处理方案的选定

### （一）地基处理方法的分类

地基处理是一门既古老又年轻的学科，即使在 21 世纪的今天，新的加固技术和材料仍在不断地出现和发展。地基处理方法的不断发展使其功能不断扩大，由于许多地基处理方法还同时兼有几种不同的处理效果，如碎石桩在软弱黏性土中主要起置换作用，在砂性土中则主要起挤密作用和振密作用，而在粉土地基中则既有置换作用又有挤密、振密作

用，因此，使得地基处理方法的精确分类变得十分困难。

地基处理方法按时间效果可分为临时性处理和永久性处理；按处理深度可分为浅层处理和深层处理；按土性对象可分为砂性土处理和黏性土处理、饱和土处理和非饱和土处理；按处理的作用机理可分为化学处理和物理处理；按添加加固材料的作用可分为加筋法、土质改良法和置换法；按是否添加加固材料和处理时间效果可分为临时性处理、不加任何添加料的永久性加固和添加加固材料的永久性加固。

## （二）地基处理方案的选定

地基处理的效果能否达到预期的目的，首先有赖于地基处理方案的选择是否得当、各种加固参数的设计是否合理。地基处理方法虽然很多，但任何一种方法都不是万能的，都有其各自的适用范围和优、缺点。由于具体工程条件和要求各不相同，地质条件和环境条件也不相同，此外，施工机械设备、所需的材料也会因提供部门的不同而产生很大差异，施工队伍的技术素质状况、施工技术条件和经济指标状况都会对地基处理的最终效果产生很大的影响。一般地说，在选择确定地基处理方案以前应充分地综合考虑以下几方面因素：土的类别、地基处理加固深度、上部结构要素、当地能提供的材料、施工单位的机械设备、施工现场周围环境、施工工期、施工队伍素质和工程造价等。

地基处理的方法繁多，合理地选择处理方案对确保工程质量、进度，降低处理费用都具有重要意义。

方案的选择一般应先做好调查研究，详细了解结构类型、地质情况、环境影响以及施工条件等。地基处理方案的选定，一般可按以下方法进行：

（1）收集详细的工程地质、水文地质及地基基础的设计资料。根据基础结构类型、荷载大小及使用要求，结合了解的地质资料、周围环境和相邻建筑物等情况，初步选定几种可供考虑的地基处理方案。在选择地基处理方案时，也可考虑采取加强上部结构、基础、刚度（整体性）的措施，使其与地基处理共同作用。

（2）对初步选用的几种地基处理方案进行筛选，分别从工程、地质、水文状况、加固效果、材料消耗及来源、施工机具、场地条件、工程进度要求、环境影响、地基处理费用等方面进行综合的技术与经济分析比较，根据技术上可行，质量安全可靠，施工方便，经济上合理，又能满足进度要求等原则，因地、因工程制宜地优选一最佳、合理的地基处理方案。在选用某一方法时，还应注意克服盲目性，因每一种地基处理方案都有其一定的适用场合、优缺点和局限性，没有一种方法是万能的，可以选用一种处理方法，也可选用两种或两种以上地基处理方法组成的综合处理方案。在确定地基处理方法时，还应注意节约能源，注意环境保护，避免因地基处理对地面水和地下水产生污染，振动噪声对周围环境产生不良影响等。

（3）对已选定的地基处理方案，应在有代表性的场地上进行相应的原位现场试验或试验性施工，以检验设计参数、施工工艺的合理性和处理效果，如未达到设计要求，应查明原因，采取措施或修正地基处理方案，直至满足要求为止。

一般来说，当软弱地基的土层厚度较薄时，可选用简单的浅层加固方法，如换土垫层、机械碾压、重锤夯实等；当软弱土层厚度较大时，可按加固土的性状和含水量情况采用挤密桩法、振冲碎石桩法、强夯法或排水堆截预压法等；如遇软土层中夹有砂层，则可直接采用堆载预压法，而不需设置竖向排水井；当遇粉细砂地基，如仅为防止砂土的液化，一般可选用强夯法、振冲法、挤密桩法等；当遇淤泥质土地基，因其透水性差，一般宜采用设置竖向排水井的堆载预压法、真空预压法、土工聚合物加固法等；当遇杂填土、冲填土（含粉细砂层）和湿陷性地基，在一般情况下，可采用深层密实法效果较佳。

在地基处理方案确定后，应搞好施工技术管理，以保证方案的正确实施，达到预期的良好效果。

# 第二节　常用的地基处理

在本节中，将依照表3-2中的次序介绍各种地基处理的相关内容。

## 一、灰土地基

灰土地基是将基础底下一定范围内的软弱土层挖去，然后分层用一定比例石灰土（熟石灰与土的体积比一般为3∶7或2∶8，也可以根据具体土质研究和设计来确定石灰土配合比，如土、生石灰粉的质量比=1∶0.06）回填夯实或压实而成。

灰土地基具有一定的强度、承载力，也具有水稳定性和抗渗性，可作为结构辅助层。

灰土地基具有施工工艺简单、建筑材料取用方便、工程费用较低、施工质量易控等特点，是一种在建筑和市政工程中广泛使用的地基加固方法。

适于加固处理的厚度一般为1～3m的软弱土、湿陷性黄土、杂填土等，通过土质换填，改变湿陷性土层、杂填土层沉降量大和不均匀、承载力低、水稳定性差等特点，还可用作结构的辅助防渗层。

### （一）基本要求

（1）灰土土料、石灰或水泥（当水泥替代灰土中的石灰时）等材料及配合比应符合设计要求，灰土应搅拌均匀。

（2）施工过程中应检查分层铺设的厚度、分段施工时上下两层的搭接长度、夯实时加水量、夯压遍数、压实系数。

（3）施工结束后，应对灰土地基进行检验，灰土地基的各项指标应达到质量验收标准。

## （二）施工准备

1. 施工机具

（1）人工夯实采用石夯、木夯。

（2）小型夯实机械一般采用蛙式打夯机、柴油打夯机和电动打夯机。

（3）工程较大的灰土地基夯实采用 6～12t 压路机（带振动为 4～6t）。

（4）拌和：少量采用人工，工程较大时采用机械拌和（如铲运机）。

（5）挖掘机和运输车：用于摊铺。

2. 材料要求

（1）土料

1）灰土中的土料一般选用就地挖出的黏性土，也可以选用 $I_p > 4$（$I_p$ 为塑性指数）的粉土，不宜使用块状黏土和砂质粉土，土中不得有松软杂质和杂物（有机物、杂填土等）；土质应过筛，土粒应小于 15mm。

2）土料要送实验室检验。

（2）石灰

1）用Ⅲ级以上的新鲜块灰，在使用前 1～2d 进行消解并过筛，其颗粒不得大于 5mm，且不应夹有未熟化的生石灰块料和其他杂质，同时，化解的石灰不能有过多的水分。

2）可以根据设计要求，选用优质的袋装生石灰粉。

3）石灰应送实验室进行复试，其 CaO（氧化钙）、MgO（氧化镁）含量要满足规范要求，具体参见现行国家标准《建筑石灰及其试验方法》和《建筑生石灰》《建筑生石灰粉》和《建筑消石灰粉》。

## （三）灰土地基的施工

1. 施工方法

灰土地基施工的工序为：清表验槽→原土压实→灰土拌和→摊铺第一层→压实→验收合格后铺第二层→压实→第三层→……→整体验收合格。

（1）要把原地面上草、杂物等进行清理，把淤泥、积水、软土层、松土坑等挖干净；同时做好防雨、排水保护措施，使灰土地基施工在基槽（坑）无积水的状态下进行。

（2）对原土进行验槽，并做隐蔽验收记录。

（3）灰土地基施工前，用打夯机或压路机对原土基夯实或压实，最不得小于 2 遍。

（4）灰土配合比应符合设计规定，一般用3：7或2：8(石灰：土，体积比)。多用人工翻拌，不少于3遍，使其达到均匀，颜色一致，并适当控制含水量，现场以手握成团，两指轻捏即散为宜，一般最优含水量为14%~18%；含水过多或过少时，应稍晾干或洒水湿润，如有球团应打碎，要求随拌随用。

（5）铺灰应分段分层夯筑：夯实机具可根据工程大小和现场机具条件用人力或机械、夯打或碾压遍数，按设计要求的干密度由试夯（或碾压）确定，一般不少于4遍。

（6）对第一层夯土进行验收，确保合格。

（7）进行摊铺第二层灰土并摊铺及压实，再经验收。

（8）按照设计的层数，重复摊铺第三层灰土，并经压实和验收，直致达到所需要的地基标高。

（9）整体验收并达到合格标准。

2.施工注意事项

（1）施工所采用的灰土应做击实试验，以确定现场灰土的最佳含水量和击实曲线。

（2）做试验段，以确定每层的虚铺系数、夯实遍数或压实遍数。

（3）灰土应当日铺填夯压，入槽（坑）灰土不得隔日夯打。夯实后的灰土30d内不得受水浸泡，并及时进行基础施工与基坑回填，或在灰土表面做临时性覆盖，避免日晒雨淋。雨期施工时，应采取适当防雨、排水措施，以保证灰土基槽（坑）在无积水的状态下进行。刚打完的灰土，如突然遇雨，应将松软灰土除去，并补填夯实；稍受湿的灰土可在晾干后补夯。

（4）灰土分段施工时，不得在墙角、柱基及承重墙下接缝，上下二层的接缝距离要大于500mm，接缝处应压实，并做成直槎。当二层灰土地基高度不一时，应在交接处做成阶梯状，每阶宽要大于500mm；对用作辅助防渗层的灰土，应将地下水位以下的结构进行包围，并做好接缝处理，在做接缝时，每层虚土从留缝处向前多铺500mm，压实时应重叠300mm以上；做接缝时，要将接缝切整齐（垂直切下）后，再做下一段。

（5）压实好的灰土要进行30d的养护，不得上重载或车辆在上通行，不得受水浸泡，养护好后及时进行上面基础施工。

（6）下雨前用塑料薄膜进行覆盖，如受到大雨淋浸，要将表面松土层挖掉，补土压实。

（7）当温度低于0℃、有冰冻时和基层土有冻土时，不得进行施工；已施工好的要采取保温措施（如覆盖等），有冻土块时，要挖出来进行清理。

## 二、砂和砂石地基

砂垫层和砂石垫层地基是用夯（压）实的砂或垫层替换基础下部一定厚度的软土层，

以起到提高基础下地基强度、承载力，减少沉降量的作用。其特点是由于其材料透水性好，软弱土层受压后，垫层可作为良好的排水面，使基础下面的孔隙水压力迅速消散，加速软弱土层的排水固结，并提高其强度，而且砂垫层材料孔隙大，不易产生毛细管现象，因此，可防止寒冷地区土中结冻造成冻胀，也可消除膨胀土的胀缩作用。

砂和砂石垫层应用范围广泛；由于砂颗粒大，可防止地下水因毛细管作用上升，地基不受冻结的影响；能在施工期间完成沉陷；用机械或人工都可使垫层密实，施工工艺简单，可缩短工期，降低造价等。

适于处理3.0m以内的软弱、透水性强的黏性土地基；不宜用于加固湿陷性黄土地基及渗透系数极小的黏性土地基。

## （一）基本要求

(1) 砂和砂石垫层适用于中小型建筑工程的浜、塘、沟等的局部处理。

(2) 砂和砂石垫层材料中严禁混入垃圾。

(3) 填筑前应清除杂草、树根等杂物以及表层耕土；在明浜、水槽、水田地区还应清除淤泥及腐殖土。

(4) 填筑区须防止地表水和地下水渗入，并须排除积水。

(5) 砂和砂石垫层的施工质量检验必须分层进行。应在每层的压实系数符合设计要求后，铺填上层土。

## （二）施工准备

### 1. 施工机具

根据所选用的施工方法不同，采用的施工机具及要求也不同。砂和砂石垫层的施工方法主要有三种：碾压法、夯实法和平振法；此外还有插振法和水撼法。

(1) 碾压法：碾压法是采用压路机、推土机、羊足碾或其他压实机来压实地基土。对于采用各种施工机具，在分层回填碾压的每层铺填厚度及压实遍数。

当地基下是以黏性土为主的软弱土时，宜采用平碾或羊足碾，对于狭窄场地、边角及接触带可用蛙式夯实机。

为保证有效压实深度，机械碾压速度应控制在：平足碾为2km/h，羊足碾为3km/h，振动碾为2km/h，振动压实机为0.5km/h。

(2) 夯实法：夯实法是采用木夯或机械夯，如蛙式夯等来对地基土进行夯实。

夯实法施工前，应检查基坑中土的含水量，并根据试验结果决定是否需要加水；还要在建筑物场地附近试夯以确定最少夯实遍数及总下沉量。

(3) 平振法：平振法是用振动压实机来处理无黏性土、透水性好的地基的方法。采用这种方法进行施工时，要先进行试振，得出稳定下沉量与时间的关系，确定振实时间。振实范围是从基础边缘放出0.6m左右，先振基槽两边后振中间。

2. 材料要求

（1）砂垫层和砂石垫层所用材料系砂或砂石混合物。宜选用碎石、卵石、角砾、圆砾、砾砂、粗砂、中砂或石屑（粒径小于2mm的部分不应超过总重的45%）。

（2）砂宜用颗粒级配良好、质地坚硬的中砂或粗砂，当用细砂、粉砂（粒径小于0.075mm的部分不超过总重的9%）时，应掺入不少于总重30%的粒径20～50mm的卵石（或碎石），且要分布均匀。砂中不得含有杂草、树根等有机物，含泥量应小于5%，兼做排水垫层时，含泥量不得超过3%。自然级配的砂砾石（或卵石碎石）的混合物，粒径应在50mm以下，其含量应在50%以内，不得含有植物残体、垃圾等杂物，含泥量小于5%。对湿陷性黄土地基，不得选用砂石等透水材料。

**（三）砂和砂石地基的施工**

1. 施工方法砂垫层和砂石垫层的施工过程可分解为以下三个阶段：

（1）准备阶段

1）在施工开始前，应根据所采用的施工方法，做好垫层的设计即确定垫层断面的合理厚度及宽度，编制垫层铺筑的施工组织设计，并做相关试验得出现场砂和砂石的最佳含水量，从而确定夯实（压实）遍数或振实时间。

2）开挖基坑时，要避免扰动坑底软弱土层，因此，可先保留200mm厚土层暂不挖去，待铺砂前再挖至设计标高。

3）铺筑前，要先验槽，浮土要清除，边坡要稳定。基坑两侧附近如有低于基坑的孔洞、沟、井、墓穴等，应在未做地基前加以填实。

4）当地下水位较高或在饱和的软弱地基上铺设垫层时，应加强基坑内及外侧四周的排水工作，防止砂垫层泡水引起砂的流失，保持基坑边坡的稳定。或采取降低地下水位的措施，使地下水位降低到基坑底500mm以下。

5）冬期施工时，不得采用夹有冰块的砂石做垫层，应采取措施防止砂石内水分冻结。

6）人工级配的砂、石材料，铺填前，应按级配将砂、卵石拌合均匀。

（2）铺设阶段

1）砂垫层和砂石垫层的底面宜铺设在同一标高上，如果深度不同时，施工应按先深后浅的顺序施工，土面应挖成阶梯或斜坡搭接。

2）分段施工时，接头应做成斜坡，每层错开0.5～1.0m，并应充分捣实。

3）垫层应分层铺设，分层捣实，并应采用标桩控制每层砂垫层的铺设厚度、每层的铺设厚度、砂石最佳含水量控制及施工机具、方法的选用。

4）垫层铺设时，严禁扰动垫层下卧层及侧壁的软弱土层，防止被践踏、受冻或受浸泡而降低其强度。若垫层下有厚度较小的淤泥时，可先在软弱土面上堆填块石、片石等，然后将其压入以置换出软弱土，再做垫层。

5）排水砂石层可用人工铺设，也可用推土机、压路机来铺设。

6）垫层铺设完毕应立即进行下道工序施工，严禁推车及人在砂层上行走。

（3）垫层捣实

1）砂和砂石垫层地基的捣实，有振实、夯实、压实等方法。其捣实效果与填土成分、夯实、压实遍数、振实时间等因素有关，具体应通过试验确定。

2）振捣夯实要做到振捣夯实面积有1/3交叉重叠，防止漏振、漏夯、漏压。

3）大面积施工可采用成组喷雾淋水器均匀喷水使砂层达到饱和状态，然后用成组电动插入式振捣器按顺序排列进行振捣使其密实，最后由地下暗沟将密实砂层中多余的水分排出，其振捣密实后的位移距离不得大于单一振动器振动有效半径的1.4倍。

4）在振动首层垫层时，不得将振动棒插入原土层或基槽边坡，以避免软土混入砂垫层而降低砂垫层的强度，也不要扰动基坑四侧的土，以免影响和降低地基强度。

5）每铺一层垫层，经密实度检验合格后方可进行上一层的施工。

6）垫层竣工验收合格后，应及时进行基础施工与基坑回填。

2. 施工注意事项：

（1）铺设垫层前应验槽，将基底表面浮土、淤泥、杂物清除干净，两侧应设一定坡度，防止振捣时塌方。

（2）垫层底面标高不同时，土面应挖成阶梯或斜坡搭接，并按先深后浅的顺序施工，搭接处应夯压密实。分层铺设时，接头应做成斜坡或阶梯形搭接，每层错开0.5～1.0m，并注意充分捣实。

（3）人工级配的砂砾石，应先将砂、卵石拌和均匀后，再铺夯压实。

（4）垫层铺设时，严禁扰动垫层下卧层及侧壁的软弱土层，防止被践踏、受冻或受浸泡而降低其强度。如垫层下有厚度较小的淤泥或淤泥质土层，在碾压荷载下抛石能挤入该层底面时，可采取挤淤处理。先在软弱土面上堆填块石、片石等，然后将其压入以置换和挤出软弱土再做垫层。

（5）垫层应分层铺设、分层夯或压实。基坑内预先安好5m×5m网格标桩，控制每层砂垫层的铺设厚度。

振夯压要做到交叉重叠1/3，防止漏振、漏压。夯实、碾压遍数、振实时间应通过试验确定。用细砂做垫层材料时，不宜使用振捣法或水撼法，以免产生液化现象。排水砂垫层可用人工铺设，也可用推土机、压路机来铺设。大面积施工可采用成组喷雾淋水器均匀喷水使砂层达到饱和状态。然后用成组电动插入式振动器按顺序排列进行振动捣固使其密实，最后由地下暗沟将密实砂层中多余的水排出。其振捣密实后的移位距离不得大于单一振动器振动有效半径的1.4倍。

（6）当地下水位较高或在饱和的软弱地基上铺设垫层时，应加强基坑内及外侧四周的排水工作，防止砂垫层泡水引起砂的流失，保持基坑边坡稳定。或采取降低地下水位措施，使地下水位降低到基坑底500mm以下。

（7）当采用水撼法或插振法施工时，以振捣棒振幅半径的1.75倍为间距（一般为400~500mm）插入振捣，依次振实，以不再冒气泡为准，直至完成，同时应采取措施控制注水和排水。垫层接头应重复振捣，插入式振动棒振完所留孔洞应用砂填实；在振动首层到垫层时，不得将振动棒插入原土层或基槽边部，以免使软土混入砂垫层而降低砂垫层的强度。

（8）垫层铺设完毕，应进行下道工序施工，严禁小车及人在砂层上面行走，必要时应在垫层上铺板行走。

## 三、土工合成材料地基

土工合成材料地基是用土工合成材料铺设而成的地基。土工合成材料在我国的应用开始于20世纪60年代中期，首先是塑料薄膜在渠道防渗方面的应用，后来推广到水库、水闸和蓄水池等工程。近十多年来，已在水利、水电、公路、铁路、建筑、港口等工程中成功地得到了应用。随着该材料使用范围的不断扩大，土工合成材料的生产和应用技术也在迅速提高，使其逐渐形成一门新的边缘性学科。它以岩土力学为基础，与纺织工程、石油化学工程有密切联系，应用于岩土工程的各个领域。

土工合成材料的特点是：质地柔软，重量轻，整体连续性好；施工方便，抗拉强度高，没有显著的方向性，各向强度基本一致；弹性、耐磨、耐腐蚀性、耐久性和抗微生物侵蚀性好，不易霉烂和虫蛀。土工纤维具有毛细作用，内部具有大小不等的网眼，有较好的渗透性（水平向 $1 \times 10^{-3} \sim 1 \times 10^{-1}$ cm/s）和良好的疏导作用，水可竖向、横向排出。材料为工厂制品，材质易保证，施工简捷，造价较低，与砂垫层相比可节省大量砂石材料，节省费用1/3左右。用于加固软弱地基或边坡，作为加筋形成复合地基，可提高土体强度，承载力增大3~4倍，显著地减少沉降，提高地基稳定性。但土工聚合物存在抗紫外线（老化）能力较低，如埋在土中，不受阳光紫外线照射，则不受影响，可使用40年以上。

适用于加固软弱地基，以加速土的固结，提高土体强度；用于公路、铁路路基的加强层，防止路基翻浆、下沉；用于堤岸边坡，可使结构坡角加大，又能充分压实；做挡土墙后的加固，可代替砂井，此外还可用于河道和海港岸坡的防冲，水库、渠道的防渗以及土石坝、灰坝、尾矿坝与闸基的反滤层和排水层，可取代砂石级配良好的反滤层，达到节约投资、缩短工期、保证安全使用。

### （一）土工合成材料的分类与作用

1. 土工合成材料的分类

土工合成材料由合成纤维制成。合成纤维是以煤、石油、天然气和石灰石等做起始原料，经过化学加工而成的聚合物，再经过机械加工制成纤维、条带、网格和薄膜等。目前，合成纤维的品种主要有锦纶、涤纶、腈纶、维纶、丙纶和氯纶等。

土工合成材料分类随着新材料和新技术的发展，会有所变化。从现状和分类趋向发展，暂将土工合成材料分为四大类。

（1）土工织物：土工织物是由单股丝、多股丝和纤维等一种或多种原材料合成。根据原材料和制作方法的不同，它包括了编织物、有纺型织物、无纺型织物和复合织物等。

（2）土工膜：土工膜是由各种塑料、橡胶或土工织物喷涂防水材料而制成的各种不透水膜。它包括土工（薄）膜、加筋土工膜和复合土工膜等。

（3）特种土工合成材料：特种土工合成材料是通过特殊原材料和特殊的制造方法制成的土工合成材料。它包括土工垫、土工网、土工格栅、土工格室、土工膜袋和土工泡沫塑料板等。

（4）复合型土工合成材料：复合型土工合成材料是由土工织物与特种土工合成材料组合而成。

2. 土工合成材料的作用

土工聚合物在岩土工程中应用的主要作用有排水、反滤、隔离、加固和补强等。

（1）排水作用：土工纤维具有良好的三维透水特性，可使水经过土工纤维的平面迅速地沿水平方向排走，构成水平排水层。它还可与其他材料（如粗粒料、排水管、塑料排水板等）共同构成排水系统或深层排水井。

（2）反滤作用：多数渗水性土工纤维在单向渗流的情况下，发生细粒逐渐向渗滤层移动，自然形成一个反滤带和一层骨架网阻止细的颗粒被滤过，防止土粒的继续流失，最后趋向于平衡，使土工纤维与其相接触的部分土层共同形成一个完整的反滤体系，有效地起到反滤作用，防止土粒流失，使土体保持稳定。

（3）隔离作用：土工纤维可设置在两种不同土或材料，或者土与其他材料之间，将它们相互隔离，避免混杂产生不良效果，并可依靠其优良特性以适应受力、变形和各种环境变化的影响而不破损。当用于受力的结构体中，则有助于保证结构的状态和设计功能。当用于材料的储存堆放场地，可以避免材料损失和劣化，对于废料还有助于防止污染。但用作隔离的土工纤维，其渗透性应大于所隔离土的渗透性；当承受动荷载作用时，土工纤维应有足够的耐磨性和抗拉强度。

（4）加固补强作用：利用土工纤维的高强度和韧性等力学性能，与其上填土间有较大的摩擦力，可分散荷载，扩散应力，将作用土层上的力均匀地分布传递于地基，从而起到加劲（加强）作用，有利于阻止填土的侧向位移和沉降，减少地基的不均匀变形和沉陷，防止浅层地基的极限破坏，并避免局部基础的破损，同时增大土体的刚度模量，提高地基的承载力和稳定性，或作为筋材构成加筋土以及各种土工结构。

### （二）施工准备

在土工合成材料地基施工中，主要是对土工合成材料的准备，即应按设计要求，选择土工合成材料的种类、规格和性能。

其性能要求主要有以下几个方面：

1. 规格尺寸

（1）厚度：常用的各种土工合成材料厚度：土工织物一般为 0.1 ~ 5mm，最厚的可达 10mm 以上；土工膜一般为 0.25 ~ 0.75mm，最厚的可达 2 ~ 4mm；土工格栅的厚度随部位的不同而异，其肋厚一般为 0.5 ~ 5mm。

（2）单位面积质量：土工织物和土工膜单位面积的质量取决于原材料的密度，同时受厚度、外加剂和含水量的影响。常用的土工织物和土工膜单位面积质量一般在 50 ~ 1200g/m$^2$。

（3）开孔尺寸：开孔尺寸即等效孔径：土工织物一般为 0.05 ~ 1.0mm；土工垫为 5 ~ 10mm；土工网及土工格珊为 5 ~ 100mm。

2. 力学特性

力学特性主要是抗拉强度、渗透性和界面剪切摩擦等。

（1）抗拉强度：它是土工合成材料主要的特性指标。由于土工织物在受力过程中厚度是变化的，故其受力大小一般以单位宽度所承受的力表示。常用的无纺型土工织物抗拉强度为 10 ~ 30kN/m，高强度的为 30 ~ 100kN/m；常用的有纺型土工织物为 20 ~ 50kN/m，高强度的为 50 ~ 100kN/m；一般的土工格栅为 30 ~ 200kN/m，高强度的为 200 ~ 400kN/m。

（2）渗透性：土工合成材料的渗透性是其重要的水力学特性之一。根据工程应用的需要，常要确定垂直和平行于织物平面的渗透性。渗透性主要以渗透系数表示，土工织物的渗透系数为 $8 \times 10^{-4}$ ~ $5 \times 10^{-1}$ cm/s，其中无纺型土工织物的渗透系数为 $4 \times 10^{-3}$ ~ $5 \times 10^{-1}$ cm/s。

（3）剪切摩擦：土工合成材料作为加筋材料埋在土内，或作为反滤层铺在土坡上，都将与周围土体构成复合体系。两种材料在外荷及自重作用下产生变形时，将会沿其界面发生相互剪切摩擦作用。土与土工合成材料之间的摩擦角，与土的颗粒大小、形状、密实度和土工合成材料的种类、孔径以及厚度等因素有关。对于细粒土以及疏松的中砂等与织物之间的摩擦角，大致接近于土的内摩擦角；对于粗粒土以及密实的中细砂等与织物之间的摩擦角，一般小于土的内摩擦角。

此外，土工合成材料的力学特性，除了上述的 3 种特性外，还有撕裂强度、顶破强度、穿透强度和握持抗拉强度等。

3. 其他性能

土工合成材料还有对抗老化性、耐腐蚀性、抗生物腐蚀性、对紫外线和对温度的敏感性的要求。

## （三）土工合成材料地基的施工

1. 施工方法

土工合成材料地基施工的工序如下：基土表面压实→修整→铺覆土工合成材料→覆盖垫层。

（1）铺设土工织物前，应将基土表面压实、修整平顺均匀，清除杂物、草根，表面凹凸不平的可铺一层砂找平。当做路基铺设时，表面应有 4%～5% 的坡度，以利排水。

（2）铺设应从一端向另一端顺序进行，端部应先铺填，中间后铺填。端部必须精心铺设锚固，铺设松紧应适度，防止绷拉过紧或褶皱，同时需保持连续性、完整性。避免过量拉伸超过其强度和变形的极限而发生破坏、撕裂或局部顶破等。在斜坡上施工，应注意均匀和平整，并保持一定的松紧度；避免石块使其变形超出聚合材料的弹性极限；在护岸工程坡面上铺设时，上坡段土工织物应搭在下坡段土工织物上。

为防止土工织物在施工中产生顶破、穿刺、擦伤和撕破等，一般在土工织物下面宜设置砾石或碎石垫层，在其上面设置砂卵石护层，其中碎石能承受压应力，土工织物承受拉应力，充分发挥织物的约束作用和抗拉效应，铺设方法同砂、砾石垫层。

（3）铺设一次不宜过长，以免下雨渗水难以处理，土工织物铺好后应随即铺设砂石材料或土料，避免长时间暴晒和暴露，使材料劣化。

（4）土工织物用作反滤层时应连续铺设，不得出现扭曲、褶皱和重叠。土工织物上抛石时，应先铺一层 30mm 厚卵石层，并限制高度在 1.5m 以内，对于重而带棱角的石料，抛掷高度应不大于 50cm。

（5）土工织物上铺垫层时，第一层铺垫厚度应在 50cm 以下，用推土机铺垫时，应防止刮土板损坏土工织物，在局部不应有过大的应力集中。

2. 施工注意事项

（1）铺设土工织物滤层的关键是保证织物的连续性，使织物的弯曲、褶皱、重叠以及拉伸至显著程度时，仍不丧失抗拉强度。

为此，尤其应注意接缝的连接质量。连接的方式，一般有如下几种：

1）搭接法：将相邻两块织物重叠一部分，一般重叠宽度为 30～90cm。轻型建筑物可取小值。织物的压重增大或倾斜度增大时，搭接长度也要相应增大。水下的不规则铺设时，还要大一些。在搭接处尽量避免受力，以免织物移动。若织物上铺有一层砂土，最好不采用搭接法，因砂土极易挤入两层织物之间而将织物抬起。

2）缝合法：用移动式缝合机将尼龙或涤纶线面对面缝合或折叠缝合。缝合法能节省材料，但施工费时。

3）钉接法：用 U 形钉将两块织物连接起来。U 形钉应能防锈。接缝方法最好是折叠式。钉接的接缝强度一般低于缝合法和胶结法。

4）胶结法：此法又可分为加热黏结法、胶粘剂黏结法和双面胶布黏结法。黏结时搭接宽度可取 10cm 左右，其接缝处的强度与土工织物原有的强度相同。双面胶布黏结法工艺复杂，不宜在现场使用。

（2）若用块石保护土工织物，施工时应将块石轻轻铺放，不得在高处抛掷。如块石下落的情况不可避免时，应先在织物上铺一层砂以保护。

（3）土工织物铺完之后，不得长时间受阳光暴晒，最好在一个月内把上面的保护层做好。备用的土工织物在运送、储存过程中，也应加以遮盖，不得长时间受阳光暴晒。

（4）土工织物应沿堤轴线的横向展开铺设，不容许有褶皱，更不容许断开，并尽量以人工拉紧。

（5）铺设时，应注意端头位置和锚固，在护坡坡顶可使土工纤维末端绕在管子上，埋设于坡顶沟槽中以防土工纤维下落；在堤坝，应使土工纤维终止在护坡块石之内，路基应终止在排水沟底部，避免冲刷时加速坡脚冲刷成坑。

（6）对于有水位变化的斜坡，施工时直接堆置于土工纤维上的大块石间空隙，应填塞或设垫层，以免水位下降时，上坡中的饱和水因来不及渗出形成显著水位差，使土挤向没有压载空隙，引起土工纤维膨胀而造成损坏。

（7）现场施工中发现土工聚合物受到损坏时，应立即修补好。

### 四、粉煤灰地基

粉煤灰地基是对软弱土地基采用的换填加固技术之一。

粉煤灰是燃煤电厂的工业废物，是一种以硅、铝氧化物为主的人工火山灰质材料，化学成分随着煤种、燃烧工况和收尘方式的不同而变化。实践证明，粉煤灰是一种良好的地基处理材料资源，用作垫层材料时，类似于砂质粉土，具有良好的地基强度和压缩变形模量，能满足工程设计的技术要求；并且在产生可观的经济效益的同时，又能带来良好的环保效益和社会效益。但粉煤灰是轻质、松散、毫无黏性的工业弃料，可否用作填料，须通过试验验证。

用粉煤灰做垫层有以下特点：

（1）粉煤灰自重轻，可降低对下卧土层的压力，减少沉降。

（2）粉煤灰垫层击实性能好，在施工过程中达到设计密实度要求的含水量容易控制，施工质量容易保证。

（3）粉煤灰垫层遇水后强度会降低，影响其承载力。

（4）垫层施工过程中，压实时及压实初期其渗透系数较大，但随着龄期的增加，渗透性能减弱。

（5）粉煤灰抗液化能力比砂质粉土强。

（6）在粉煤灰铺筑层中铺设金属构件时，宜采用适当的防腐措施，如涂沥青或采用镀锌管等措施。

粉煤灰垫层的主要作用是提高地基承载力、减少建筑物的地基压缩变形量、加速软土层的排水固结。粉煤灰垫层适用于厂房、机场、道路、港区陆域和堆场等大中型工程的大面积填筑。

**（一）基本要求**

（1）粉煤灰垫层上宜覆土 0.3~0.5m。

（2）粉煤灰垫层中采用掺加剂时，应通过试验确定其性能及适用条件。

（3）作为建筑物垫层的粉煤灰应符合有关放射标准的要求。

（4）粉煤灰垫层中的金属构件、管网宜采取适当防腐措施，大量使用粉煤灰时，应考虑对地下水和土壤的环境影响。

**（二）施工准备**

1.施工机具

铺摊机械可采用推土机。压实机械可采用压路机（大面积场地使用）；平板振动机或蛙式打夯机（较小场地及边角处使用）。

2.材料要求

（1）粉煤灰具有很好的力学特性，可以用来作为地基的一种材料，其力学特性有：

强度指标和压缩性指标：内摩擦角 $\phi = 23° ~ 30°$，黏聚力 $c = 5 ~ 30MPa$，压缩模

量 $E_s = 8 \sim 20MPa$，渗透系数 $k = 2 \times 10^{-4} \sim 9 \times 10^{-5}$。

（2）粉煤灰可选用湿排灰、调湿灰和干排灰，且不得含有植物、垃圾和有机物杂质。

（3）粉煤灰选用时应使硅铝化合物含量越高越好。

（4）粉煤灰粒径应控制在 0.001 ~ 2.0mm。

（5）含水量应控制在 31% ± 4% 范围内，且还应防止被污染。

（6）烧失量不应大于 12%。

（7）现场测试时，压实系数 $\lambda c = 0.90 \sim 0.95$ 时，承载力可达到 120 ~ 200MPa，$\lambda c > 95$ 时可抗地震液化。

### （三）粉煤灰地基的施工

1. 施工方法

粉煤灰地基的施工工序如下：

清理地基底面→预压→摊铺第一层粉煤灰→压实→摊铺第二层粉煤灰→压实→……→直至达到所要求的垫层厚度→验收。

（1）铺设前应先验槽，清除地基底面垃圾杂物。

（2）平整场地，并用压路机或其他压实机械预压两遍。

（3）粉煤灰铺设含水量应控制在最佳含水（$W_{op} \pm 2\%$）范围内；如含水量过大时，需摊铺沥干后再碾压。粉煤灰铺设后，应于当天压完；如压实时含水量过低，呈松散状态，则应洒水湿润再碾压密实，洒水的水质不得含有油质，pH 值应为 6 ~ 9。

（4）垫层应分层铺设与碾压，分层厚度、压实遍数等施工参数应根据机具种类、功能大小、设计要求通过实验确定。铺设厚度用机动夯为 200 ~ 300mm，夯完后厚度为 150 ~ 200mm，用压路机铺设厚度为 300 ~ 400mm，压实后为 250mm 左右。对小面积基坑、槽垫层，可用人工分层摊铺，用平板振动器和蛙式打夯机压实，每次振（夯）板应重叠 1/3~1/2 板，往复压实由二侧或四周向中间进行，夯实不少于 3 遍。大面积垫层应用推土机摊铺，先用推土机预压 2 遍，然后用 8t 压路机碾压，施工时压轮重叠 1/3~1/2 轮宽，往复碾压，一般碾压 4 ~ 6 遍。

2. 施工注意事项

（1）粉煤灰遇水强度降低，选择的地基场地须将含水量控制在一定范围。

（2）地下水位过高时，须降低地下水位。

（3）粉煤灰垫层在地下水位施工时须先采取排水降水措施，不能在饱和状态或浸水状态下施工，更不能用水沉法施工。

（4）在软弱地基上填筑粉煤灰垫层时，应先铺设 20cm 的中、粗砂或高炉干渣，以免下卧软土层表面受到扰动，同时有利于下卧软土层的排水固结和切断毛细管水的上升。

（5）夯实或碾压时，如出现"橡皮土"现象，应暂停压实，可采取将垫层开槽、翻松、晾晒或换灰等方法处理。

（6）每层铺完经检测合格后，应及时铺筑上层，以防干燥、松散、起尘、污染环境，并应严格将延伸率对比≤3%为合格。

# 第四章　公路工程监理综述

# 第一节　认知公路工程监理

## 一、工程监理的概念

工程监理是监理人员依据监理合同对工程质量、安全、费用、进度实施的监督和管理活动。具体的地讲是监理单位依据法律、法规、文件，以及监理合同和施工合同中相关条款约定的职责与权限，对工程质量、安全、环保、费用、进度实施监督管理。

监理单位是具有法人资格并取得交通主管部门颁发的公路工程监理资质证书的企业，是依法成立的、独立的、智力密集型的、从事工程监理业务的经济实体，与建设单位签订合同，并受委托承担工程建设单位的监理业务。

## 二、工程监理的工作性质

### （一）工程监理是针对项目建设实施的监督管理

工程监理是围绕着工程项目建设而展开的，离开了工程项目，其行为就不属于工程建设的范围。监理单位代表业主的利益，依据法律法规、合同文件、科学技术、现代方法和手段，对工程项目建设进行程序化管理。

### （二）工程监理的行为主体是监理单位

工程监理的行为主体是明确的，即监理单位。监理单位是具有社会化、专业化特征的，专门从事工程监理技术服务活动的组织。监理单位受业主的委托，履行合同中规定的职权，对工程施工质量、安全、环保、进度、费用等方面实施监督和管理。因此，工程监理的行为主体只能是监理单位。

### （三）工程监理的实施需要业主委托和授权

工程监理的产生源于市场经济条件下社会的需求，由于业主的委托和授权，而使得监理发展成为一项制度。通过业主委托和授权方式实施工程监理是工程监理与政府对工程建设所进行的行政性监督管理的重要区别。这种方式决定了在实施工程监理的项目中，业主与监理的关系是委托与被委托、授权与被授权的关系；也决定了业主与监理是合同关系，是需求与供给关系，是一种委托与服务的关系。

### （四）工程监理是有明确依据的工程建设行为

工程监理实施的依据主要有：国家和交通主管部门颁发的法律、法规、规章和有关政策；国家有关部门颁发的技术规范、技术标准；政府主管部门批准的工程项目建设文件；监理合同；施工合同；工程设计文件和图纸等。

### （五）现阶段工程监理主要发生在项目建设的实施阶段

在项目建设实施阶段，监理单位的服务活动是否是监理活动，还要看业主是否授予监理单位监督管理权。因为工程监理是"第三方"的监督管理行为，它的发生不仅要有委托方，与项目业主建立委托与服务关系，而且要有被监理方，与只在项目实施阶段才出现的设计、施工和材料设备供应单位等承包商建立监理与被监理关系。同时，工程监理的目的是协助业主在预定的质量、进度、投资目标内建成项目，主要内容是进行质量、进度、投资控制，合同管理，组织协调，这些活动也主要发生在项目建设的实施阶段。

### （六）工程监理是微观性质的监督管理活动

工程监理活动是针对个别具体工程项目展开的。项目业主委托监理的目的就是期望监理单位能够协助业主实现项目投资目标，它是紧紧围绕着工程项目建设的各项投资活动和生产活动所进行的监督管理，并注重具体工程项目的实际效益。当然，根据工程监理制的宗旨，在开展这些活动的过程中应体现出对社会公众利益和国家利益的维护。

## 三、工程监理中各方的关系

### （一）与工程监理有关的行为主体

#### 1. 建设单位

有时也称为业主，在招标阶段则称"招标单位"。建设单位是指某项工程的投资者或资金筹集者，并在工程建设的前期、实施阶段对工程建设的费用、进度、质量等重大问题有决策权的国有单位、集体单位或个人。

#### 2. 承建单位

又称承包单位或承包商，在招标阶段则称"投标单位"，中标后称为"中标单位"。承建单位是指通过投标或其他方式取得某项工程的施工权，材料、设备的制造、供应权，并和建设单位签订合同承担工程费用、进度、质量责任的单位或个人。

#### 3. 监理单位

监理单位是指依法成立的、独立的、智力密集型的从事工程监理业务的社会经济实体，是受建设单位的委托与其签订监理合同，并承担工程建设监理业务的单位。

### （二）工程监理中行为主体之间的相互关系

1. 业主与监理单位的关系

业主与监理单位应签订监理合同，二者是委托与被委托的合同关系，应做到各负其责，独立工作，相互尊重，密切合作。业主不得干涉监理工作，否则为侵权违约；监理单位必须保持工作，不得与承包人有经济联系，更不得串通承包人侵犯业主利益，否则业主将根据合同采取法律手段，追究监理单位的经济和法律责任。

2. 业主与承包人的关系

业主与承包人应签订施工合同，二者是发包与承包的合同关系。业主将工程发包给承包人，承包人按合同约定完成工程，双方必须按合同履行所有的承诺，违约者要承担相应的违约责任。

3. 监理单位与承包人的关系

监理单位与承包人不签订任何合同，二者是监理与被监理的关系，这个关系在业主与承包人签订的施工合同中予以明确。监理单位代表业主对承包人的建设行为进行监理，但也要维护承包人的合法权益；承包人应按合同规定接受监理单位的监督和管理。若监理人员的行为不公正，承包人有权向有关部门申诉。

需要特别指出的是，作为行使政府监督职能的各级质量监督机构在整个工程建设活动中将对业主、承包人和监理单位实施有效的监督。

## 四、国内外监理制度的产生和发展

### （一）国外监理制度的产生和发展

工程监理作为建设领域的一项科学管理制度，起源于产业革命以前16世纪的欧洲。工程监理的产生和发展与商品经济的发展、建设领域的专业化分工、社会化大生产相伴随，并日趋完善。

16世纪以前，建筑师就是总营造师，受雇于业主，负责工程设计、购买材料、雇用工匠，并组织、管理工程的施工。16世纪以后，欧洲出现了设计考究、施工技术复杂的华丽建筑，因而建筑师队伍出现了设计与施工的专业分工，并且还有一部分建筑师专门向社会传授技艺，为业主提供建筑咨询或接受业主的聘请专门监督、管理施工，这就是监理行业的萌芽。但这时的监理业务仅仅局限于施工过程中的质量监督和工程量计算与检验。

18世纪60年代的英国产业革命，大大地促进了欧洲工业化的发展进程，社会上大兴土木带来了建筑业的空前繁荣，工程建设规模不断扩大，建筑技术日趋复杂，质量要求也越来越高。业主也越来越感觉到，单靠自己来监督、管理工程建设已力不从心，监理服务的必要性已逐步为人们所认识。

19世纪初，随着建设领域商品经济关系的日益复杂，为了维护各方经济利益并加快工程进度，明确业主、设计者、施工者之间的责任界限，英国政府于1830年推出了总合同制度，要求每个建设项目由一个承包商进行总包。总包制度的实施，导致了招标投标交易方式的出现，也促进了工程监理制度的发展。此时，工程监理的业务内容得到进一步扩充，其主要任务是帮助业主计算标底，协助招标，控制费用、进度、质量，进行合同管理以及项目的组织和协调等。

20世纪50年代末60年代初，随着科学技术的发展、工业与国防建设规模的扩大以及人民生活水平的不断提高，需要建设许多大型、巨型工程，如航天工程、大型水利工程、高速公路、核电站和新型城市等。这些工程投资多、风险高、规模大、技术复杂，无论是投资者还是承包单位，都难以承担由于投资不当或管理不善而造成的损失。竞争激烈的社会环境、巨大的项目风险迫使业主更加重视项目建设的科学管理。业主为减少投资风险，节约工程费用，需要聘请有经验的监理咨询人员，对工程建设前期的可行性进行研究论证，帮助其进行决策分析。这样，工程监理的业务范围由项目实施阶段向前延伸至项目决策阶段，工程监理工作便贯穿于建设活动的全过程。

20世纪70年代以后，欧、美、日等工业发达国家和地区的工程监理制度向法制化、规范化发展。美国的《统一建筑管理法规》、日本的《建筑师法》及《建筑基准法》，还有中国香港地区的《建筑条例》和《建筑管理法规》等，都对工程监理的内容、方法以及从事监理的社会组织做了详尽的规定。工程监理制度逐步成为工程建设管理组织体系的重要组成部分，在西方国家的工程建设中形成了业主、承包商和监理工程师三足鼎立的基本格局。

20世纪80年代以来，工程监理制度在国际上有了很大的发展。一些发展中国家也开始效仿发达国家的做法，结合本国实际，建立或引进监理机构，对工程项目建设实施监理。世界银行和亚洲开发银行等国际金融组织，也都把实行工程监理作为提供贷款的必备条件之一，工程监理已成为国际惯例和工程建设必须遵循的制度。

**（二）我国监理制度的产生和发展**

20世纪80年代，我国的世界银行贷款项目开始实行监理制度。为此，1984年9月国务院即颁发《关于改革建筑业和基本建设管理体制若干问题的暂行规定》，明确提出了改变工程质量监督制度，并在地方建立了有权威的各级政府工程质量监督机构。

我国建设监理制度的发展分为四个阶段：工程监理准备阶段（1988年）、工程监理试点阶段（1989—1992年）、工程监理稳步推行阶段（1993—1995年）以及工程监理全面推行阶段（1996年至今）。

1. 工程监理准备阶段

1988 年，建设部分别在北京和上海召开了两次建设监理试点工作会议，商讨监理试点工作的目的、要求，确定监理试点单位的条件等事宜，并确定了试点城市和部门，交通部的公路系统和能源部的水电系统被作为监理试点。根据会议精神，原建设部于 1988 年 1 月 12 日印发了《关于开展建设监理试点工作的若干意见》。自此，试点地区和部门开始组建监理单位，为工程建设监理的试点工作的开展做好了准备。

2. 工程监理试点阶段

1989 年 7 月 28 日，建设部颁发了《建设监理试行规定》，这是我国开展建设监理工作的第一个法规性文件，全面地规范了参与建设监理各方的行为。交通部和能源部作为建设工程监理的试点单位，先后在世界银行贷款项目陕西省西安至三原一级公路、京津塘高速公路和天津港东突堤工程，以及布鲁格水电站等实行了国际招标及工程监理制度。原交通部于 1992 年 5 月制订了《公路工程施工监理办法》，同时废止了 1989 年 4 月制订的《公路工程施工监理暂行办法》。经过几年的试点工作，原建设部于 1993 年在天津召开了第五次全国建设监理工作会议，总结了试点工作的经验，对各地区、各部门的建设监理工作给予了充分肯定，并决定在我国结束建设监理制度的试点工作。工程建设监理制度从当年转入稳定发展阶段。

3. 工程监理稳步推行阶段

从 1993 年工程监理进入稳步发展阶段以来，我国工程建设监理工作得到了很大发展。截至 1995 年底，全国 23 个省、自治区、直辖市和国务院工业、交通等 39 个部门推行了工程监理制度。全国已开展监理工作的地级以上的城市有 153 个，占总数的 76%；已成立的监理单位有 1500 家，其中甲级监理单位有 64 家；监理从业人员达 8 万人，其中有 1180 多名监理工程师获得了注册证书。一支具有较高素质的监理队伍正在形成，全国累计受监理的工程投资规模达 5000 多亿元，受监理工程的覆盖率在全国平均约有 20%。

4. 工程监理全面推行阶段

1995 年 12 月，建设部在北京召开了第六次全国建设监理工作会议，会上，原建设部和国家计划委员会联合颁布了 737 号文件，即《工程建设监理规定》，并总结了 7 年来工程建设监理工作的成绩和经验，对今后的监理工作进行了全面的部署。这次会议的召开标志着我国建设监理工作已进入全面推行的新阶段。

# 第二节 公路工程质量保证体系

为了适应我国公路工程建设管理体制改革的需要，提高工程质量管理水平，保护国家及社会公共利益，交通运输部在总结我国过去公路建设历史经验的基础上，根据公路建设的特点，科学地制订了公路工程的"政府监督、法人管理、社会监理、企业自检"的质量保证体系。

## 一、政府监督

政府监督是指政府建设主管部门对参与建设各方的建设行为实行的强制性监理和对社会监理单位实行的监督管理。政府监督是公路工程质量保证体系中极其重要的质量监督环节之一，是政府部门强化对工程质量管理的具体体现。

### （一）政府监督部门

我国从 1983 年开始对工程质量实行政府监督制度。就公路工程来说，原交通部主管全国公路工程质量监督工作。

按照"统一规划、公级管理"的原则，原交通部于 1987 年 10 月设立了基本建设工程质量监督总站，并指令各省、自治区、直辖市交通部门设交通（或公路）基本建设工程质量监督站（简称省级质监站）；各省、自治区、直辖市交通主管部门根据当地工程实际情况确定是否设立地、州、市交通（或公路）基本建设工程质量监督分站（简称市级质监分站）或派出质监机构。

各级质监站为独立核算的事业单位，隶属同级政府交通主管部门，业务上受上一级质监站指导。

各级质监站要按监督工程范围配备质量监督人员，其岗位分为监督工程师和监督员，直接从事工程质量监督工作的工程技术人员不得少于该站人员总数的 70%。

### （二）政府监督的性质

1. 强制性

政府的管理行为象征着国家机构的运转，国家机构的管理职能是通过授权于法来实现的。因此，政府实施的管理监督行为，对于被管理者、被监督者来说，只能是强制性的、必须接受的。

2. 执法性

政府监督主要依据国家法律、法规、方针、政策和国家，以及交通运输部颁布的技术规范、标准进行监督，并严格遵照有关规定的监督程序行使监督、检查、许可、纠正、强制执行等权力。监督人员每一个具体的监督行为都有充分的依据，带有明显的执法性，显著区别于通常的行政领导和行政指挥等一般性的行政管理行为。

3. 全面性

政府监督是针对整个工程建设活动的监督。就管理空间来说，覆盖了社会；就一个工程项目的建设过程来说，则贯穿于工程建设的全过程。但是，在我国工程建设的决策咨询、施工监理等不同阶段的监督管理，则是由我国不同的政府职能部门分别负责共同完成的。

4. 宏观性

政府监督侧重于宏观的社会效益，主要保证工程建设行为的规范性，维护社会公众的利益和工程建设各参与者的合法权益。就一项具体的工程建设来说，政府监督不同于后述监理工程师直接的、连续的、不间断的监理。

### （三）政府监督依据、职责及内容

1. 政府监督的依据

(1) 国家有关公路工程建设的方针、政策、法律、法规和规章。

(2) 政府批准的工程建设计划、规划、设计文件。

(3) 国家和交通运输部等有关部委颁发的有关技术标准、规范和规程等。

2. 政府监督的职责

(1) 监督国家有关公路建设工作方针、政策和法律、法规、规章，以及强制性技术标准的执行。

(2) 监督公路建设者履行国家基本建设程序。

(3) 监督公路建设市场秩序。

(4) 监督公路工程质量和工程安全。

(5) 监督公路建设资金的使用。

(6) 依法查处公路建设中的违法行为。

3. 政府监督的内容

(1) 工程质量管理的法律、法规、规章、技术标准和规范的执行情况。

(2) 从业单位的质量保证体系及其运转情况。

（3）勘察、设计质量情况，工程施工质量情况，使用的材料、设备的质量情况。

（4）工程试验检测工作情况。

（5）工程质量资料的真实性、完整性、规范性、合法性等情况。

（6）从业单位在工程实施过程中的行为。

（7）完工项目的质量检测和质量鉴定等。

## 二、法人管理

为了建立投资约束机制，规范业主的行为，建设工程应当按照政企分开的原则，组建项目法人，实行项目法人责任制，即由项目法人对项目的策划、资金筹措、建设实施、生产经营、债务偿还和资产的保值增值，实行全过程负责的制度。

实行项目法人责任制，贯彻执行"谁投资、谁决策、谁承担风险"市场经济条件下的基本原则。项目法人作为工程建设投资行为的主体，应当承担投资风险，承担公路建设相关责任和义务，承担建设项目质量、投资、工期等的管理责任。工程建设项目管理是一项专业性很强的工作，对于工程项目法人而言，通常缺乏工程建设方面的专业知识，缺乏工程项目管理的经验。因此，为了提高工程建设投资效益，确保工程质量、进度、费用等目标的实现，项目法人必然要根据需要和有关法律法规的规定委托高智能的监理单位，将公路施工活动中的各项管理工作交给监理单位。监理单位根据项目法人的授权，发挥专长优势，有效地对工程质量、施工安全、环境保护、进度、费用等进行监控，使工程项目的建设总目标得以最优实现。

法人管理是项目法人通过招标择优选择监理单位、承包人，以合同的形式，明确建设各方的质量、进度、费用、安全、环保等职责，并通过对监理单位、承包人履约检查来对工程质量、进度、费用、安全、环保等进行管理和承担管理责任，确保质量等目标的实现。因此，项目法人在质量保证体系中处于主体地位。

项目法人的职责如下：

（1）筹措建设资金。

（2）编制项目实施计划和年度计划。

（3）依法选择勘察、施工、监理单位和设备、材料供应单位。

（4）向交通主管部门办理开工报告。

（5）按照合同约定，对工程质量、进度、投资、安全生产和环境保护进行监督管理，审查施工组织设计、重要施工工艺和标准试验，以及工程分包等事项，保证工程处于受控状态。

（6）接受交通主管部门和公路工程质量监督机构的监督检查，按时报送项目建设的有关信息资料。

（7）执行国家档案管理规定，建立健全建设项目的所有档案。

（8）及时组织交工验收，做好竣工验收的准备工作。

（9）组织项目后评价，提出项目后评价报告。

（10）按照有关技术标准和规范的要求，做好公路养护管理工作，负责收费管理，按期偿还贷款。

## 三、社会监理

社会监理是具有法人资格的社会监理单位对工程实施的监理。这是随着我国经济体制改革的深化、引进国外建设资金的过程中，逐步认识并结合我国国情而实施的一种工程建设管理的新体制和新模式。

### （一）社会监理的实质

社会监理的实质就是树立监理工程师在工程施工管理过程中的核心地位。作为建设单位、承包单位以外独立的第三方，监理工程师运用建设单位委托所赋予的权力，对工程质量、工程进度、工程费用实行全面监理。

在总监理工程师或专业监理工程师的指导下，监理员按照设计图及相关标准，对承包单位的施工进度、工程计量情况、工程施工工艺或施工工序进行监理，以保证工程施工符合工程建设三大目标。

### （二）社会监理的依据

公路工程施工监理是业主委托监理工程师监督承包人执行其与业主形成的施工契约，即签订的合同，它是依法成立的反映工程费用、进度及按国家有关部委颁布的技术规范标准和质量要求或者由业主提出的要求而规定的工程质量三大目标的文件。

工程监理的依据，除了前述国家有关公路工程建设的政策、法律和法规，以及政府批准的建设计划、规划、设计文件之外，更重要的是业主和承包人签订的合同文件，监理工程师应按照与业主签订的监理委托合同，在委托的范围内执行。否则，应事先征得业主的同意。

另外，在合同执行期间凡是监理工程师和承包人围绕工程实施有关的会议记录、函电和其他文字记载，以及经监理工程师同意的所有图纸、监理工程师发出的所有指令等都是工程监理的依据。

### （三）社会监理的性质

社会监理是业主（或建设单位）委托社会监理单位从事工程建设项目授权范围内的监

督和管理。因此，社会监理具有服务性、独立性、公正性和科学性等显著特点。

1. 服务性

监理单位是智力密集型的组织，本身不是建设产品的直接生产者和经营者，为建设单位提供的是智力服务。监理工程师通过对工程施工进行组织、协调、监督和控制，保证工程施工合同的顺利实施，达到建设单位的建设意图。

监理单位的劳动与相应的报酬是技术服务性，与施工企业不同。监理单位不承包工程，不参与工程承包的盈利分配，而是根据支付技术服务劳动量的大小而取得相应的监理报酬。

2. 公正性和独立性

公正性和独立性是监理单位顺利实施监理职能的重要条件。监理单位在工程监理中必须具备组织各方协作配合以及调解各方利益的职能，要求监理单位必须坚持公正性原则，而公正性又必须以独立性为前提。因此，监理单位首先必须保持其独立性。

监理单位在人际关系、业务关系和经济关系上必须独立，不得同参与工程建设的各方发生利益关系，以避免监理单位和其他单位之间的利益牵制，从而保持其公正性和独立性。

监理单位与建设单位的关系是平等的合同约定关系。监理单位可以不承担合同以外建设单位随时指定的任务。监理委托合同一经确定，建设单位就不得干涉监理工程师的正常工作。

在实施监理的过程中，监理单位是处于工程承包合同签约双方，即建设单位和施工单位之间的独立一方，依法行使签订的监理委托合同所确认的职权，承担相应的职业道德责任和法律责任。

3. 科学性

监理单位必须能发现与解决工程建设中所存在的技术和管理方面的问题，能够提供高水平的专业服务，这是监理单位区别于其他一般服务性组织的重要特征，也是赖以生存的重要条件。

监理人员的高素质是监理单位科学性的前提条件。监理工程师都必须具有相当高的学历，并有长期从事工程建设工作的丰富的实践经验，精通技术与管理，通晓经济与法律，否则，监理单位将不能正常开展业务。

## 四、企业自检

### （一）企业自检的含义

企业自检，是施工企业按照与业主签订的施工合同文件的要求，为保证工程质量，通过建立内部质量自检系统，开展工程质量控制与质量管理的活动。

公路工程施工企业作为公路工程建设的主要参与主体之一，是公路工程建筑产品的直接生产者，对保证公路工程的建设质量具有决定性的作用。公路工程施工企业建立良好的工程质量自检系统是形成公路工程质量保证体系的前提，是政府监督和社会监理职能体现的基础。

### （二）施工企业自检系统的建立

为了按照合同约定实现建设工程项目的目标，施工企业必须根据工程的具体情况，建立健全工程质量自检系统。

1. 确定质量控制的目标

施工企业应根据施工合同中对工程质量的要求，确定质量自控的总目标，然后将其分解，明确各职能部门及各施工班组的质量自控目标，从而形成质量自控的目标体系。

2. 建立质量控制的组织机构

施工企业应根据工程项目规模大小、结构特点、质量自控目标等建立质量控制的组织机构。各职能部门及各施工班组也应根据各自承担的质量目标建立相应的自控小组，同时制订工作制度，从而建立一个上下贯通的质量自检组织体系。

3. 配备相应职称的自检人员

施工企业应根据工程规模的大小和工程结构特点等确定质量负责人，配备相应职称的自检人员，明确各自检人员的职责分工。施工的每一道工序都应由施工企业的自检人员按照监理工程师规定的程序提供自检报告和试验报表。

4. 配备能满足要求的试验检测设备

作为工程质量控制的技术手段，施工企业必须配备与工程规模和结构特点相适应的试验设备。试验设备的类型、规格应符合合同文件中有关试验标准的规定，并应对一些关键性设备，如核子密度仪、压力机等进行核定。此外，对某些试验设备的数量应进行核实，分析其在施工高峰期能否满足工程试验和检测的需要。

5. 明确质量检验标准

企业自检应以国家和交通运输部颁布的有关标准、规范、规程、规定、办法等为依据，明确相应的工作方法和手段，使企业自检工作标准化、规范化。

# 第三节　公路工程监理阶段划分

公路工程项目施工监理一般划分为三个阶段：施工准备阶段监理、施工阶段监理、交工及缺陷责任期阶段监理。

## 一、施工准备阶段监理

从监理合同签订之日起至总监理工程师签发合同工程开工令之日止为施工准备阶段。监理服务合同签订后，即进入施工准备阶段监理。

### （一）准备工作

1. 配备试验室设备

总监办中心试验室应按监理合同要求配备常规的试验检测设备；驻地试验室应按监理合同要求配备现场抽查常用的试验检测设备。

2. 熟悉合同文件

《公路工程施工监理规范》（JTGG10）规定，监理机构应组织监理人员熟悉以下法律、法规及文件：

（1）国家和地方法律、法规。

（2）国家和行业、地方有关标准、规范、规则。

（3）监理合同。

（4）施工合同。

（5）工程前期有关文件。

（6）工程设计文件和图纸。

（7）工程实施过程中有关的函件。

当发现有关文件不一致或有错误时，应及时书面报告建设单位。

3. 调查施工环境条件

监理工程师应对施工合同规定的施工条件进行调查，掌握有关情况。

4. 编制监理计划

总监理工程师应在合同规定的期限内主持编制监理计划，按合同规定报批后执行。编制监理计划应明确监理目标、依据、范围和内容，监理机构各部门及岗位职责，监理人员和设备的配备及进退场计划，监理方案，监理制度，监理程序及表格，监理设施等。

5. 编制监理细则

驻地监理工程师应根据监理计划在相应工程开工前主持编制监理细则，明确监理的重点、难点、具体措施及方法步骤，经总监理工程师同意后实施。

### （二）监理工作内容

《公路工程施工监理规范》(JTGG10) 规定，监理工作内容如下：

1. 参加设计交底

监理工程师应参加设计交底，掌握本工程的设计意图、设计标准和要点；熟悉对材料与工艺的要求，施工中应特别注意的事项，以及对施工安全、环保工作的要求等；澄清有关问题，收集资料并记录。

2. 审批施工组织设计

总监理工程师应在合同规定的期限内及时审批施工单位提交的施工组织设计，重点包括：

(1) 施工组织设计的审批手续是否齐全有效。

(2) 施工质量、安全、环保、进度、费用目标是否与合同一致。

(3) 质量、安全和环保等保证体系是否健全有效。

(4) 安全技术措施、施工现场临时用电方案及工程项目应急救援抢险方案是否符合要求。

(5) 施工总体部署与施工方案和安全、环保等应急预案是否合理可行。技术复杂或采用新技术、新工艺或在特殊季节施工的分项、分部工程和危险性较大的分部工程，应要求施工单位编制专项施工方案，并由驻地监理工程师审核，总监理工程师批准后实施。

3. 检查保证体系

监理工程师应检查施工单位质量、安全和环保等保证体系是否落实，重点检查项目经理、技术负责人、工地试验室负责人的资格及质量、安全、环保人员的履约情况。

4. 审核工地试验室

监理工程师应审核施工单位工地试验室的人员、设备和试验检测能力是否满足合同要求，管理制度是否健全。

5. 审批复测结果

监理工程师应对施工单位提交的原始基准点、基准线和基准高程的复测结果进行审核和平行复测。当双方复测结果一致并满足规范要求时，监理工程师应在合同规定的期限内批复。

6. 验收地面线

监理工程师应监督施工单位在原始地面线未被扰动前测定地面线，并对测定结果进行抽测。抽测频率应能判定施工单位测定结果是否真实可靠，且不低于施工单位测点的30%。监理工程师应对施工单位提交的土石方工程量计算资料进行审核。

7. 审批工程划分

总监理工程师应于总体工程开工前对施工单位提交的分项、分部、单位工程划分予以批复并报建设单位备案。

8. 确认场地占用计划

监理工程师对施工单位提交的场地占用计划及临时增减的用地计划予以确认，并及时提交建设单位。

9. 核算工程量清单

监理工程师应对工程量清单复核结果进行核算。

10. 签发开工预付款支付证书

总监理工程师应在施工单位提交了预付款担保后，按合同规定的金额签发开工预付款支付证书，报建设单位审批。

11. 召开监理交底会

总监理工程师应在合同工程开工前主持召开由施工单位项目经理、技术负责人及相关人员参加的监理交底会，介绍监理计划的相关内容。

12. 召开第一次工地会议

总监理工程师应主持召开第一次工地会议。会议的组织和要求应符合以下规定：

（1）第一次工地会议上，各方应介绍各自的人员、组织结构、职责范围及联系方式。建设单位应宣布对监理工程师的授权；总监理工程师应宣布对驻地监理工程师授权；施工单位应书面提交对工地代表（项目监理）的授权书。

（2）施工单位应陈述开工的各项准备情况；监理工程师应就施工准备以及安全、环保等予以评述。

（3）建设单位应就工程占地、临时用地、临时道路、拆迁、工程支付担保情况，以及其他与开工条件有关的内容及事项进行说明。

（4）监理单位应就监理工作准备情况以及有关事项做出说明。

（5）监理工程师应就主要监理程序、质量和安全事故报告程序、报表格式、函件往来程序、工地例会等进行说明。

（6）总监理工程师应进行会议小结，明确施工准备工作还存在的主要问题及解决措施。

13. 签发合同工程开工令

监理工程师收到施工单位提交的合同工程开工申请后，应对合同工程的开工条件进行核查。具备开工条件的，由总监理工程师签发合同工程开工令，并报建设单位备案。

## 二、施工阶段监理

工程施工阶段监理的主要任务是监理工程师必须抓好质量控制、安全控制、环境保护控制、费用控制、进度控制、合同管理、信息管理和组织协调等工作。根据监理工作职责，认真履行施工合同规定的具体要求，充分运用建设单位授权，采取符合施工合同规定的组织、技术、合同和经济措施，对工程质量、安全、环保、费用、进度实行全面监理，严格合同管理和高效的信息管理，保证合理地实现工程建设的质量、安全、环保、费用、进度五大预期目标。

### （一）质量监理

工程建设的关键是质量，由于影响工程质量的因素很多，因此，监理工程师应按照合同规定和要求对影响工程质量的各个因素从原材料、施工工艺等方面进行全过程检查、监督和管理控制，任一环节出现疏忽大意都会对公路工程的质量造成影响。监理工程师必须对整个工程实行全过程监理，以确保施工单位提交的工程符合合同、技术规范中使用要求和验收标准的规定。《公路工程施工监理规范》(JTGG10) 规定，质量监理工作内容如下：

1. 审查工程分包

监理工程师应按规范规定对工程分包进行审查。

2. 审批施工测量放线

监理工程师应检查施工单位使用的测量仪器是否按规定进行了校准，审查其提交的施工测量放线数据、图表及放线成果并予以批复。

监理工程师应对基准点引出的工程控制桩进行复测，对施工放线的重点桩位 100% 复测，其他桩位不低于 30% 抽测。

3. 审批工程原材料与混合料

监理工程师应审查施工单位申报的原材料、混合料试验资料，对原材料应独立取样进行平行试验；对混合料可在施工单位标准试验的基础上进行试验验证，必要时做标准试验，在合同规定的期限内予以批复。

监理工程师应对施工单位申请使用的商品混凝土或商品混合料配合比进行审查，并进行试验验证。

4. 审查施工组织及人员配备

分项工程开工前，监理工程师应审查该分项工程的施工组织，包括项目负责人、技术负责人及质量、安全、环保等施工管理、自检人员及主要施工操作人员的配备是否符合合同要求并满足施工要求。

5. 审查施工机械设备

监理工程师应审查施工单位进场的施工机械设备是否满足合同要求，重点审查机械设备是否满足施工质量、安全、环保、进度等要求。施工单位如使用合同约定外的施工机械设备，监理工程师应要求施工单位另行提出使用申请。

6. 审查施工方案及主要工艺

监理工程师应审查施工单位提交的分项、分部工程的施工方案及主要工艺，对技术复杂或采用新技术、新工艺、新材料、新设备的工程，应根据试验工程结果进行审批。

7. 审批分项、分部工程的开工申请

监理工程师应要求施工单位提交分项、分部工程的开工申请，在合同规定的时间内重点按上述第1~6条规定审查其是否具备开工条件，以确定是否批复其开工申请。

8. 验收构、配件或设备

对施工单位外购或定做用于永久工程的构、配件或设备，监理工程师应要求施工单位提交产品合格证和自检报告。可采用常规仪器设备进行检测的，监理工程师应按不低于施工单位自检频率的20%进行抽检，合格后方可准予使用。

9. 巡视

监理人员应重点巡视：正在施工的分项、分部工程是否已批准开工；质量检测、安全管理人员是否按规定到岗；特种作业人员是否持证上岗；现场使用的原材料或混合料、外购产品、施工机械设备及采用的施工方法与工艺是否与批准的一致；质量、安全及环保措施是否实施到位；试验检测仪器、设备是否按规定进行了校准；是否按规定进行了施工自检和工序交接。监理人员每天对每道工序的巡视应不少于1次，并按《公路工程施工监理规范》(JTGG10—2006)附录B.1格式详细做好巡视记录。

10. 旁站

监理人员应对试验工程、重要隐蔽工程和完工后无法检测其质量或返工会造成较大损失的工程进行旁站。旁站监理人员应重点对旁站项目的工艺过程进行监督，并按上述第9条进行检查，对发现的问题应责令立即改正；当可能危及工程质量、安全或环境时，应予以制止并及时向驻地监理工程师或总监理工程师报告。

旁站监理人员应如实、准确、详细地做好旁站记录。

旁站项目完工后，监理工程师应按《公路工程施工监理规范》(JTGG10—2006)规定格式组织检查验收，验收合格方可进行下道工序施工。

11. 抽检

监理工程师应按规定重点对施工过程中使用的水泥、钢材、沥青、石灰、粉煤灰、砂砾、碎石等主要原材料及各种混合料进行抽检，抽检频率应不低于施工单位自检频率的20%，其余材料应不低于10%；对已完工程实体质量的抽检频率应不低于施工单位自检频率的20%。

监理工程师对材料或工程的质量有怀疑时应进行进一步的判定。

12. 关键工序签认

完工后无法检验的关键工序，须经监理工程师签认，并留存相应的图像资料，未经签认不得进行下道工序施工。

13. 质量事故处理

当发生可由监理工程师机构处理的质量缺陷、质量隐患时，监理工程师应立即向施工单位发出工程暂时停工指令，并要求其立即书面报告质量缺陷、质量隐患的发生时间、部位、原因及已采取的措施和进一步处理方案；监理工程师应对处理方案进行审核后报建设单位批准，对处理方案的实施进行监理并予以验收，处理合格、隐患消除的可发出复工指令。

当发生不属于监理机构处理的质量事故时，监理工程师应要求施工单位按规定速报有关部门。监理机构应和施工单位一起保护事故现场，抢救人员和财产，防止事故扩大，积极配合调查。对加固、返工或重建的工程，除特殊规定外，应视同正常施工工程进行监理。总监办应建立专门台账，记录质量事故发生、处理和返工验收的过程和结果。

14. 中间交工验收

监理工程师收到分项工程中间交工申请后，应检查各道工序的施工自检记录、交接单及监理工程师签认的关键工序的交验单；检查分项工程的质量自检和质量等级评定资料；检查质量保证资料的完整性。驻地办应按合同规定对交工的分项工程进行质量等级评定并签发《中间交工证书》。

15. 质量评定

监理工程师应按有关规定及时对已完工程进行质量评定。

（二）安全生产监理

监理工程师应审批施工方提交的安全生产保证体系，并要求其有效、可行、可靠，以达到安全生产的目标。《公路工程施工监理规范》（JTGG10）规定，安全生产监理具体工作内容如下：

（1）工程开工前，监理工程师应审查施工单位编制的施工组织设计中的安全技术措施或专项施工方案是否符合强制性标准，审查合格后方可同意工程开工。审查重点包括：

1）安全管理和安全保证体系的组织机构，包括项目经理、专职安全管理人员、特种作业人员配备的数量及安全资格培训持证上岗情况。

2）是否制订了施工安全生产责任制、安全管理规章制度、安全操作规程。

3）施工单位的安全防护用具、机械设备、施工机具是否符合国家有关安全规定。

4）是否制订了施工现场临时用电方案的安全技术措施和电气防火措施。

5）施工现场布置是否符合有关安全要求。

6）生产安全事故应急救援预案的制订情况，针对重点部位和重点环节制订的工程项目危险源监控措施和应急预案。

7）施工人员安全教育计划、安全交底安排。

8）安全技术措施费用的使用计划。

（2）监理工程师应审查分包合同中是否明确了施工单位与分包单位各自在安全生产方面的责任。

（3）监理工程师在巡视、旁站过程中应监督施工单位按专项安全施工方案组织施工，若发现施工单位未按有关安全法律、法规和工程强制性标准施工，违规作业时，应予制止。对危险性较大的工程作业等要定期巡视检查，如发现安全事故隐患，应立即书面指令施工单位整改；情况严重的应签发《工程暂停令》要求施工单位暂停施工，并及时报告建设单位。施工单位拒不整改或者不停止施工的，监理工程师应及时向有关主管部门报告。

（4）督促施工单位进行安全生产自查工作、落实施工生产安全技术措施，参加施工现场的安全生产检查。

（5）建立施工安全监理台账。监理机构应建立施工安全监理台账，并由专人负责。监理人员应将每次巡视、检查、旁站中，发现的涉及施工安全的情况、存在的问题、监理的指令及施工单位处理的措施和结果及时记入台账。总监理工程师的驻地监理工程师应定期检查施工安全监理台账记录情况。

（6）分项、分部工程交工验收时，如安全事故的现场处理未完成，不得签发《中间交工证书》。

### （三）环境保护监理

《公路工程施工监理规范》（JTGG10）规定，监理工程师应审查施工组织设计是否按设计文件和环境影响评价报告的有关要求制订施工环境保护措施，以满足公路施工环境保护的要求，具体工作内容如下：

（1）监理工程师在巡视、旁站中，应随时检查施工单位制订的环境保护措施的落实情况，检查的主要内容包括：

1）是否落实了施工环境保护责任人。

2）是否对施工人员进行了环保教育。

3）施工现场的布设是否符合相关环保要求。

4）职业危害的防护措施是否健全。

5）施工现场（含临时便道、拌和站、预制场等）和料场等是否洒水防尘。

6）是否按有关要求采取降噪措施。

7）材料堆场设置环境的合理性及采取措施减少运输漏撒情况。

8）施工废水、渣土、生活污水、垃圾的处理是否合理。

9）是否按照批准在拟定的取弃土场取弃土，取土结束后是否采取了有效的排水防护和植被恢复措施。

（2）如发现施工中存在违反有关环保规定、未按合同要求落实环保措施的情况，监理工程师应书面指令施工单位整改；情况严重的应签发《工程暂停令》要求施工单位暂时停工，并及时报告建设单位。

（3）施工中发现文物时，监理工程师应要求施工单位依法保护现场，并报告有关部门和建设单位。

（4）监理工程师应要求施工单位依法取得砍伐许可后方可按照砍伐许可的面积、株数、树种进行砍伐，并注意保护野生动物、植物。

### （四）工程费用监理

监理工程师应在工程质量、工期符合合同要求的基础上，对工程费用进行监理。工程费用包括合同文件中工程量清单内所列，以及因工程变更、施工单位的索赔或建设单位未履行义务所涉及的一切费用，监理工程师应尽可能减少工程量清单中所列费用以外的附加支出，使工程总费用控制在预定额度之内。《公路工程施工监理规范》（JTGG10）中规定，工程费用监理工作内容如下：

（1）监理工程师必须以质量合格、手续齐全，且符合安全和环保要求，作为计量与支付的先决条件。未经总监理工程师批准不得支付。

（2）监理工程师在计量与支付时应符合合同规定，并做到客观、公正、准确、及时。计量与支付的项目与数量应不漏、不重、不超。

（3）对实体质量合格

存在外观质量缺陷但不影响使用和安全的工程，监理工程师可依据合同规定折减计量与支付，并报建设单位批准。

（4）监理工程师应建立计量与支付台账，根据施工单位申请和有关规定及时登账记录，实体动态管理。当有较大差异时应报建设单位。

（5）监理工程师收到施工单位计量申请后应及时计量，对路基基底处理、结构物基础的基底处理及其他复杂、有争议需要现场确认的项目，应会同建设、设计、施工等单位现场计量。

（6）监理工程师须依据上述"一、（一）、（2）"中规定和经监理工程师签发的《中间交工证书》及核定的工程量清单等资料进行计量。

（7）监理工程师应对施工单位提交的工程支付申请进行审核，确认无误后签发支付证书并报建设单位。

### （五）进度监理

一个工程项目在合同文件内规定具体的施工工期，施工单位根据实际情况制订出切实可行的工程进度计划，提交监理工程师进行审批。监理工程师根据施工合同规定的工期对施工单位施工组织、资源投入、施工方案、工期安排进行监督与管理，采取具体措施努力减小计划进度和实际进度的差距，协调整条路线的平衡进度和保证在合同期限内全面完成并交付工程。《公路工程施工监理规范》(JTGG10) 规定，进度监理具体工作内容如下：

1. 监理原则

进度监理应在确保质量和安全的基础上，以计划控制为主线进行。监理工程师应要求施工单位按时提交进度计划，严格进度计划审批，及时收集、整理、分析进度信息，发现问题应及时按照合同规定纠正。

2. 计划编制

监理工程师应要求施工单位在合同规定的期限内编制并提交进度计划。进度计划应有文字说明、进度图表和保证措施等。总体进度计划中宜绘制网络图，标注关键路线和时间参数。总体进度计划和月进度计划应绘制资金流量 S 形曲线图。

3. 计划审批

监理工程师应在合同规定的期限内审批施工单位提交的进度计划。总体进度计划应由总监理工程师审批；月进度计划等应由驻地监理工程师审核并报总监办。经批准的进度计划作为进度监理的依据。

4. 计划检查

监理工程师应根据进度计划检查工程实际进度，并通过实际进度与计划进度的比较，对每月的工程进度分析和评价，评价结论写入工程监理月报。

5. 计划调整

（1）对总体工程进度起控制作用的分项工程的实际工程进度明显滞后于计划进度且施工单位未获得延期批准时，监理工程师必须签发监理指令，要求施工单位采取措施加快工程进度。需要调整进度计划的，调整后的工程进度计划必须报监理工程师重新审核。

（2）施工单位获得延期批准后，监理工程师应要求施工单位根据延期批复调整工程进度计划。调整后的工程进度计划应报监理工程师审批。

（3）由于施工单位自身原因造成工程进度延误，在监理工程师签发监理指令后施工单位未有明显改进，致使合同工程在合同期内难以完成时，监理工程师应及时向建设单位提交书面报告，并按合同规定处理。

（4）建设单位或施工单位提出工程进度重大调整时，应按合同或签订的补充合同执行。

## （六）合同管理及其他事项管理

监理工程师应依照合同约定，对执行施工合同过程中发生的包括工程分包、工程变更、工程延期、费用索赔、争端与仲裁、工程保险、违约和转让等有关合同的问题进行检查和处理。《公路工程施工监理规范》（JTGG10）规定，合同管理及其他事项管理工作内容如下：

1. 工程变更

施工单位要求工程变更时，应提交变更申报单，报监理工程师审核，按施工合同要求须由建设单位批准的隐蔽工程的变更，还应会同建设、设计、施工等单位现场共同确认；建设单位要求工程变更时，监理工程师应按施工合同规定下达工程变更令。费用变更应按施工合同约定计算，合同未约定的应由合同双方协商确定。

2. 工程延期

监理工程师应对符合合同规定的延期意向或事件做好现场调查和记录，在施工单位提出正式延期申请后，对延期原因、发展情况、结果测算等资料进行审核并报建设单位。

3. 费用索赔

监理工程师应对施工单位提出的符合合同规定条件的费用索赔意向和申请予以受理，对索赔发生的原因、发展情况、结果测算等资料进行审核。审核后应编制费用索赔报告报建设单位。

4. 价格调整和计日工

价格调整和计日工应由监理工程师按合同规定予以核定。

5. 工程暂停

监理工程师签发的工程暂停令，应明确工程暂停范围、期限及工程暂停期间施工单位应做的工作，并报建设单位。

6. 工程复工

施工单位原因引起的工程暂停需复工时，监理工程师应要求施工单位提出复工申请并签发复工指令。非施工单位原因引起的工程暂停，在暂停原因消失后具备复工条件时，监理工程师应及时签发复工指令。

7. 工程分包

（1）监理工程师应当加强对施工单位分包的管理，按合同规定对工程分包计划和协议进行审查，报建设单位批准。

（2）监理工程师发现有非法分包、转包时，应指令施工单位纠正并报告建设单位。

8. 工程保险

监理工程师应根据合同规定，对工程保险办理情况进行检查。

9. 违约处理

（1）监理工程师认为违约事件可能发生时，应及时提示施工单位和建设单位。

（2）违约事件已发生，监理工程师应调查分析，掌握情况，依据合同规定和有关证据评估损失，提出处理意见。

10. 争端协议

（1）监理工程师应受理争端一方或双方提出的协调申请，并及时调查和收集相关资料，提出解决建议，对双方进行调解。

（2）仲裁或诉讼时，监理工程师有义务作为证人，向仲裁机关或法院提供有关证据。

### 三、交工验收与缺陷责任期阶段监理

合同工程交工验收申请受理之日至缺陷责任终止证书签发之日为交工验收与缺陷责任期阶段。交工验收是检查施工合同的执行情况，评价工程质量是否符合技术标准及设计要求，是否可以移交下一阶段施工或是否满足通车要求，对各参建单位进行初步评价。设计缺陷责任期的主要目的是要工程在使用条件下，证明合同的各项规定已得到遵守。在此，承包人除必须完成工程交工证书中所列的尚未完成的工作项目外，还必须修补在使用条件下因施工质量而出现的任何缺陷。《公路工程施工监理规范》（JTGG10）规定，交工验收与缺陷责任期阶段监理内容如下：

（1）监理工程师应按合同及有关规定要求，审查施工单位提交的合同工程交工验收申请。重点检查：合同约定的各项内容的完成情况；施工自检结果；各项资料的完整性；工程数量核对情况；工程现场清理情况。

（2）监理工程师应及时汇总、整编监理资料，对工程的质量等级进行评定，按有关规

定编制监理工作报告，并提交建设单位。

（3）监理工程师应参加建设单位组织的合同工程交工验收，接受对监理独立抽检资料、监理工作报告及质量评定资料的检查，协助建设单位检查施工单位的合同执行情况，核对工程数量，评定各合同段的工程质量。

（4）合同工程交工验收证书签发后，监理工程师应认真审核施工单位提交的合同工程交工结账单，并在规定期限内签认合同工程交工结账证书，报建设单位审批。

（5）在合同工程的缺陷责任期内，监理工程师应检查施工单位剩余工程的实施情况；巡视检查已完工程；记录发生的工程缺陷，指示施工单位进行修复，并对工程缺陷发生的原因、责任及修复费用进行调查、确认；督促施工单位按合同规定完成竣工资料。

（6）在合同工程缺陷责任期结束，收到施工单位向建设单位提交的终止缺陷责任的申请后，监理工程师应进行检查。符合条件时，经建设单位同意，监理工程师应在合同规定的时间内签发合同工程缺陷责任终止证书，并按规定向建设单位提交缺陷责任期监理工作总结。

（7）监理工程师收到施工单位提交的最后结账单及所附资料后应进行审核。审核后的最后结账单经施工单位认可后，由总监理工程师签认并报建设单位审批。

（8）监理单位应参加工程竣工验收工作，负责提交监理工作报告，提供工程监理资料，配合竣工验收检查工作。

# 第四节　公路工程监理人员与组织

## 一、监理工程师

### （一）监理工程师的分类

监理机构中具有交通运输部核准的公路工程监理工程师或专业监理工程师资格的人员统称为监理工程师。监理工程师按岗位职责和专业性质一般可分为总监理工程师、驻地监理工程师、专业监理工程师。总监理工程师是具有交通运输部公路工程监理工程师资格，经项目建设单位同意，在监理机构中负责项目工程全部监理工作的总负责人。驻地监理工程师是具有交通运输部公路工程监理工程师资格，经总监理工程师授权，负责项目部分工程监理工作的驻地监理负责人。专业监理工程师是根据项目监理岗位职责分工，经总监理工程师或驻地监理工程师的授权，负责实施某一专业或某一方面监理工作的监理工程师。

### （二）监理工程师的素质要求

工程监理是高层次的咨询工作，也是一项技术性、政策性、经济性、社会性很强的综合管理工作，这就要求从事监理工作的监理工程师必须具备较高的职业素质。

**1. 具有较高的知识理论水平**

随着现代科学技术的发展，建设工程项目的规模越来越大，结构越来越复杂，项目管理所涉及的领域和理论也越来越广泛，因此，监理工程师必须具备较高的专业知识理论水平，才能对监理过程中所出现的复杂技术、经济问题进行深入分析，抓住事物的本质，从根本上处理、解决问题。此外，监理工程师不仅应具有较深厚的专业理论知识、经济管理理论知识和一定的法律知识，还要具有较高的政策理论水平，能正确理解有关工程建设的方针、政策，高水平地处理监理工作中的有关政策问题。

**2. 具有较高的专业技术水平和能力**

监理工程师除要具有较高的知识理论水平外，还应具有较高的专业技术水平和能力，在实施监理的过程中，不仅应及时发现工程设计单位和承包人未能发现的技术问题，而且应及时有效地解决工程实施中出现的各种复杂的技术、经济、安全等问题。

**3. 具有合理的知识结构**

建设工程监理不仅仅是技术服务，还具有管理职能，因此，作为监理工程师既要懂技术，还要懂经济、懂管理、懂法律，其知识结构包括专业技术、经济、管理和法律四个方面。例如，在专业技术方面，主要是指路基、路面、桥梁结构、隧道、机电、试验检测等相关的专业知识；在经济方面，主要是指进行技术方案的经济比较，进行可行性研究、概预算的编制与审核等有关的知识；在管理方面，主要是指项目管理的知识，如组织学、控制论等；在法律方面，是指与工程监理有关的法律、法规和各项规章等，如公路法、合同法、招标投标法、建设工程质量管理条例、建设工程安全生产管理条例、公路工程施工监理规范、公路工程施工监理招标投标管理办法等。

**4. 具有较强的组织协调能力和良好的协作精神**

监理工程师在项目建设中责任大、任务繁重，因而较强的组织协调能力和良好的协作精神是监理工程师的必备素质。监理工程师要力求把参加工程建设的各方组织成一个集体，要处理各种矛盾、纠纷，就要求具备较强的组织协调能力和良好的协作精神。

**5. 具有较高的外语水平和涉外工作经验**

监理工程师如果从事国际工程的监理，则必须具备较高的外语水平和涉外工作经验，即具有会话、谈判、阅读（招标文件、合同条件、技术规范等）以及写作（公函、合同、电传等）方面的外语能力。同时，还要具有国际工程合同管理的经历以及国际金融、国际贸易和国际经济技术合作有关的法律方面的基础知识。随着我国对外开放的进一步扩大，对监理工程师的外语水平和涉外工作经验提出了更高的要求。

6. 具有健康的体魄和充沛的精力

尽管工程监理是一种高智能的技术服务，以脑力劳动为主，但是，也要求监理人员必须具有健康的身体和充沛的精力，才能胜任繁忙、严谨的监理工作。尤其在工程施工阶段，由于露天作业，工作条件艰苦，工期往往紧迫，业务繁忙，更需要有健康的身体，否则，难以胜任工作。

### （三）监理工程师的职业道德准则

各行各业都有职业道德规范，这些规范都是由职业特点所决定的。为了确保公路工程监理事业的健康发展，监理工程师应遵守以下的职业道德准则：

(1) 热爱工作，认真负责，具有对工程建设的高度责任感。

(2) 坚持严格按照合同实施对工程项目的监理，既要保护业主的利益，又要公平合理地对待承包人。

(3) 监理工程师自身要严格地遵守国家以及地方的各种法律、法规的规定，同时也要求承包人严格地遵守，以此保护业主的正当权益。

(4) 监理工程师要为业主严格保密。监理工程师了解和掌握业主的相关资料，必须严格保密，不得泄露。

(5) 当监理工程师认为自己正确的判断或决定被业主否决时，监理工程师应阐明自己的观点，并且要以书面的形式通知业主，说明可能给业主一方带来的不良后果。如认为业主的判断或决定不可行时，应书面向业主提出劝告。

(6) 当监理工程师发现自己处理问题有错误时，应及时向业主承认错误，同时提出改进意见。

(7) 监理单位和监理工程师个人，不得经营或参与经营承包施工，也不得参与采购、营销设备和材料，更不得在政府部门、承包人和设备、材料供应单位任职或兼职。

(8) 监理工程师不得以个人名义接受委托，开展工程监理任务，只能由监理单位承担。

(9) 为监理的工程项目聘请外单位监理人员时，须征得业主的认同。

(10) 应接受职业继续教育，努力学习专业技术和监理知识，不断提高业务能力和监理水平。

### （四）监理工程师违规行为的处罚

监理工程师在执业过程中必须严格遵纪守法。政府建设行政主管部门对于监理工程师的违法违规行为，将追究其责任，并根据不同情节给予必要的行政处罚。监理工程师违规行为的处罚在相关的法律、法规和部门规章中都有明确的规定。

(1)《建设工程质量管理条例》规定：监理工程师等注册执业人员因过错造成质量事故的，责令停止执业1年；造成重大质量事故的，吊销执业资格证书，5年以内不予注册；情节特别恶劣的，终身不予注册。

(2)《建设工程安全生产管理条例》规定：监理工程师等注册执业人员未执行法律、法规和工程建设强制性标准的，责令停止执业3个月以上1年以下；情节严重的，吊销执业资格证书，5年内不予注册；造成重大安全事故的，终身不予注册；构成犯罪的，依照刑法有关规定追究刑事责任。

(3)《公路建设监督管理办法》规定：监理工程师具有索贿、行贿、受贿行为，损害国家和单位合法权益的，依法给予行政处分；构成犯罪的，依法追究刑事责任。

(4)《公路工程施工监理办法》规定：监理单位或监理人员营私舞弊，损害建设单位(业主)、施工单位(承包人)利益或因监理人员失职造成重大事故和经济损失的，除按法律规定承担法律责任外，其行政、资质主管机关可视情节轻重，分别给予扣减监理服务费、责令停业整顿、警告、降低资质等级、吊销监理资格证书的处罚。

(5)《注册监理工程师管理规定》规定：注册监理工程师在执业活动中有下列行为之一的，由县级以上地方人民政府建设主管部门给予警告，责令其改正，没有违法所得的，处以1万元以下罚款，有违法所得的，处以违法所得3倍以下且不超过3万元的罚款；造成损失的，依法承担赔偿责任；构成犯罪的，依法追究刑事责任：

1)以个人名义承接业务的。

2)涂改、倒卖、出租、出借或者以其他形式非法转让注册证书或者执业印章的。

3)泄露执业中应当保守的秘密并造成严重后果的。

4)超出规定执业范围或者聘用单位业务范围从事执业活动的。

5)弄虚作假提供执业活动成果的。

6)同时受聘于两个或者两个以上的单位，从事执业活动的。

7)其他违反法律、法规、规章的行为。

## 二、监理单位

### (一)监理单位的概念

监理单位是具有法人资格并取得交通主管部门颁发的公路工程监理资质证书的企业。

监理单位必须具有自己的名称、组织结构和场所，有与承担监理业务相适应的经济、法律、技术及管理人员，有完善的组织章程和管理制度，并具有一定数量的资金和设施。

### （二）监理单位的组织形式

按照我国现行法律、法规的规定，工程监理企业有可能存在的企业组织形式包括公司制监理企业、合伙监理企业、个人独资监理企业、中外合资经营监理企业和中外合作经营监理企业。以下主要介绍公司制监理企业、中外合资经营监理企业和中外合作经营监理企业的特点：

1. 公司制监理企业

监理公司是以营利为目的，依照法定程序设立的企业法人。我国公司制监理企业的特征：必须是依照《中华人民共和国公司法》的规定设立的社会经济组织；必须是以营利为目的的独立企业法人；自负盈亏，独立承担民事责任；是完整纳税的经济实体；采用规范的成本会计和财务会计制度。

我国监理公司的种类有两种，即监理有限责任公司和监理股份有限公司。

（1）监理有限责任公司：监理有限责任公司，是指由 50 人以下的股东共同出资，股东以其所认缴的出资额对公司行为承担有限责任，公司以其全部资产对其债务承担责任的企业法人。

监理有限责任公司有如下特征：

1）公司不对外发行股票，股东的出资额由股东协商确定。

2）股东交付股金后，公司出具股权证书，作为股东在公司中拥有的权益凭证，这种凭证不同于股票，不能自由流通，必须在其他股东同意的条件下才能转让，且要优先转让给公司原有股东。

3）公司股东所负责任仅以其出资额为限，即把股东投入公司的财产与其个人的其他财产脱钩，公司破产或解散时，只以公司所有的资产偿还债务。

4）公司具有法人地位。

5）在公司名称中必须注明"有限责任公司"字样。

6）公司股东可以作为雇员参与公司经营管理。通常公司管理者也是公司的所有者。

7）公司账目可以不公开，尤其是公司的资产负债表一般不公开。

（2）监理股份有限公司：监理股份有限公司是指全部资本由等额股份构成，并通过发行股票筹集资本，股东以其所认购的股份对公司承担责任，公司以其全部资产对公司债务承担责任的企业法人。

设立监理股份有限公司可以采取发起设立或者募集设立方式。发起设立，是指由发起人认购公司应发行的全部股份而设立公司。募集设立，是指由发起人认购公司应发行股份的一部分，其余部分向社会公开募集而设立公司。

监理股份有限公司的主要有如下特征：

1）公司资本总额分为金额相等的股份。股东以其所认购的股份对公司承担有限责任。

2）公司以其全部资产对公司债务承担责任。公司作为独立的法人，有自己独立的财产，公司在对外经营业务时，以其独立的财产承担公司债务。

3）公司可以公开向社会发行股票。

4）公司股东的数量有最低限制，应当有5个以上发起人，其中必须有过半数的发起人在中国境内有住所。

5）股东以其所持有的股份享受权利和承担义务。

6）在公司名称中必须标明股份有限公司字样。

7）公司账目必须公开，便于股东全面掌握公司情况。

8）公司管理实行两权分离。董事会接受股东大会委托，监督公司财产的保值增值，行使公司财产所有者职权；经理由董事会聘任，掌握公司经营权。

2. 中外合资经营监理企业与中外合作经营监理企业

中外合资经营监理企业是指以中国的企业或其他经济组织为一方，以外国的公司、企业、其他经济组织或个人为另一方，在平等互利的基础上，根据《中华人民共和国中外合资经营企业法》，签订合同、制订章程，经中国政府批准，在中国境内共同投资、共同经营、共同管理、共同分享利润、共同承担风险，主要从事工程监理业务的监理企业，其组织形式为有限责任公司。在合营企业的注册资本中，外国合营者的投资比例一般不得低于25%。

中外合作经营监理企业是指中国的企业或其他经济组织同外国的企业、其他经济组织或者个人，按照平等互利的原则和中国的法律规定，用合同约定双方的权利和义务，在中国境内共同举办的、主要从事工程监理业务的经济实体。

（三）监理单位的设立

1. 监理单位设立的基本条件

（1）有自己的名称和固定的办公场所。

（2）有自己的组织机构，如领导机构、财务机构、技术机构等，有一定数量的专门从事监理工作的工程经济、技术人员，而且专业基本配套，技术人员数量、业绩和职称符合要求。

（3）有符合国家规定的注册资金。

（4）有完善的企业章程和制度。

（5）有主管单位的，要有主管单位同意设立监理单位的批准文件。

（6）拟从事监理工作的人员中，有一定数量的人已取得国家交通行政主管部门颁发的监理工程师资格证书。

（7）有符合要求的公路工程试验检测设备和测量放样等仪器，具备建立工地试验室条件。

2. 监理单位设立的申报与许可程序

工程建设监理单位的设立应先申领企业法人营业执照，再申报专业资质。

新设立的工程监理单位，应根据法人设立的条件，先向工商行政管理部门申请登记注册，工商行政管理部门对申请登记注册监理单位进行审查，经审查合格者，给予登记注册，并签发企业法人营业执照，监理单位营业执照的签发日期为监理单位的成立日期。

监理单位资质是监理企业的人员组成、专业配置、测试仪器的配备、财务状况、管理水平、管理业绩等方面的综合实力的体现。新设立的工程监理单位在获得营业执照后，应向交通行政主管部门的资质许可机关提交申请，交通行政主管部门按照行政许可流程对具备条件的申请单位进行审核，核定监理企业的业务范围和资质等级，颁发相应的监理资质证书。

### （四）监理单位资质等级和从业范围

公路工程专业监理资质分为甲、乙、丙三个等级和特殊独立大桥专项、特殊独立隧道专项、公路机电工程专项。

（1）获得公路工程专业甲级监理资质，可在全国范围内从事一、二、三类公路工程、桥梁工程、隧道工程项目的监理业务。

（2）获得公路工程专业乙级监理资质，可在全国范围内从事二、三类公路工程、桥梁工程、隧道工程项目的监理业务。

（3）获得公路工程专业丙级监理资质，可在企业所在地的省级行政区域内从事三类公路工程、桥梁工程、隧道工程项目的监理业务。

（4）获得公路工程专业特殊独立大桥专项监理资质，可在全国范围内从事特殊独立大桥项目的监理业务。

（5）获得公路工程专业特殊独立隧道专项监理资质，可在全国范围内从事特殊独立隧道项目的监理业务。

（6）获得公路工程专业公路机电工程专项监理资质，可在全国范围内从事各等级公路、桥梁、隧道工程通信、监控、收费等机电工程项目的监理业务。

### （五）监理单位经营活动的基本准则

监理单位从事工程监理活动，应当遵循"守法、诚信、公正、科学"的基本准则。

1. 守法

守法即遵守国家的法律、法规。对于工程监理单位来说，守法就是要依法经营，主要体现在：

（1）只能在核定的业务范围内开展经营活动。

（2）不伪造、涂改、出租、转让、出卖《监理资质证书》。

（3）按照合同的规定认真履行义务，不无故或故意违背自己的承诺。

（4）遵守国家关于企业法人的其他法律、法规的规定。

（5）在工程监理活动中，自觉接受政府主管部门的监督。

2. 诚信

简单地讲，诚信就是诚实、守信用。监理单位是向社会提供技术服务的，而技术服务水平的高低，弹性变化很大，在通常的情况下，很难做出全面合理的合同约定，所以，诚信准则对实施监理活动具有重要意义。

监理单位在承揽监理业务时，不得夸大自己的能力，不得擅自分包或转让监理业务。在监理活动中，监理单位应当做到忠诚老实、重信誉、竭诚为业主服务，提供与其资质水平相适应的技术服务。信用是企业的一种无形资产，良好的信用能为企业带来巨大的效益。监理单位应当树立良好的信用意识，使企业成为讲道德、讲信用的市场主体。

3. 公正

公正是指监理单位在监理活动中既要维护业主的权益，又不能损害承包人的合法权益，并依据合同公平合理地处理业主与承包商之间的矛盾和争议。监理单位要做到公正，必须做到以下几点：

（1）培养监理人员良好的职业道德，不接受可能导致判断不公的报酬，不为私利而违心地处理问题。

（2）要求监理人员坚持实事求是的原则，不偏袒任何一方。

（3）全面提高监理人员的专业技术和综合分析问题的能力，正确处理工程监理中出现的各种技术问题。

（4）要不断提高自己的专业技术能力和合同意识，尤其是要尽快提高综合理解、熟练运用工程建设项目合同条款的能力，以便以合同为依据，恰当地协调、处理问题。

公正性以独立性为前提，所以，监理单位必须保持自己的独立性。

4. 科学

监理单位应当按照科学的思想、理论、方法和手段开展工程建设监理活动及其他技术服务活动。在实施某项具体的监理活动时要有科学的方案，要运用科学的手段，采取科学的方法。工程项目监理结束后，还要进行科学的总结。只有这样，才能提供高智能的、科学的服务，并符合工程监理事业发展的需要。

**（六）监理单位违规行为的处罚**

（1）工程监理单位超越本单位资质等级承揽工程监理业务的，责令停止违法行为，并处合同约定的监理酬金1倍以上2倍以下的罚款；未取得资质证书承揽工程监理业务的，予以取缔，依照上述规定处以罚款；有违法所得的，予以没收；以欺骗手段取得资质证书承揽工程监理业务的，吊销资质证书，并依照上述规定处以罚款，有违法所得的，予以没收。

（2）工程监理单位允许其他单位或者个人以本单位名义承揽工程的，责令改正，没收违法所得，并处合同约定的监理酬金1倍以上2倍以下的罚款；可以责令停业整顿，降低资质等级；情节严重的，吊销资质证书。

（3）工程监理单位转让工程监理业务的，责令改正，没收违法所得，处合同约定的监理酬金25%以上50%以下的罚款；可以责令停业整顿，降低资质等级；情节严重的，吊销资质证书。

（4）工程监理单位有下列行为之一的，责令改正，处50万元以上100万元以下的罚款，降低资质等级或者吊销资质证书；有违法所得的，予以没收；造成损失的，承担连带赔偿责任：

1）与建设单位（业主）或者施工单位（承包人）串通，弄虚作假，降低工程质量的。

2）将不合格的建设工程、建筑材料、建筑构配件和设备按照合格签字的。

（5）工程监理单位与被监理工程的施工承包单位，以及建筑材料、建筑构配件和设备供应单位有隶属关系或者其他利害关系，承担该项建设工程监理业务的，责令改正，处5万元以上10万元以下的罚款，降低资质等级或者吊销资质证书；有违法所得的，予以没收。

（6）工程监理单位违反国家规定，降低工程质量标准，造成重大安全事故的，对直接责任人员追究刑事责任。

## 三、监理机构

### （一）监理机构的概念及设置

监理机构是由监理单位派出并代表监理单位履行合同的现场监理组织。

监理单位与业主签订监理合同后，应根据监理合同规定的监理服务任务、服务内容、服务期限、工程组成、工程规模、技术复杂程度、现场条件及施工条件等因素，建立现场监理机构。现场监理机构组织形式和规模可视工程情况设置一级监理机构或二级监理机构。

一级监理机构设置总监理工程师办公室(简称"总监办")。

二级监理机构设置总监理工程师办公室和驻地监理工程师办公室(简称"驻地办")。

《公路工程施工监理规范》(JTGG10)规定:高速公路和一级公路可设置二级监理机构,开工里程在20km以下的宜设置一级监理机构。

二级和二级以下的低等级公路可根据工程规模、难易程度、合同工期安排、现场条件等因素设置一级监理机构或二级监理机构。

独立大桥或独立隧道工程可设置一级监理机构。

## (二)监理机构的监理模式

### 1.直线式监理模式

直线式监理模式适用于能划分为若干相对独立的合同段的工程。总监理工程师负责整个工程的规划、组织和指导,并负责整个工程范围内各个方面的指挥、协调工作,各合同段分别负责各合同段的目标值控制,具体领导现场专业工程的施工。

直线式监理模式结构简单,但呆板、权力集中、命令统一、决策迅速、指挥灵便、专业分工差、横向联系困难,适用于技术简单、专业分工不细的中小型项目。

### 2.职能式监理模式

职能式监理组织设置时,需注意各职能办公室的职责与权限划分,以避免各职能办公室间职责不清,协调困难。公路工程监理组织采用此种组织模式,可以充分发挥监理机构内各职能办公室的作用。

职能式监理模式能发挥各职能部门的专长,有利于生产专业化和人才培养,但政出多门、责任不清、互相矛盾、协调困难,适用于工作内容多、技术专业化强、管理分工细的企业组织。

### 3.直线—职能式监理模式

这种公路工程监理组织模式,既可以发挥监理机构内各职能部门的作用,又可以发挥上直线—职能式监理模式可以集中领导、统一指挥、分工明确、高效有序,但是信息差、部门间易产生矛盾,应注意协调,适用范围十分广泛。

### 4.矩阵式监理模式

当监理单位承担一个大型项目或同时承担多个项目,对专业技术和管理人才需要量很大,而单位人才资源又有一定限度,且复杂项目又要求多部门、多专业配合实施,对人才资源利用率要求很高时,最适合采用矩阵式监理模式。

级机构的领导、协调作用。我国有关世界银行贷款公路项目的监理组织普遍采用此种组织模式。

矩阵式监理模式具有弹性，适用于资源的不均衡，高效，协调要求高；适用于大型复杂项目。

### （三）监理人员配备

《公路工程施工监理规范》(JTGG10) 规定，监理机构中监理人员的数量和结构，应根据监理内容、工程规模、合同工期、工程条件和施工阶段等因素，按保证对工程实施有效监理的原则确定。高速公路、一级公路工程每年 5000 万元建安费宜配备交通运输部核准资格的监理工程师 1 名；独立大桥、特长隧道工程每年每 3000 万元建安费宜配备交通运输部核准资格的监理工程师 1 名。根据工程特点和实际需要，上述配置可在 0.8 ~ 1.2 的系数范围内调整。

高速公路机电工程，每 50km 每系统宜配备交通部核准资格的监理工程师 1 名，根据工程情况，如系统复杂或隧道机电工程内容较多时，可适当增加。

如遇重大工程变更等情况，上述人员配备应根据需要进行调整，并就工程内容的变化、人员的调整事宜签订补充合同。

总监办应配备 1 名总监理工程师和若干名专业监理工程师。总监理工程师应具有相应专业的高级技术职称、五年以上的现场工程监理经历、担任过两项以上同类工程的驻地或总监职务。

驻地办应根据工程复杂程度配备 1 ~ 2 名驻地监理工程师和若干名专业监理工程师。驻地监理工程师应具有相应专业的中级或高级技术职称、同类工程三年以上监理经历。

### （四）监理机构的职责

《公路工程施工监理规范》(JTGG10) 规定，当采用二级监理机构和监理总承包时，应由中标的监理单位划分各级监理机构及监理人员的职责和权限；当对监理机构分别招标时，应由建设单位划分确定监理机构各自的职责和权限。

1. 总监办的职责

(1) 主持编制监理计划。

(2) 主持召开监理交底会议、第一次工地会议。

(3) 按合同要求建立中心试验室。

(4) 审批施工组织设计及总体进度计划、重要工程材料及混合料配合比。

(5) 签发支付证书、合同工程开工令、单位或合同工程的暂停令和复工令。

(6) 审核变更单价和总额以及延期与费用索赔。

（7）协助建设单位审查交工验收申请，评定工程质量。

（8）组织编制监理月报、监理竣工文件、监理工作报告。

2. 驻地办的职责

（1）主持编制监理细则。

（2）主持召开工地会议。

（3）按合同要求建立工地试验室。

（4）审批一般工程原材料和混合料配合比、施工单位的机械设备、施工方案。

（5）审批施工单位测量基准点的复测、原地面线测量及施工放线成果。

（6）审批分项工程开工申请，签发分项和分部工程暂停令和复工令。

（7）组织、安排日常巡视、旁站、抽检，检查相关记录、日志。

（8）核算工程量清单，负责对已完工程进行计量。

（9）组织分项、分部工程中间验收和质量评定，签发中间交工证书。

（10）审批月进度计划，编制合同段监理工作报告。

### （五）各级监理人员的职责

监理人员是工程监理的主体，岗位不同，其知识结构要求亦不相同，配备的监理人员应满足工程监理的需要。监理机构设置岗位分为总监理工程师、驻地监理工程师、监理工程师（包括专业监理，如测量、试验、计量、环保、安全等）、监理员（主要指现场旁站人员）和行政文秘人员。各个岗位上的监理人员必须在总监理工程师的统一领导下开展工作，既分工负责，又相互配合。

1. 总监理工程师的职责

（1）全面负责和领导所在项目的监理工作。

（2）负责向公司提出总监代表、驻地监理组织的任免建议，确定各监理机构的人员编制。

（3）行使对整个监理工作的最终认证与否决权。

（4）审批施工单位的重要报告，签发各种指令、证书和文件。

（5）审批监理代表处、驻地监理组的重要报告和文件。

（6）主持重大质量事故的调查和处理。

（7）负责各种监理规章制度的制订、修改补充和解释。

（8）副总监理工程师按总监理工程师授权的职责范围，协助总监理工程师工作，总监理工程师不在时，代行总监理工程师职责。

2. 驻地监理工程师的职责

(1) 驻地监理工程师对总监理工程师代表负责，全面负责和领导本合同段的监理工作。

(2) 对合同中出现的问题和异议提出解释与修正意见并报总监理工程师代表处。

(3) 详审施工单位的施工组织、施工方案和施工工艺，提出审查意见报总监理工程师代表处批准。

(4) 核实施工单位主要管理人员和技术人员组成，核实并随时监督施工单位人员及劳动力进场和在场情况。

(5) 核实施工单位施工机械，并随时监督施工单位机械进场情况和完好率。

(6) 核实施工单位开工准备，审批施工单位施工图，签批分项工程开工申请报告。

(7) 签发中间交工证书，核实并签认中间计量证书，提出付款证书。

(8) 尽可能地防止索赔，对发生的索赔、工期延误、争端等问题及时做出反应，同时上报总监理工程师代表处，并收集和提供所有相关资料，提出处理意见。

(9) 对所有工程变更及时呈报总监理工程师代表处，提供所需资料，提出处理建议。

(10) 监督施工单位的施工管理和施工安全，控制、评价工程质量和工程进度，及时向总监理工程师代表处汇报有关情况。

(11) 审查施工单位材料来源和进场材料。

(12) 初审施工单位的工程分包，并提出审查意见。

(13) 对工程质量事故及时做出反应，并协助总监理工程师代表妥善处理。

(14) 下令使用计日工，同时上报总监理工程师代表处备案（事先经总监理工程师代表处同意）。

(15) 执行总监理工程师代表处的一切业务指示。

3. 监理员的职责

(1) 一级监理机构：在驻地监理工程师的领导下完成以下工作：

1) 负责所辖合同段各分项工程的现场监理工作。

2) 熟悉合同条款、规范及设计文件，在施工过程中对进度质量进行全面控制，对施工中出现的问题，要按规范要求提出处理意见。

3) 填写监理日志和监理日报并负责制订施工过程中的监理细则。

4) 审查施工单位的施工计划、施工组织、施工方案，提出审查意见，供驻地工程师审批时参考，并对计划的执行情况进行检查和监督。

5) 对施工单位提供的测量资料、设计图纸及工程位置进行审查，检查施工单位的测量成果及绘制的施工和竣工图纸等。

6) 负责审查施工单位的检验申请单，对施工单位施工的工程进行检验，对施工单位施工中出现的问题应建议驻地监理工程师签发工作指令或监理通知单。

7) 审查施工单位提出的各项资料，安排制订控制施工质量及施工进度的各种图表，管理好施工监理原始记录、技术档案。

8) 现场核实工程数量，做好合同计量支付工作，审查施工单位的支付月报，审查计日工的数量，经驻地工程师审查后上报。

9) 对施中发生的工程问题以及涉及合同索赔、延期等问题，应及时提出处理意见供驻地工程师处理参考，并上报总监理工程师代表处。

10) 对工程重点部位和重点路段要制订详细的施工技术方案、技术措施和质量保证措施。办理驻地监理工程师交办的其他工作。

(2) 二级监理机构：在驻地监理工程师的领导下，完成以下工作：

1) 协助驻地监理工程师工作。

2) 负责对现场施工全过程及各工序施工质量的旁站监督。

3) 检查并记录施工单位的工序施工质量。

## 四、监理设施

为确保公路工程质量控制的检验测试及各项管理工作的顺利进行，必须在监理单位所承担的工程项目工地，配备足够数量和相应质量水平的监理设施。监理设施包括：办公设施及用品、生活设施及用品、试验设施、测量和气象仪器、交通设施及通信设施等。

### （一）办公及生活设施

办公设施除一般办公条件(办公桌椅、文具等)外，应配备计算机、打印机、复印机、传真机、照相机、摄像机、资料柜及必要的气象设备等。生活设施除一般生活用品(床、棉被、蚊帐等)外，应有洗衣机、电风扇、空调(少量)、淋浴器、冰柜、消毒柜等设施。

办公生活场所宜选在距离所监理工程工地较近、交通便利的路段中间位置，具备通信和水、电、暖供应条件(试验室应具备三相电条件)，应有安置压力机、万能试验机等大型设备用房(必要时可建临时简易用房)，并尽量将生活、办公、试验区分开设置。

### （二）交通及通信设施

公路工程施工路线长、内容多、任务重、要求严、时间紧，为了有效地对工程实施监理，随时沟通各方信息，及时协调配合处理问题，应配置必要的监理用车和通信设备。

交通工具配备数量根据工程情况确定，车型以越野车、双排座客货车为主，不宜配备轿车。对于长100km左右的公路工程项目，采用二级监理机构时，总监理工程师办公室可配备车辆5部；负责20km左右路段(约两个施工合同段)的驻地工程师办公室，可配备车辆3~4部。

一般情况下，总监理工程师办公室配备程控电话两部，驻地工程师办公室配备程控电话一部，总监理工程师、总监代表（副总监）、驻地监理工程师、副驻地监理工程师应配有手机等通信设备。

### （三）试验室设备

在公路工程中只有把好试验关，通过可靠的试验设备、严格的试验操作和符合规范要求的试验成果才能实现。为此，总监理工程师办公室、驻地监理工程师办公室均应设置独立的中心试验室和工地试验室，并拥有相应的试验检测资质。

1. 土建试验设备

试验仪器设备应满足路基、路面、桥涵、隧道、防护、交通工程等试验检测工作的需要（个别频率较低的试验可以采用对外委托方式），保证规范规定的独立、平行的试验检测频率。

2. 测量仪器及设备

公路路线的平纵指标、大中桥隧、路基、路面等工程几何尺寸的控制是否符合标准，工程量的收方计量，都必须进行测量检查、验收，为此，配备各类精密的测量仪器和设备是监理工作的重要保证之一。

3. 气象设备

公路工程施工受气候条件影响较大，监理工程师要随时掌握和记录施工期间的气温及降水信息，以便要求施工单位采取相应的施工措施，避免不必要的损失。同时，恶劣的气候条件也是造成施工单位提出工程延期的主要因素之一，因此，可视现场具体情况设立气象观测人员，配备适当气象设备。在有气象台站的地区，各施工合同段的气象资料应由建设单位、监理工程师与当地气象部门签订合同，由当地气象部门提供距合同段最近的气象站（哨）的气象资料。

4. 照相、摄像器材

施工现场、施工过程、施工技术以及覆盖前的隐蔽工程和基础状况，都需要一定数量的工程照片或录像作为原始记录和档案保存下来，为此，可视项目情况配置适当的摄像、录像设备。一般照相设备是监理组必须配置的。

各种监理设备的规格和数量，应根据工程规模、工程种类、监理数额及通行条件等实际情况，由监理工程师与建设单位共同商定，在施工合同文件或监理合同文件中列出清单，监理设施一般应在施工合同规定的实际开工期以前基本准备完善，以保证监理工作的正常使用。

# 第五章　公路工程监理招投标与合同管理

# 第一节　公路工程监理招标与投标

## 一、《公路工程施工监理招标文件范本》简介

### （一）《公路工程施工监理招标文件范本》的背景

2009 年版《公路工程施工监理招标文件范本》(以下简称《范本》) 合同条款分为通用条款和专用条款两部分。招标人在编制招标文件时，对通用条款的文字不应进行任何改动，如果有不同要求应按照合同专用条款的编写原则在专用条款中进行修改、删除或补充。

为了促进监理行业健康发展，促使监理企业提高服务质量，《范本》推荐使用固定标价评分法，鼓励实行监理总承包模式招标。

### （二）《范本》的适用范围

二级及二级以上公路、独立大桥及特大桥、独立长隧道及特长隧道的新建、改建以及养护大修工程项目，其主体工程的施工监理招标文件，应当使用《公路工程施工监理招标文件范本》。附属设施工程及其他等级的公路工程项目的施工监理招标文件，可参照《范本》进行编制。

### （三）《范本》的内容构成

《范本》的内容构成：

第一卷

第一篇：招标公告 (适用于未进行资格预审)

第一篇：投标邀请书 (适用于已进行资格预审)

第一篇：投标邀请书 (适用于邀请招标)

第二篇：投标人须知

第三篇：合同通用条款

第四篇：合同专用条款

第二卷

第五篇：监理规范

第六篇：工程专用规范

第七篇：技术规范

第三卷

第八篇：投标文件格式

第九篇：中标通知书格式

第十篇：监理合同协议书格式

第十一篇：银行预付款保函格式

第十二篇：银行履约保函格式

第十三篇：支付担保保函格式

第四卷

第十四篇：图纸和资料

附录

### （四）《范本》的通用条款分类

为了深入理解和掌握《范本》的通用条件的内容和实质精神，对该合同条件依据条款的属性与作用进行深入分析和研究，按条款编写顺序分类如下：

（1）定义和解释，包括2条22款内容。

（2）监理人的义务，包括5条21款内容。

（3）发包人的义务，包括9条13款内容。

（4）责任与保障，包括6条11款内容。

（5）监理合同的生效、终止、变更、暂停与解除，包括6条15款内容。

（6）监理服务的费用与支付，包括4条19款内容。

（7）其他，包括6条8款内容。

（8）争端的解决，包括1条1款内容。

## 二、FIDIC《施工合同条件》简介

### （一）FIDIC《施工合同条件》的背景

FIDIC 即国际咨询工程师联合会，于1913年在英国成立，第二次世界大战结束后FIDIC 发展迅速起来，至今已有60多个国家和地区成为其会员，中国于1996年正式加入。FIDIC 是世界上多数独立的咨询工程师的代表，是最具权威的咨询工程师组织，推动着全球范围内高质量、高水平的工程咨询服务业的发展。

FIDIC 编制了许多标准合同条件，最基本的和在工程界影响最大的是 FIDIC《土木工

程施工合同条件》。1999 年出版的《施工合同条件》共含 20 条 163 款，总结了世界各国土木工程建设管理数十年的经验，科学地把土建工程技术、经济、法律有机地结合，并用合同的形式加以规定，详细地规定了承包人、业主的义务和权利以及监理工程师的职责和权限。

### （二）FIDIC合同条件的使用范围

FIDIC 合同条件作为唯一的国际通用的合同条件被广泛应用。世界银行规定：凡是利用世界银行贷款兴建的工程项目，都必须采用国际性公开招标的方式，并必须采用 FIDIC 合同条件的第一部分通用条件；第二部分专用条件因涉及各国和工程项目的特点，可结合具体工程项目编写。FIDIC 合同条件一般适用于大型土木工程项目，如道路、桥梁、水利工程等。另外，它适用于新建工程项目，而不太适用于改建项目。

### （三）FIDIC合同条件的内容构成

FIDIC《施工合同条件》包括施工合同的通用条件和专用条件。

1. 通用条件。

FIDIC《施工合同条件》中的通用条件是固定不变的，无论是工业与民用建筑施工、水电工程、路桥工程、港口工程的建筑安装工程施工都可适用。通用条件共分 20 大项 247 款。其中 20 大项分别是：一般规定；业主；工程师；承包商；指定分包商；员工；生产设备材料和工艺；开工、延误和暂停；竣工检验；业主的接收；缺陷责任；测量和估价；变更和调整；合同价格和支付；业主提出终止；承包商提出暂停和终止；风险和责任；保险；不可抗力；索赔、争端和仲裁。

由于通用条件可以适用于所有建筑安装工程施工，条款也非常具体而明确，因此，当脱离具体工程从宏观的角度讲 FIDIC《施工合同条件》的内容时，仅指 FIDIC 通用条件。

2. 专用条件

专用条件是相对于通用条件而言的，即根据建设项目的专业特点以及项目所在地的政治、经济、法律、自然条件等地域特点，针对通用条件中条款的规定，相应补充、修订或取代其中的某些内容，或适当增补通用条件中没有规定的内容。

## 三、公路工程招标文件简介

### （一）《公路工程标准施工招标文件》简介

1.《公路工程标准施工招标文件》的背景

为了加强公路工程施工招标管理，规范招标文件编制工作，交通运输部在国家九部委联合编制的《标准施工招标文件》的基础上，结合公路工程施工招标特点和管理需要，编制了《公路工程标准施工招标文件》(2009 年版)。

2.《公路工程标准施工招标文件》的适用范围

《公路工程标准施工招标文件》,自 2009 年 8 月 1 日起实施,必须进行招标的二级及以上公路工程应当使用《公路工程标准施工招标文件》,二级以下公路项目可参照执行。在具体招标工程中,招标人可根据项目实际情况,编制项目专用条件,与《公路工程标准施工招标文件》共同使用,但不得违反《标准施工招标文件》的规定。

3.《公路工程标准施工招标文件》的内容构成

《公路工程标准施工招标文件》的内容构成包括 4 卷,由 8 章 1 附录组成,具体如下:

第一卷

第一章:招标公告(未进行资格预审)

第一章:投标邀请书(适用于邀请招标)

第一章:投票邀请书(代资格预审通过通知书)

第二章:投标人须知

第三章:评标办法(合理低价法)

第三章:评标办法(综合评估法)

第三章:评标办法(经评审的最低投标价法)

第四章:合同条款及格式

第五章:工程量清单

第二卷

第六章:图纸

第三卷

第七章:技术规范

第四卷

第八章:投标文件格式

附录工程量清单固化方法说明

4.《公路工程标准施工招标文件》的通用条款分类

《公路工程标准施工招标文件》的通用条款可按条款编写顺序将其进行如下分类:

(1)一般约定:包括 12 条 26 款内容。

(2)发包人义务:包括 8 条 8 款内容。

(3)监理人:包括 5 条 15 款内容。

(4)承包人:包括 11 条 39 款内容。

(5) 材料和工程设备：包括 4 条 14 款内容。

(6) 施工设备和临时设施：包括 4 条 6 款内容。

(7) 交通运输：包括 6 条 8 款内容。

(8) 测量放线：包括 4 条 6 款内容。

(9) 施工安全、治安保卫和环境保护：包括 5 条 20 款内容。

(10) 进度计划：包括 2 条 2 款内容。

(11) 开工和竣工：包括 6 条 7 款内容。

(12) 暂停施工：包括 5 条 8 款内容。

(13) 工程质量：包括 6 条 13 款内容。

(14) 试验和检验：包括 3 条 6 款内容。

(15) 变更：包括 8 条 17 款内容。

(16) 价格调整：包括 2 条 3 款内容。

(17) 计量与支付：包括 6 条 19 款内容。

(18) 竣工验收：包括 8 条 19 款内容。

(19) 缺陷责任与保修责任：包括 7 条 9 款内容。

(20) 保险：包括 6 条 14 款内容。

(21) 不可抗力：包括 3 条 8 款内容。

(22) 违约：包括 3 条 12 款内容。

(23) 索赔：包括 4 条 6 款内容。

(24) 争议的解决：包括 3 条 9 款内容。

## 四、公路工程施工监理招标

### （一）公路工程施工招标的招标人要求

公路工程施工招标的招标人应当是提出公路工程施工招标项目、进行公路工程施工招标的项目法人。具备下列条件的招标人，可以自行办理招标事宜：

(1) 具有与招标项目相适应的工程管理、造价管理、财务管理能力。

(2) 具有组织编制公路工程施工招标文件的能力。

(3) 具有对投标人进行资格审查和组织评标的能力。

招标人不具备上述规定条件的，应当委托具有相应资格的招标代理机构办理公路工程施工招标事宜。任何组织和个人不得为招标人指定招标代理机构。

招标人应当根据招标项目的特点和需要，编制招标文件。

### （二）公路工程施工监理招标方式

公路工程施工监理招标人，应当是依照2006年《公路工程施工监理招标投标管理办法》规定提出公路工程施工监理招标项目、进行招标的公路工程项目法人或者其他组织。招标人可以将整个公路工程项目的施工监理作为一个标一次招标，也可以按不同专业、不同阶段分标段进行招标。招标人分标段进行施工监理招标的，标段划分应当充分考虑有利于对招标项目实施有效管理和监理企业合理投入等因素。

公路工程施工监理招标分为公开招标和邀请招标，公路工程施工监理应当公开招标。

1. 公开招标

招标单位通过报刊、广播、电视等新闻媒介公告，凡符合规定条件的监理单位都可以自愿参加投标，这种招标方式称为公开招标。采用公开招标的，招标人应当依法在国家指定媒介上公开发布招标公告，并可以在交通主管部门提供的媒介上同步发布。

公开招标的优点是使招标单位有较大的选择范围，可在众多的投标单位中择优选择；其缺点是招标工作量大、时间长、费用大，投标单位多，难免出现鱼目混珠现象。

2. 邀请招标

符合下列条件之一的项目，经有审批权的部门批准后，可以进行邀请招标：

（1）技术复杂或者有特殊要求的。

（2）符合条件的潜在投标人数量有限的。

（3）受自然地域环境限制的。

（4）公开招标的费用与工程监理费用相比，所占比例过大的。

（5）法律、法规规定不宜公开招标的。

3. 公开招标与邀请招标在招标程序上的主要区别

（1）招标信息的发布方式不同：公开招标是利用招标公告发布招标信息，而邀请招标则是采用向三家以上具备有实施能力的投标人发出投标邀请书，请他们参与投标竞争。

（2）对投标人资格预审的时间不同：进行公开招标时，由于投标响应者较多，为了保证投标人具备相应的实施能力，以及缩短评标时间，突出投标的竞争性，通常设置资格预审程序。而邀请招标由于竞争范围小，且招标人对邀请对象的能力有所了解，不需要再进行资格预审，但评标阶段还要对各投标人的资格和能力进行审查和比较，通常称为"资格后审"。

（3）邀请的对象不同：邀请招标邀请的是特定的法人或者其他组织，而公开招标则是向不特定的法人或者其他组织邀请投标。

### （三）公路工程施工监理招标的程序

公路工程施工监理招标，应当按照下列程序进行：

（1）招标人确定招标方式。采用邀请招标的，应当履行审批手续。

（2）招标人编制招标文件，并按照项目管理权限报县级以上地方交通主管部门备案；采用资格预审方式的，同时编制投标资格预审文件，预审文件中应当载明提交资格预审申请文件的时间和地点。

（3）发布招标公告。采用资格预审方式的，同时发售投标资格预审文件；采用邀请招标的，招标人应直接发出投标邀请，发售招标文件。

（4）采用资格预审方式的，对潜在投标人进行资格审查，并将资格预审结果通知所有参加资格预审的潜在投标人，向通过资格预审的潜在投标人发出投标邀请书和发售招标文件。

（5）必要时组织投标人考察招标项目工程现场，召开标前会议。

（6）接受投标人的投标文件。

（7）公开开标。

（8）采用资格后审方式的，招标人对投标人进行资格审查。

（9）组建评标委员会评标，推荐中标候选人。

（10）确定中标人，将评标报告和评标结果按照项目管理权限报县级以上地方交通主管部门备案并公示。

（11）招标人发出中标通知书。

（12）招标人与中标人签订公路工程施工监理合同。

### （四）公路工程施工监理招标文件

1.《公路工程标准施工招标文件》的使用说明

交通运输部《公路工程标准施工招标文件》以《标准施工招标文件》为依据，考虑公路工程施工的招标特点和管理需要编制而成。《标准施工招标文件》规定通用部分，《公路工程标准施工招标文件》不加修改地引用了《标准施工招标文件》的部分只标注相关条款号，其内容详见《标准施工招标文件》。

《公路工程标准文件》适用于各等级公路和桥梁、隧道建设项目，且设计和施工不是由同一承包人承担的工程施工招标。

招标人根据《公路工程标准施工招标文件》编制项目招标文件时，不得修改"投标人须知"和"评标办法"正文，但可在前附表中对"投标人须知"和"评标办法"进行补充、细化，补充和细化的内容不得与"投标人须知"和"评标办法"正文内容相抵触。

2.《公路工程标准施工招标文件》的主要内容

（1）招标公告（或投标邀请书）。

（2）投标人须知。

（3）评标办法。

（4）合同条款及格式。

（5）工程量清单。

（6）图纸。

（7）技术规范。

（8）投标文件格式。

（9）投标人须知前附表规定的其他材料。

招标文件所做的澄清、修改，构成招标文件的组成部分。当招标文件、招标文件的澄清或修改等在同一内容的表述上不一致时，以最后发出的书面文件为准。

3. 招标文件的备案

国道主干线和国家高速公路网建设项目的工程施工招标文件应当报交通运输部备案，其他公路建设项目的工程施工招标文件应当按照项目管理权限报县级以上地方人民政府交通主管部门备案。

交通主管部门发现招标文件存在不符合法律、法规及规章规定内容的，应当在收到备案文件后的 7 日内，提出处理意见，及时行使监督检查职责。

招标人如需对已出售的招标文件进行必要的澄清或修改，应当在投标截止日期 15 日前以书面形式通知所有招标文件收受人，并应当按照上述规定进行备案。

对招标文件澄清或者修改的内容为招标文件的组成部分。

### （五）公路工程施工监理招标人资格审查

1. 资格审查的方式

公路工程施工监理招标的招标人应当对潜在投标人进行资格审查。资格审查方式分为资格预审和资格后审。

资格预审：资格预审是招标人在发布招标公告后，发出投标邀请书前对潜在投标人的资质、信誉和能力进行的审查。招标人只向通过资格预审的潜在投标人发出投标邀请书和发售招标文件。

（1）招标人采用资格预审时，资格预审一般应按下列程序进行：

1）招标人编制资格预审文件并按项目管理权限报县级以上地方交通主管部门审批。

2）发布招标公告。

3) 发售资格预审文件。

4) 接受投标人的资格预审申请文件。

5) 资格审查委员会评审。

6) 招标人将资格审查报告和评审结果报交通主管部门备案。

7) 招标人应当将资格预审结果通知所有参加资格预审的潜在投标人，并向通过资格预审的潜在投标人发出投标邀请书。

资格预审工作由招标单位主持，由有关专家组成的资格预审评审委员会具体进行。

资格预审工作必须遵循公平、公正、客观、诚信、准确的原则。

拟参加资格预审者必须是具体承担监理工作，持有交通主管部门颁发的监理资质等级证书，具有工商行政部门核发的营业执照的独立法人实体。

(2) 资格预审文件一般包括下列内容：

1) 资格预审邀请书。

2) 资格预审申请人须知。

3) 资格预审强制履约标准。

4) 资格预审申请书格式。

5) 工程概况及监理合同段简介。

6) 符合性审查的标准和办法。

7) 强制性资格条件。

资格预审的结果为合格与不合格。合格者有资格参加投标，不合格则无权参加投标。资格后审是招标人在收到投标人的投标文件后，对投标人的资质、信誉和能力进行的审查。

2. 资格审查的方法

资格审查的方法分为强制性条件审查法和综合评分审查法。

(1) 强制性条件审查法：是指招标人只对投标人或者潜在投标人的资格条件是否满足招标文件规定的投标资格、信誉要求等强制性条件进行审查，并得出"通过"或者"不通过"的审查结论，不对投标人或潜在投标人的资格条件进行具体量化评分的资格审查方法。

(2) 综合评分审查法：是指在投标人或者潜在投标人的资格条件满足招标文件规定的最低资格、信誉要求的基础上，招标人对投标人或者潜在投标人的施工监理能力、管理能力、履约情况和施工监理经验等进行量化评分并按照分值进行筛选的资格审查方法。

## 五、公路工程施工监理投标

### （一）投标人的资质要求

招标文件中关于投标人的资质要求，应当符合有关法律、行政法规的规定。招标人不得在招标文件中制订限制性条件阻碍或者排斥投标人，不得规定以获得本地区奖项等要求作为评标加分条件或者中标条件。

投标人的资格要求如下：

（1）投标人应具备承担本标段施工的资质条件、能力和信誉。

（2）投标人接受联合体投标的，除应符合投标人应具备承担本标段施工的资质条件、能力和信誉的要求外，还应遵守以下规定：

1）联合体各方应按招标文件提供的格式签订联合体协议书，明确联合体牵头人和各方权利、义务。

2）由同一专业的单位组成的联合体，按照资质等级较低的单位确定资质等级（注意该条款应正确理解：考核资格条件应以联合体协议书中规定的分工为依据，不承担联合体协议有关专业工程的成员，其相应的专业资质不作为该联合体成员中同一专业单位的资质进行考核）。

3）联合体各方不得再以自己的名义单独或参加其他联合体在同一标段中投标。

4）联合体所有成员数量不得超过投标人须知前附表规定的数量。

5）联合体牵头人所承担的工程量必须超过总工程量的50%。

6）联合体各方应分别按照本招标文件的要求，填写投标文件中的相应表格，并由联合体牵头人负责对联合体各成员的资料进行统一汇总后一并提交给招标人；联合体牵头人所提交的投标文件应认为已代表了联合体各成员的真实情况。

7）尽管委任了联合体牵头人，但联合体各成员在投标、签约与履行合同过程中，仍负有连带的和各自的法律责任。

（3）投标人不得存在下列情形之一：

1）为招标人不具有独立法人资格的附属机构（单位）。

2）为本标段前期准备提供设计或咨询服务的，但设计施工总承包的除外。

3）为本标段的监理人。

4）为本标段的代建人。

5）为本标段提供招标代理服务的。

6）与本标段的监理人或代建人或招标代理机构同为一个法定代表人的。

7）与本标段的监理人或代建人或招标代理机构相互控股或参股的。

8）与本标段的监理人或代建人或招标代理机构相互任职或工作的。

9）被责令停业的。

10）被暂停或取消投标资格的。

11）财产被接管或冻结的。

12）在最近三年内有骗取中标或严重违约或重大工程质量问题的。

13）经审查委员会认定会对承担本项目造成重大影响的正在诉讼的案件。

14）被省级及以上交通主管部门取消项目所在地的投标资格或禁止进入该区域公路建设市场且处于有效期内。

15）为投资参股本项目的法人单位。

**（二）投标人的资格审查**

招标人审查潜在投标人的资格，应当严格按照资格预审的规定进行，不得采用抽签、摇号等博彩性方式进行资格审查。资格审查分为资格预审和资格后审两类。

1.资格预审

资格预审是指在投标前对潜在投标人进行的资格审查。通过发布资格预审招标公告，或者投标邀请书，要求潜在投标人提交预审的申请和有关证明资料，通过预审确定投标人是否具备资格参加投标，经资格预审合格的投标人可获取招标文件。

（1）资格预审申请文件：资格预审申请文件应包括下列内容：

1）资格预审申请函。

2）法定代表人身份证明或附有法定代表人身份证明的授权委托书。

3）联合体协议书（组成联合体的）。

4）申请人基本情况表。

5）近年财务状况表。

6）近年完成的类似项目情况表。

7）正在施工和新承接的项目情况表。

8）近年发生的诉讼及仲裁情况。

9）招标人要求的其他材料。

（2）资格预审办法：资格预审办法由资格审查办法前附表和资格审查办法正文两部分组成，正文部分不得修改，只能在前附表中补充、细化，且不能与正文内容相抵触。资格预审办法分为合格制和有限数量制。资格预审的程序如下：

1）初步审查：审查委员会依据初步审查标准，对资格预审申请文件进行初步审查。有一项因素不符合审查标准的，不能通过资格预审。

2）详细审查：审查委员会依据详细审查标准，对通过初步审查的资格预审申请文件进行详细审查。有一项因素不符合审查标准的，不能通过资格预审。通过详细审查的申请人，除应满足初步审查标准和详细审查标准外，不得存在下列任何一种情形：①不按审查委员会要求澄清或说明的。②有"申请人须知"规定的任何一种情形的（参见上述"（一）投标人的资格要求"中（3）投标人不得存在的15种情况）。③在资格预审过程中弄虚作假、行贿或有其他违法违规行为的。

3）资格预审申请文件的澄清：在审查过程中，审查委员会可以书面形式要求申请人对所提交的资格预审申请文件中不明确的内容进行必要的澄清或说明。申请人的澄清或说明采用书面形式，并不得改变资格预审申请文件的实质性内容。申请人的澄清和说明内容属于资格预审申请文件的组成部分。招标人和审查委员会不接受申请人主动提出的澄清或说明。

4）评分（只适合于有限数量制）：通过详细审查的申请人不少于3个且没有超过规定数量的，均通过资格预审，不再进行评分。

通过详细审查的申请人数量超过资格审查办法前附表中所规定数量的，审查委员会依据评分标准进行评分，按得分由高到低的顺序进行排序。

合格制的资格预审办法只需通过初步审查和详细审查即可，不设人数限制并且不进行评分。

2. 资格后审

资格后审是指在开标后对投标人进行的资格审查。招标公告或投标邀请书发出后由潜在投标人购买招标文件直接参加投标，在潜在投标人提交投标文件参加投标开标后，或者经过评标已成为中标候选人的情况下，再对其资格进行审查。

实行资格预审，对施工企业来讲，可以对收集到的招标信息进行筛选，达不到条件的可以放弃投标，节省投标费用。对招标人来讲，可通过预审，减少评审和比较投标文件的数量，了解潜在投标人的实力，筛选出较有竞争力的潜在投标人参与投标。

3. 资格审查结果处理

《公路工程标准施工招标文件》规定，被招标项目所在地省级交通主管部门评为最高信用等级的投标人可以比一般投标人在项目招标中所投标的标段更多，且中标的标段更多。同时，降低履约担保和质量保证金的金额，履约担保的优惠额度约为签约合同价的1%～5%，质量保证金优惠额度约为签约合同价的2%。项目法人应正确使用信用信息，对于省级交通主管部门做出的取消从业单位投标资格或禁止进入区域公路建设市场的行政处罚，要严格按照确定的市场范围和处罚期限执行，不得再以其他任何条件限制潜在投标人参与投标。

### （三）公路工程施工监理投标文件

1. 投标要求

监理单位应遵照《中华人民共和国招标投标法》《公路工程施工监理招标投标管理办法》的有关规定，针对业主拟委托监理服务工作的内容、范围、要求等有关条件，为完成监理服务提出技术和财务建议。投标要求具体内容如下：

（1）具有与招标要求相适应的监理资质等级。

（2）具有相应等级公路施工监理业绩。

（3）投标书编制内容完整、合理、可行，有针对性，明确反映监理单位财务状况、投入工程监理的仪器和设备，以及正在承担监理的工程情况。

（4）技术建议书以全面体现拟投标工程的监理人员情况，达到组织严密、结构（包括专业技术和年龄）合理、经验丰富、信誉良好、履约能力强、技术措施完善，全面反映为本合同工程提供的管理、技术和服务水平为重点。

（5）财务建议书应填写规范，校对无误，报价合理。

（6）确保投标书资料真实。

2. 投标人须知

（1）投标人须知前附表：投标人须知前附表的内容对应于投标人须知正文相关条款号，主要有：项目概况，资金来源和落实情况，招标范围、计划工期和质量要求，踏勘现场，投标预备会的时间和地点，偏离范围和幅度；构成招标文件的其他材料；投标截止时间，投标有效期，工程量清单的填写方式（固化或书面），投标人须知前附表规定的其他材料；投标人递交投标文件的地点等。

（2）投标人须知正文：投标人须知正文有10点，包括：总则，招标文件，投标文件，投标，开标，评标，合同授予，重新招标和不再招标，纪律和监督，需要补充的其他内容。

投标人须知加强了投标人的诚信要求。具体规定为：招标人将进一步核查投标人在资格预审申请文件中提供的材料，若在评标期间发现投标人提供了虚假资料，招标人有权对投标人的投标文件作废标处理，并没收其投标担保；若在评标结果公示期间发现作为中标候选人的投标人提供了虚假资料，招标人有权取消其中标资格并没收其投标担保；若在合同实施期间发现投标人提供了虚假资料，招标人有权从工程支付款或履约保证金中扣除不超过合同总价10%的金额作为违约金。同时，招标人应将投标人上述弄虚作假行为上报省级交通主管部门，作为不良记录纳入公路建设市场信用信息管理系统。

3. 投标担保形式

投标人必须选择下列任一种投标担保形式：现金支票、银行汇票、银行保函或招标人规定的其他形式。

（1）若采用现金支票或银行汇票，投标人应确保上述款项在投标文件提交截止时间前能划到招标人指定的账号上，否则，其投标担保视为无效。

（2）若采用银行保函，则应由国有或股份制商业银行开具，银行级别由招标人根据项目的具体情况在投标人须知资料表中规定。银行保函采用招标文件第三卷中提供的格式。银行保函原件应在投标文件提交截止时间前单独密封递交给招标人。

联合体的投标担保，应由联合体主办人按规定提交。

4. 投标文件的签署和装订

（1）投标人应按规定向招标人递交投标文件，其中一份为正本并标记，其余为副本，副本应是正本的复印件。当正本与副本有不一致时，以正本为准。

（2）投标文件正本应用不褪色的墨水书写或打印，由投标人的法定代表人或其授权的代理人逐页小签或签署，不得用签名章代替。

（3）投标文件的任何一页都不应涂改，不应有行间插字或删除，如果出现上述情况，不论何种原因造成，均应由投标文件签字人在改动处小签或盖法人章。

（4）授权书应由法定代表人签署并由公证机关公证。公证书原件应装订在投标文件的正本之中，且应由公证机关对投标人法定代表人、授权代理人的签字、投标人的公章的真实性做出公证。如果由投标人的法定代表人签署投标文件，则不需提交授权书。

（5）投标文件的正本与副本应分别装订成册，不得采用活页夹。投标文件应编制目录，并且逐页标注连续页码，否则，招标人对由于投标文件装订松散而造成的丢失或其他后果不承担任何责任。

### （四）开标

开标由招标人主持，邀请所有投标人的法定代表人或其授权的代理人参加。交通主管部门应当对开标过程进行监督。

开标时，由投标人或者其推选的代表检查投标文件的密封情况，也可以由招标人委托的公证机构进行检查并公证；经确认无误后，当众拆封商务文件和技术建议书所在的信封，宣读投标人名称和主要监理人员等内容。

投标文件中财务建议书所在的信封在开标时不予拆封，由交通主管部门妥善保存。在评标委员会完成对投标人的商务文件和技术建议书的评分后，在交通主管部门的监督下，再由评标委员会拆封参与评分的投标人的财务建议书的信封。

开标过程应当记录，并存档备查。

投标人少于三个的，招标人应当重新招标。

招标人设有标底的，标底应当符合有关价格管理规定。标底应当综合考虑项目特点、要求投入的监理人员、配备的监理设备等因素。标底应当在开标时予以公布。

招标人不设标底且不采用固定标价评分法的，招标人可以在规定的范围内设定投标报价上下限。

### （五）评标

评标工作由招标人依法组建的评标委员会负责。

对国家和交通运输部重点公路建设项目，评标委员会的专家应当从交通运输部设立的监理专家库中随机抽取，或者根据交通运输部授权从省级交通主管部门设立的监理专家库中随机抽取；其他公路建设项目评标委员会的专家从省级交通主管部门设立的监理专家库中随机抽取。

评标委员会应当按照招标文件确定的评标标准和方法，对投标文件进行评审和比较。未列入招标文件的评标标准和方法，不得作为评标的依据。

评标可以使用固定标价评分法，技术评分合理标价法，综合评标法以及法律、法规允许的其他评标方法。

（1）固定标价评分法：是指由招标人按照价格管理规定确定监理招标标段的公开标价，对投标人的商务文件和技术建议书进行评分，并按照得分由高至低排序，确定得分最高者为中标候选人的方法。

（2）技术评分合理标价法：是指对投标人的商务文件和技术建议书进行评分，并按照得分由高至低排序，确定得分前两名中的投标价较低者为中标候选人的方法。

（3）综合评标法：是指对投标人的商务文件和技术建议书、财务建议书进行评分、排序，确定得分最高者为中标候选人的方法。其中财务建议书的评分权值应当不超过10%。

### （六）中标

招标人确定中标人后，应当及时向中标人发出中标通知书，并同时将中标结果告知所有的投标人。招标人和中标人应当自中标通知书发出之日起30日内订立书面合同。招标人和中标人均不得提出招标文件和投标文件之外的任何其他条件。招标文件中要求中标人提交履约担保的，中标人应当按要求的金额、时间和形式提交。以保证金形式提交的，金额一般不得超过合同价的5%。招标人应当在与中标人签订合同后的5个工作日内，向中标人和未中标的投标人退还投标保证金。

# 第二节　公路工程合同概述

## 一、合同的概念

合同是平等主体的自然人、法人、其他组织之间设立、变更、终止民事权利义务关系的协议。

合同作为一种协议，其本质是一种合意，必须是两个以上意思表示一致的民事法律行为。合同是当事人合法的行为。合同中所确立的权利义务，必须是当事人依法可以享有的权利和能够承担的义务，这是合同具有法律效力的前提。

## 二、合同的原则

### （一）平等原则

平等原则是指合同当事人的法律地位平等。不论是自然人还是法人、其他组织；不论其所有制性质和经济实力；不论其有无上下级关系，合同当事人在合同中的法律地位是平等的。一方不得把自己的意志强加给另一方，实施不公平竞争和不平等交换；不得利用公共权利搞非法垄断，签订"霸王合同"；不得利用自己的经济实力强迫他人接受不平等条款。

### （二）自愿原则

自愿原则是指当事人有权根据自己的意志和利益，自愿决定是否签订合同，与谁签合同，签订什么样的合同；自愿协商确定合同的内容，协商补充变更合同的内容；自愿协商解除合同；自愿协商确定违约责任，选择争议解决方式。任何单位和个人不得非法干预当事人的合同行为。

### （三）公平原则

公平原则是指合同当事人应当遵循公平原则确定各方的权利义务。无论是签订合同还是变更合同，都要公平合理地确定各方的权利义务。除少数无偿合同外，当事人一方不能只享有权利不承担义务。

## （四）诚实信用原则

诚实信用原则是指当事人行使权利、履行义务应当遵循诚实信用原则。不得隐瞒真实情况，用欺诈手段骗订合同；不得擅自撕毁合同，要忠实地履行合同的义务；不得搞合同欺诈。

## （五）守法原则

守法原则是指当事人订立、履行合同，应当遵守法律、行政法规，遵守社会公德，不得扰乱社会经济秩序，损害国家和社会公共利益。

## 三、合同的种类

在工程经济活动中，合同的形式与类型多种多样，下述主要按合同支付方式介绍最常见的公路工程施工承包合同的类型。

### （一）单价合同

单价合同是承包人在投标时，按招标文件就分部分项工程所列出的工程量表确定各分部分项工程费用的合同类型。这类合同的适用范围比较宽，其风险可以得到合理的分摊，并且能鼓励承包人通过提高工效等手段从成本节约中提高利润。这类合同能够成立的关键在于双方对单价和工程量计算方法的确认，在合同履行中需要注意的问题则是双方对实际工程量计量的确认。

### （二）总价合同

总价合同是在合同中确定一个完成项目的总价，承包单位据此完成项目全部内容的合同。其特点是以图样和技术规范为依据，明确承包内容和计算包价，签约时一次"包死"。如果图样和技术规范不够详细，未知因素较多，或遇到材料突然涨价以及恶劣的气候等意外情况，则承包单位必须承担应变风险。为此，承包商往往加大不可预见费用，因而不利于降低造价，最终对建设单位不利。故这种承包方式通常适用于规模小、工期短、技术不太复杂的工程。

### （三）成本加酬金合同

成本加酬金合同是由业主向承包人支付工程项目的实际成本，并按事先约定的某一种方式支付酬金的合同类型。在这类合同中，业主需承担项目实际发生的一切费用，因此，也就承担了项目的全部风险。而承包人由于无风险，其报酬往往也较低。这类合同的缺点是业主对工程总造价不易控制，承包人也往往不注意降低项目成本。这类合同主要适用于以下项目：

(1)需要立即开展工作的项目，如震后的救灾工作。

（2）新型的工程项目，或对项目工程内容及技术经济指标未确定的项目。

（3）风险很大的项目。

## 四、合同法律基础知识

### （一）合同订立

1. 合同订立的程序

当事人订立合同的过程，是要约和承诺的过程，即合同的订立程序，包括要约和承诺两个阶段。

（1）要约：要约是指一方当事人以缔结合同为目的，向对方当事人所做的意思表示。发出要约的人为要约人，接受要约的人为受要约人。要约是订立合同所必须经过的程序。我国《合同法》规定："要约是希望和他人订立合同的意思表示。"

（2）承诺：又称作接受提议，是受要约人同意要约的意思表示。承诺有效成立，必须具备以下条件：承诺的内容应当与要约的内容一致；承诺须由受要约人或其合法的代理人表示；承诺应当在要约确定的期限内达到。

承诺方式是指受要约人采用一定的形式将承诺的意思表示告诉要约人。我国《合同法》规定："承诺应当以通知的方式，但根据交易习惯或者要约表明可以通过行为做出承诺的除外。"因此，承诺的方式可以有两种：

1）通知：包括口头通知，如对话、交谈、电话等；书面通知，如信件、传真、电报、数据电文等。

2）行为：即受要约人在承诺期限内无须发出通知，而是通过履行要约中确定的义务来承诺要约。以行为承诺的前提条件是该行为符合交易习惯或是要约表明的。

以竞争形式订立合同时，要约和承诺最典型的表现形式是招标和拍卖。

根据《合同法》规定，下列情形下合同成立：承诺生效时合同成立；当事人采用合同书形式订立合同的，自双方当事人签字或盖章时合同成立；采用合同书形式订立合同，在签字或盖章之前，当事人一方已经履行主要义务，对方接受的，该合同成立；当事人采用信件、数据电文等形式订立合同的，可以在合同成立之前要求签订确认书，签订确认书时合同成立。

2. 合同的生效

《合同法》规定，下列情况下合同正式生效：依法成立的合同，自成立时生效；法律，行政法规规定应当办理批准、登记等手续的，则只有经过批准、登记以后合同才能生效；当事人对合同的效力附生效条件的，则自条件成熟时生效；当事人对合同的效力附生效期限的，则自期限届至时生效。

## （二）合同履行

合同的履行，是指合同双方按照合同规定的标的、数量和质量、价款或酬金、履行期限、履行地点和履行方式等，全面地完成各自承担的义务。合同的内容是债权人的权利和债务人的义务。债务人履行了自己的义务，债权人实现了自己的权利，合同的内容就得到了实现，合同也就得到了履行。

如果承包人只完成了合同规定的部分义务，称为合同的部分履行，或不完全履行合同；如果完全没有履行合同规定的义务，则称为合同未履行，或不履行合同。

1. 合同履行的原则

（1）实际履行原则：实际履行原则是指除法律和合同另有规定或者客观上已不可能履行外，当事人要根据合同规定的标的完成义务，不能用其他标的来代替约定标的，一方违约时也不能以偿付违约金、赔偿金的方式代替履约，对方要求继续履行合同的，仍应继续履行。

（2）全面履行原则：也称适当履行或正确履行，按照合同规定的内容全面适当地履行，使得合同的各个要素都得到正确实现。

当事人应当按照约定全面履行自己的义务。即按合同约定的标的、价款、数量、质量、地点、期限、方式等全面履行各自的义务。按照约定履行自己的义务，既包括全面履行义务，也包括正确适当履行合同义务。建设工程合同订立后，双方应当严格履行各自的义务。不按期支付预付款、工程款，不按照约定时间开工、竣工，都是违约行为。

2. 合同履行的方式

合同履行的方式是指债务人履行债务的方法。合同采取何种方式履行，与当事人有着直接的利害关系，因而，在法律有规定或者双方有约定的情况下，应严格按照法定的或约定的方式履行。合同的履行方式主要有：

（1）提前履行：提前履行是债务人在合同约定的履行期限届至以前就向债权人履行给付义务的行为。

（2）分期履行：分期履行是指当事人一方或双方不在同一时间和地点以整体的方式履行完毕全部约定义务的行为，是相对于一次性履行而言的，如分期交货合同、分期付款买卖合同、按工程进度付款的工程建设合同等。

（3）部分履行：部分履行是根据合同义务在履行期届满后的履行范围及满足程度而言的。履行期届满，全部义务得以履行为全部履行，但是其中一部分义务得以履行的，为部分履行。部分履行同时意味着部分不履行。在时间上适用的是到期履行。履行期限表明义务履行的时间界限，是适当履行的基本标志，作为一个规则，债权人在履行期届满后有权要求其权利得到全部满足，对于到期合同，债权人有权拒绝部分履行。

### （三）合同担保

1. 合同担保的概念

合同的担保，是合同当事人为了保证合同的切实履行，根据法律规定，经过协商一致而采取的一种促使一方履行合同义务，满足他方权利实现的法律办法。担保所产生的法律关系，与原合同关系是依存关系，合同一经依法变更或解除时，担保也应随之发生变化。合同义务由当事人全面履行时，担保也随之终止，合同确认无效时，担保也无效。因此，担保合同并不一定要实际履行，只有当被担保不履行或不完全履行时，担保合同才发生法律效力。

担保合同必须由合同的当事人双方协商一致，自愿订立，方为有效。如果由第三方承担担保义务时，必须由第三方——保证人亲自订立担保合同。

2. 履约的担保方式

在工程施工承包合同中，当事人一方为避免因对方违约而遭受损失，要求对方提供可靠的经济担保，这是国内外公认的正常保障措施。担保形式有很多，常见的有以下几种：

（1）业主要求承包人提供的履约担保形式：

1）第三方的保证书："第三方"是指独立于承包人和业主方的另一法人，应当是公认有权威地位或有经济实力并能被签约双方共同接受的法人所出具的保证书即为保证合同。

2）银行保函，即银行担保：出具保函的银行应是签约双方认可的且经国有商业银行或相应的管理部门批准有资格出具该类保函的银行。

3）保险公司的担保书：其条件与上述第2）条相同，但其承保金额应在有关部门对该保险公司规定的限额之内。

4）不可撤销的银行备用信用证或直接缴纳保证金。

5）财产的物权担保，即抵押施工机械设备或进场材料等。

（2）承包人要求业主提供的履约担保形式：

1）付款保函：显示业主有足够资金偿付承包人。

2）留置权转让：承包人对其完成的工程项目行使留置权，直到业主付清一切工程费用。

### （四）合同的变更、转让、解除及终止

1. 合同变更

《合同法》中的合同变更是指对有效成立的合同就其内容即当事人的权利、义务进行变更（增减、修改）的过程。合同变更不包括合同主体的变更和合同标的的变更。合同主

体的变更叫作合同的转让，而合同标的变更会导致原有合同关系的消灭和新合同关系的产生，即相当于将原合同解除后重新订立一项新的合同。

合同变更的范围很广，一般在合同签订后所有工程范围、进度、工程质量要求、合同条款内容、合同双方责权利关系的变化等都可以被看作合同变更。

（1）合同主体的变更：如由于特殊原因造成合同责任和权益的转让，或合同主体的变更。

（2）涉及合同条款的变更，合同条件和合同协议书所定义的双方责权利关系，或一些重大问题的变更。这是狭义的合同变更，过去人们定义的合同变更即为这一类。

（3）工程变更。在工程施工过程中，工程师或业主代表在合同约定范围内对工程范围、质量、数量、性质、施工次序和实施方案等做出变更，这是最常见和最多的合同变更。

2. 合同转让

合同转让是指当事人一方将其合同权利或者义务的全部或者部分，或者将权利和义务一并转让给第三方，由第三方相应地享有合同权利，承担合同义务的行为。其实质是在权利义务内容维持不变的情况下，使权利、义务的主体发生转移。其中，合同权利人转移的，称为合同权利转让；合同义务人转移的，称为合同义务转让；合同权利、义务人同时转移的，称为合同的概括转让，也称一并转让。合同转让具有以下法律特征：

（1）合同转让是合同主体的变化：即权利义务从原来合同一方当事人转移至第三方，由第三方作为新的合同承受人，享有权利、承担义务。合同转让后，转让方与对方当事人的权利义务归于消灭，转让方的合同地位由受让方取而代之。这一特征使合同转让区别于转包合同、分包合同。转包、分包合同中的转包方、总承包方都不能终结与对方当事人的权利义务及其相应责任。

（2）合同的转让不导致合同权利义务的变更：合同的转让只是权利义务主体的位移，即从一方转移至第三方，并不导致权利和义务的增加、减少或其他变更，合同内容不发生变化。

3. 合同解除

合同解除是指在合同成立以后，因当事人一方的意思表示，或者双方的协议，使基于合同而发生的债权债务关系归于消灭的行为。合同解除包括约定解除和法定解除。

（1）约定解除：约定解除的法律规定如下：当事人协商一致，可以解除合同；协商解除合同的过程，是解除协议的订立过程，因而在订立解除协议时，须遵守合同订立原则；如果当事人在合同中约定了解除合同的条件，则解除合同的条件成立时，当事人可以解除合同。

（2）法定解除:《合同法》规定，下列情况均允许当事人解除合同:

1）因不可抗力致使不能实现合同目的。

2）在合同期限届满之前当事人一方明确表示或者以自己的行为表明不履行主要债务的。

3）当事人一方迟延履行主要债务，经催告后在合理期限内仍未履行。

4）当事人一方迟延履行债务或者有其他违约行为致使不能实现合同目的。

4. 合同终止

合同终止是指合同效力归于消灭，合同中的权利义务对双方当事人不再具有法律拘束力。合同的终止即为合同的死亡，是合同生命旅程的终端。合同终止后，权利义务整体不复存在，但一些附随义务依然存在。此外，合同终止后有些内容具有独立性，并不因合同的终止而失去效力。

合同的权利义务可由下列原因而终止:

（1）债务已经按照约定履行:债务人向债权人履行合同规定的义务后，合同的权利义务即告终止。但这种履行一般情况下应由债务人自己履行，且标的物应符合合同的约定。

（2）债务相互抵销:当合同当事人彼此互负债务，且债务种类相同，并均已届清偿期，则双方得以其债务与对方的债务在等额的范围内归于消灭。

（3）债务人依法将标的物提存:提存是指在债务人履行债务时，由于债权人无正当理由拒绝受领、下落不明等情形，债务人有权把应给付的金钱或其他物品寄托于法定的提存所，从而使债的关系归于消灭的一种行为。

（4）债权债务同归于一人:当债权与债务同属于一个人时，债的关系已无存在的必要，应归于消灭。但合同涉及第三人利益的则不能终止权利义务。

（5）债权人免除债务:免除是指债权人免除债务人的债务，亦即债权人抛弃其债权。债权人既可免除全部债务，也可部分免除债务。

（6）合同解除:当合同履行中出现了可以解除合同的情形时，合同不再继续履行，合同也告终止。

# 第三节  公路工程合同管理

## 一、工程变更

### （一）工程变更的概念

工程变更是指经监理工程师审查批准并下达变更令后，对工程合同文件的任何部分或工程项目的任何部门所采用的形式上的改变、质量要求上的改变或工程数量上的改变。工程变更涉及的内容比较广泛。

工程施工过程中，工程变更通常是不可预见的。但工程变更一般均会对工程费用、工期产生影响，涉及业主和承包人的利益，因而监理工程师应谨慎地按合同条款实施工程变更管理。

### （二）工程变更的规定与范围

1. 工程变更的规定

（1）合同文件是管理和实施工程的依据，总监理工程师在事先获得业主同意的情况下能就工程形式、质量、数量发布变更令以对合同文件做出变更、增加及省略的唯一权威。

（2）发布变更令基本上遵循的一些原则：如节约资金、土地或保证工程进度和质量。

（3）进行变更设计，事先应周密调查，备有图文资料，设计深度应符合技术规范要求，并填写《工程变更申请单》，详细申述变更设计理由（包括与原设计技术经济比较），按照审批程序及权限，报请审批，未经正式批准的，不得按变更设计施工。

（4）任何工程的形式、数量、质量和内容上的变动，必须由监理工程师签发《工程变更令》，并由监理工程师监督承包人实施。

（5）监理工程师认为有必要根据合同有关规定变更工程时，应经业主同意。

（6）业主提出变更时，监理工程师应根据合同有关规定办理。

（7）承包人请求变更时，须经监理工程师审查，必要时报业主同意后，根据合同有关规定办理。

（8）监理工程师应就颁布工程变更令而引起的费用增减，与业主和承包人进行协商，以确定变更费用。

2. 工程变更的范围

如果监理工程师认为有必要对工程或其中任何部分的形式、质量或数量做出任何变更，包括：

(1) 增加或减少合同中包括的任何工程的数量。

(2) 取消合同中任何部分的工程细目的工作 (若被取消的工作是由业主或其他承包人实施的则除外)。

(3) 改变合同中任何工作的性质、质量或种类。

(4) 改变工程任何部分的线型、标高、位置和尺寸。

(5) 完成工程所必需的任何种类的附加工作。

(6) 改变工程任何部分施工的顺序或时间。

### （三）变更程序

1. 变更通知

监理工程师经批准决定根据有关规定对工程进行变更时，向承包人发出变更通知。其内容主要包括：

(1) 变更的工程项目、部位或合同某文件内容。

(2) 变更的原因、依据及有关的文件、图纸、资料。

(3) 要求承包人据此安排变更工程的施工或合同文件修订的事宜。

(4) 要求承包人向监理工程师提交他认为此项变更给其费用带来的影响的估价报告。

2. 资料收集

监理工程师将指定专人受理变更，较大的工程变更，必要时邀请设计代表参加。变更通知发出的同时，着手收集与该变更有关的资料。包括：变更前后的图纸 (或合同、文件)；技术变更洽商记录；技术研讨会记录；来自业主、承包人、监理部和监理工程师方面的文件与会谈记录；行业部门涉及该变更方面的规定与文件；上级主管部门的指令性文件等。

3. 费用评估

监理工程师根据掌握的文件资料和实际情况，按照合同的有关条款，考虑综合影响，完成下列工作之后对变更费用作出评估：

(1) 审核变更工程数量或拟修改的合同文件。

(2) 确定变更工程单价及费率或拟修改合同文件引起的费用。

(3) 以上评估结果将报监理部审批。

4. 协商价格

监理工程师应根据承包人提交此项变更的费用估价报告，会同承包人和业主就工程变更费用评审及确定支付单价进行协商，对协商一致的单价可确定为工程支付单价。在意见难以统一时，监理工程师根据情况在报业主同意后，定出认为合理的单价或总额价，并通知承包人，抄送业主。为不延误工程进展，变更工程支付单价或总额价一时不能议定，监理工程师可以确定暂时的单价或总额价作为暂时付款依据，先向承包人发布工程变更指令，使承包人继续施工，在进行施工的同时，与承包人进一步协商变更涉及的费率和价格。

5. 颁布工程变更令

变更资料齐全、变更价格确定并获监理部及业主批准，监理工程师向承包人发出工程变更令。

### （四）工程变更的估价

（1）对于所有按监理工程师指示的工程变更，若属于原合同中的工程量清单上增加或减少的工作项目的费用及单价，一般应据合同中工程量清单所列的单价或价格而定或参考工程量清单所列的单价或价格而定。

（2）如果合同的工程量清单中没有包括适用此项变更工作的单价或价格时，则应在合同的范围内使用合同中的费率和价格作为估价的基础。若做不到这一点，合适的价格要由监理工程师与业主和承包商三方共同协商解决而定。如协商不成，不能达成协议，则应由监理工程师在其认为是合理和恰当的前提下，决定此项变更工程的费率和价格，并通知业主和承包商。

（3）监理工程师需做出决定的单项造价及费率，是相对于整个工程或分项工程中工程性质和数量有较大的变更，一般用工程量清单中的价格已是不合理的或是不合适的。监理工程师应协调各方调整价格。

## 二、工程延期

### （一）工程延期的概念

工程延期是指按合同有关规定，由于非承包人自身原因造成的，经监理工程师书面批准的合理竣工期限的延长。工程延期不包括由于承包人自身原因造成的工期延误。延期的原因主要有：额外的或附加的工程；恶劣的气候条件；由业主造成的延误或阻碍；不是承包人的过失、违约或由其负责的其他特殊情况；合同中所规定的任何延误原因。

如果上述任何一种情况发生，使承包商有理由延期完成工程或其任何区段或部分，则监理工程师应与业主和承包商适当协商后做出公平的延期决定。

### （二）工程延期申请程序

如果由于非承包人的责任，工程不能按原定工期完工，则承包人有权根据合同约定按以下程序申请延期。

（1）承包人应在知道或应当知道索赔事件发生后28天内，向监理工程师递交索赔意向通知书，并说明发生索赔事件的事由。承包人未在前述28天内发出索赔意向通知书的，丧失要求追加付款和（或）延长工期的权利。

（2）承包人应在发出索赔意向通知书后28天内，向监理工程师正式递交索赔通知书。索赔通知书应详细说明索赔理由以及要求追加的付款金额和（或）延长的工期，并附必要的记录和证明材料。

（3）索赔事件具有连续影响的，承包人应按合理时间间隔继续递交延续索赔通知，说明连续影响的实际情况和记录，列出累计的追加付款金额和（或）工期延长天数。

（4）在索赔事件影响结束后的28天内，承包人应向监理工程师递交最终索赔通知书，说明最终要求索赔的追加付款金额和延长的工期，并附必要的记录和证明材料。

如果承包人未履行上述程序，则监理工程师可以不做出任何延期的决定。如果承包人的延期要求是合理的，而由于监理工程师未能在合理的时间内做出延期的决定，致使承包人的工程进度受到进一步的拖延，将可能导致更多的索赔。

### （三）工程延期审批依据

监理工程师审批工程延期的依据主要有以下几个方面：

（1）延期事件是否属实。

（2）是否符合合同的规定。

（3）延期事件是否发生在施工进度网络计划图的关键线路上。

（4）延期天数的计算是否正确，证据资料是否充足。

### （四）工程延期审批程序

1.收集资料，做好记录

监理工程师应在收到承包人延期意向后，做好工地实际情况的调查和日常记录，收集来自现场以外的各种文件资料与信息。

2.审查承包人的延期申请

监理工程师收到承包人正式的延期申请后，应主要从以下两方面进行审查：

（1）延期申请的格式满足监理工程师的要求。

（2）延期申请应列明延期的细目及编号；阐明延期发生、发展的原因及申请所依据的合同条款；附有延期测算方法及测算细节和延期涉及的有关证明、文件、资料、图纸等。

审查通过后，可开始下一步的评估。否则，监理工程师应将申请退回承包人。

3.延期评估

主要从以下四个方面进行评估：

（1）承包人提交的申请资料必须真实、齐全，满足评审需要。

（2）申请延期的合同依据必须准确。

（3）申请延期的理由必须正确与充分。

（4）申请延期天数的计算原则与方法应恰当。

监理工程师应根据现场记录和有关资料，进行修订并就修订的结果与业主和承包人进行协商。

4.审查报告

审查报告主要由以下文件组成：

（1）正文：受理承包人延期申请的工作日期、工程简况；确认的延期理由及合同依据；经调查、讨论、协商、确认的延期测算方法及由此确认的延期天数、结论等。

（2）附件：监理人员对该延期的评论。承包人的延期申请。包括涉及的文件、资料、证明等。

5.确定延期

监理工程师应在确认其结论之后，签发《索赔时间/金额审批表》。

## 三、工期延误

### （一）工程延误的分类

工程延误是指各种原因造成的工程施工不能按原定时间要求进行，而使总工期延长。引发工程延误的原因有两种：一是承包商自身原因造成的工程延误；二是承包商以外其他原因造成的工程延误。

通常把延误分为可原谅延误与不可原谅延误（又分为可补偿延误与不可补偿延误），共同延误与非共同延误，关键延误与非关键延误等。

1.可原谅延误与不可原谅延误

可原谅延误是指允许延长工期的延误。非承包人过错所引起的工程施工延误，虽然不一定能得经济补偿，但还是可以原谅的。不可原谅延误是指因可预见的条件或在承包人控制之内的情况，或由承包人自己的问题与过错而引起的延误。

（1）可原谅延误的种类主要有：

1）不可抗力引起的延误，不可抗力是当事人所无法控制的。

2）不利自然条件或客观障碍引起的延误。

3）特别恶劣的气候条件引起的延误。

4）特殊分险引起的延误。

5）罢工及其他经济风险引起的延误。

6）业主或业主代表原因引起的延误。

（2）可原谅延误又分为可补偿延误与不可补偿延误：

1）可补偿延误是指承包人有权同时要求延长工期和经济补偿的延误。一般因业主或其代理人的错误疏忽而引起的施工延误都是可补偿的。

2）不可补偿延误是指可给予延长工期，但不能对相应经济损失给予补偿的可原谅延误。这种延误一般不是因双方当事人有错误或疏忽，而是由双方都无法控制的原因造成的。

2. 共同延误与非共同延误

共同延误是指两条或两条以上的单独延误同时发生。主要有两种情况：在同一条工作上同时发生两条或两条以上延误；在不同的工作上同时发生两条或两条以上延误。

第一种情况比较简单，只要每一项延误的时间相同，它们对整个工程所产生的影响就是相同的。共同延误主要有以下几种基本组合：

（1）可补偿延误与不可原谅延误同时存在：在这种情况下，承包商不能要求工期延长及经济补偿，因为即使是没有可补偿延误，不可原谅延误也已造成工程延误。

（2）不可补偿延误与不可原谅延误同时存在：在这种情况下，承包商无权要求延长工期，因为即使是没有不可补偿延误，不可原谅延误也已导致工程延误。

（3）不可补偿延误与可补偿延误同时存在：在这种情况下，承包商可以获得工期延长，但不能得到经济补偿，因为即使是没有可补偿延误，不可补偿延误也已造成工程延误。

（4）两项可补偿延误同时存在：在这种情况下，承包商只能得到一项工期延长或经济补偿。

非共同延误是指单一的只发生一条延误，而没有其他延误同时发生的延误。

3. 关键延误与非关键延误

关键延误是指在施工网络计划关键线路上发生的延误。非关键延误是指非关键线路上发生的延误。关键延误肯定会导致整个工程的延误，如果是可原谅的，则承包人可以获得工期延长。非关键延误，由于非关键线路上的活动都有一定的机动时间可以利用，具有一定的灵活性，所以，在该机动时间范围内的非关键延误不会导致整个工程的延误，承包人不能获得工期延长。当然，一旦机动时间用完，则原来的非关键延误也就变成了关键延误。

## （二）工期延误处理

### 1. 非承包人的原因或责任延误工期处理

监理工程师在进度监理过程中，若发现有较大的延误事件，应认真处理好这些延误事件。首先可对进度进行检查，判断其延误是否影响到后续工作的进行及是否影响到总工期，工期将拖延多少。对无误期影响的延误事件一般无须处理，但要极为关注。如经过判断可能会对总工期造成影响，应督促承包商调整工程进度计划，采取措施加快工程进度。其次应通过现场记录和有关文件或资料分析这些延误事件的原因或责任。

如果由于非承包人原因造成的承包商延误，且这种延误会造成误期，承包商必须提出延期申请，并在规定的时间内，提出延期具体细节，以供监理工程师审查处理。延期获得批准必须同时符合以下条件：

（1）符合合同的规定。

（2）事件发生在关键线路上，或发生在非关键线路上但延误时间超过总时长会造成进度计划的拖延。

（3）符合实际情况。符合以上条件时监理工程师应按规定批准承包人的延期申请。

### 2. 承包人的原因或责任延误工期处理

工期拖延影响不大的处理。承包人自身原因的延误引起工期拖延不大、没有超过一定百分比时，承包人一般可通过加强内部管理来自身消化。作为监理工程师应及时提醒或告诫承包人延误工期将受到的处罚，以提高承包人如期完成工程的自觉性，促使承包人自觉地加强内部管理、优化资源调配，在后续的施工中抢回失去的时间。

工期影响较大的处理。从进度计划的检查，反映出承包人自身原因的延误所引起工期拖延的影响较大，达到或超过危险的百分比时，监理工程师可根据合同规定的程序和权力处理。

在承包人无权取得任何延期的情况下，监理工程师认为实际工程进度过于缓慢，将不能按照进度计划预定的竣工期完成工程时，应指示或通知承包人采取加快措施，以赶上工程进度中的阶段目标和总体目标。承包人提出和采取的加快工程进度的措施必须经过监理工程师批准。监理工程师应从工地掌握第一手资料，以便对承包人提供的加快进度措施的审批。批准时应注意以下事项：

（1）只要承包人提出的加快工程进度的措施符合施工程序并能确保工程质量，监理工程师应予以批准。

（2）因采取加快工程进度措施而增加的施工费用应由承包人自负。

（3）因增加夜间施工或法定节假日施工而涉及业主的附加监督管理（包括监理）费用，

应由承包人负担，费用数额及支付方式由业主、监理工程师及承包人协商确定。

监理工程师控制进度对承包人的手段有误期赔偿和终止合同两种。如果由于承包人自身原因引起的误期，则监理工程师不能批准其延期。对承包商原因造成的延误处理有：停止付款、对承包商收取一定金额的拖期违约损失赔偿金、终止雇用等。在施工中，施工进度拖后，承包商不听监理工程师的警告，又不采取积极措施，可停止付款予以制约，这是一般的制约手段。当承包商未能按合同规定的工期和条件竣工，承包商应向业主支付投标书附件规定的拖期损失赔偿金。如承包人的进度太慢而又无视监理工程师的警告，不采取加快进度的措施或根本无力按期完工，业主有权终止或解除对承包商的雇用。

## 四、费用索赔与反索赔

### （一）费用索赔

1. 费用索赔的概念

费用索赔是指在工程实施过程中，非承包人自身原因造成的费用损失或增加，根据合同的有关规定，承包人通过合法的途径和程序，正式向业主提出认为应该得到额外费用的一种手段。施工索赔具有以下基本特征：

（1）索赔是双向的，不仅承包人可以向发包人索赔，发包人同样也可以向承包人索赔。

（2）只有实际发生了经济损失或权利损害，一方才能向另一方索赔。

（3）索赔是一种未经对方确认的单方行为，必须要通过双方确认（如双方协商、谈判、调解或仲裁、诉讼）后才能实现。

2. 索赔产生的原因

（1）合同文件内容出错。

（2）图纸延迟提交。

（3）不可预见的外界障碍或自然条件。

（4）监理工程师提供的水准点、基线等测量资料不准确。

（5）监理工程师指令进行的额外工作量。

（6）由业主风险所造成的损害的补救和修复。

（7）因施工中承包人开挖到化石、文物、矿产等珍贵物品，需停工处理。

（8）由于业主雇用其他承包人的影响，并为其他承包人提供服务。

（9）额外样品与试验。

（10）对隐蔽工程质量的揭露或开孔检查。

（11）工程全部中断或部分暂停。

（12）业主延迟提供用地。

（13）非承包人原因造成的工程缺陷需要修复。

（14）要求承包人调查和检查缺陷。

（15）工程变更。

（16）工程变更使合同总价格超过有效合同价的15%，

（17）特殊风险引起的工程被破坏和其他条款支付。

（18）特殊风险使合同终止。

（19）合同解除。

（20）业主违约引起工程终止。

（21）物价变动引起的工程成本的增减。

（22）后继法规的变化等。

3. 索赔的处理程序

（1）承包商应按合同的有关规定定期向监理工程师提交一份尽可能详细的索赔清单，对没有列入清单的索赔一般不予考虑。

（2）监理工程师依据索赔清单，建立索赔档案。

（3）对索赔项目进行监督，特别是对提出索赔项目的施工方法、劳务和设备的使用情况进行详细的了解并做好记录，以便核查。

（4）承包商提交正式的索赔文件，内容包括：索赔的基本事实和合同依据，索赔费用（或时间）的计算方法及依据、结果，以及附件（包括监理工程师指令、来往函件、记录、进度计划、进度的延误和所受的干扰以及照片等）。

（5）监理工程师审核索赔文件。

（6）如果需要，可要求承包商进一步提交更详尽的资料。

（7）监理工程师提出索赔的初步审核意见。

（8）与承包商谈判，澄清事实和解决索赔。

（9）如果监理工程师与承包商取得一致意见，则形成最终的处理意见。如果有分歧的话，则监理工程师可单方面提出最终的处理意见。若承包商对监理工程师的决定不服，可提出上诉，监理工程师应准备上诉材料。

（10）根据业主授权，对于重大索赔经业主审批同意后，向承包商下达变更指令；对于一般索赔，监理工程师直接签发变更指令。

（二）反索赔

反索赔是相对索赔而言的，是对要求索赔者的反措施，也是变被动为主动的一个策略性行动。

1. 反索赔的目的

（1）预防对方提出索赔：在合同实施中，积极防御，使自己处于不被索赔的地位，是合同管理的重要任务：

1）严格履行合同规定的义务，防止自身违约发生，使对方找不到索赔的理由和根据。

2）对于不可预见和防范的风险发生时，一方面应积极采取措施，减少风险损失；另一方面，应做好记录、收集证据，着手分析研究，为反索赔做准备。

（2）对索赔者的索赔要求进行评议和批评，指出其不符合合同条款的地方，或计算错误的地方，使其索赔要求被全部或部分否定，或去除索赔计价中不合理的部分，从而大量地压低索赔款额。

（3）利用合同赋予自己的权利，对索赔者的违约之处提出索赔要求，以维护自身的利益。最终可能在索赔处理中双方都做一定的让步，达到互不支付或减少支付索赔款额的目的。

2. 反索赔的种类

（1）工程拖期反索赔：工程施工的原定计划进度及完工日期拖后，可能影响到业主对该工程的投产计划，给业主带来经济损失时，按照国际工程标准合同条款的规定，业主有权对承包商进行索赔，即 FIDIC 合同条件中所述的"拖期损失赔偿费"。至于拖期损失赔偿的计价方法，在各个工程项目的合同文件中均有具体规定。一般规定，每拖期完工一天，应赔偿一定款额的损失赔偿费；拖期损失赔偿费的总额，一般不能超过该工程项目合同价格的一定比例（通常为 10%）。

（2）施工缺陷反索赔：承包施工合同条件一般规定，如果承包商施工质量不符合施工技术规程的规定，或使用的设备和材料不符合合同规定，或者在缺陷责任期满以前未完成应进行修补的工程时，业主有权向承包商追究责任，要求补偿业主所受的经济损失。如果承包商在规定的期限内仍未完成修补缺陷工作，业主有权向承包商提出反索赔。

（3）承包商不履行的保险费用索赔：如果承包商未能按照合同条款为指定的项目投保并保证保险有效，业主可以投保并保证保险有效，业主所支付的必要的保险费可在应付给承包商的款项中扣回。

（4）对指定分包商的付款索赔：在工程承包商未能提供已向指定分包商付款的合理证明时，业主可以直接按照监理工程师的证明书，将承包商未付给指定分包商的所有款项（扣除保留金）付给这个分包商，并从应付给承包商的任何款项中如数扣回。

（5）业主合理终止合同或承包商不正当地放弃工程的索赔：如果业主合理地终止承包商的承包，或者承包商不合理地放弃工程，则业主有权从承包商手中收回由新的承包商完成工程所需的工程款与原合同未付部分的差额。

（6）其他损失反索赔：其他方面损失反索赔，因工程具体条件而变化，常见的有：

1）承包商运送自己的施工设备和材料时，损坏了沿途的公路或桥梁。

2）承包商的建筑材料或设备不符合合同要求而要重复检验时，所带来的费用开支。

3）由于承包商的原因造成工程拖期时，在超出计划工期的拖期时段内的监理工程师服务费用，业主要求由承包商承担。

## 五、工程分包

在 FIDIC 条款中，将分包分成一般分包与指定分包两种，无论哪种形式的分包，都不能解除承包商对分包工程的责任和义务，承包商仍然对分包工程承担合同义务和违约责任，要对分包商的施工进行协商、督促和照管整个工程。

### （一）一般分包

一般分包合同是指在合同履行中，承包人出于某种原因，将其所承担工程的某些特定部分，经监理工程师同意后，分包给另外的承包人施工，而与承包人签订的分包合同。

通常，将从承包人那里分包一部分工程，并与承包人签订工程分包合同的人和实体，称为一般分包人。一般分包具有如下特点：

（1）分包合同是由承包人指定的，承包人有权选择分包人，分包合同须由承包人与分包人签订。

（2）分包合同必须事先征得监理工程师和业主的同意和书面批准。

（3）承包人不能将全部工程或主体工程分包出去。

（4）承包人对分包出去的那部分工程仍然不解除合同规定的任何责任和义务。

（5）分包工程价款由承包人与分包人估算。

（6）业主和监理工程师均不与分包人直接联系，也不直接向分包人付款。

### （二）指定分包

指定分包合同是指业主或监理工程师指定、选定或批准的分包工程或提供货物、材料、设备及劳务人员，并经承包人同意后，与承包人签订的分包合同。

1. 指定分包的审批

指定分包合同一般应在业主同承包商签订承包合同后进行。最好在指定分包合同招标之前，受邀请投标的公司能得到业主和承包商的共同批准。指定分包合同的标书通常由监理工程师或业主拟定，并负责招标和接收中标事宜，接着由中标者与承包商签订指定分包合同。

2. 监理工程师对指定分包工程的管理

指定分包的工程，通常有其特殊性，而且指定分包多是由业主决定的。为了有利于工程的顺利进行及确保指定分包工程的质量和业主的利益，现行《公路工程施工监理规范》（JTGG10）中对监理工程师的工作做了如下规定：

（1）监理工程师宜设专人对指定分包工程进行管理。

（2）监理工程师应要求指定分包商提交一份证明其资格情况的资料，并要求指定分包商保护和保障承包商免予承担由于指定分包商的疏忽、违约造成的一切损失。

（3）监理工程师应明确指定分包工程所使用的技术规范与验收标准。

（4）监理工程师应审查承包商反对指定分包商的理由。确认反对合理时，建议业主对承包商的反对予以考虑；反之，则应帮助说服承包商接受指定分包商。

（5）监理工程师对指定分包商的支付应按下述规定办理：

1）监理工程师应通过承包商对指定分包商进行支付。

2）监理工程师可要求承包商出示指定分包商得到承包商付款的证明。

3）承包商无正当理由拒绝向指定分包商付款的，监理工程师必须帮助业主从中期支付证书中扣留指定分包商应得到的款项，直接向指定分包商支付。

## 六、工程暂停及复工

### （一）工程暂停

在工程施工过程中，监理工程师为了保证工程质量、施工安全、合同能够有效地实施，按照合同的规定有权要求承包人暂停施工。例如，当发生以下情况时，监理工程师在对暂停工程的影响范围和影响程度的初步评估后，有权根据合同的规定签发工程暂停令。

（1）业主要求暂停施工，且工程确有暂停施工必要时。

（2）工程施工中出现以下质量状态时：

1）未经监理工程师检验或检验合格而进行下一道工序施工的。

2）擅自采用未经监理工程师验收或不合格的材料、构配件和设备的。

3）未经监理工程师批准，擅自变更设计图纸的。

4）未经监理工程师批准，擅自将工程分包给其他单位的。

5）工程出现质量缺陷、质量隐患及质量事故的。

6）没有可靠质量保证措施导致出现施工质量问题，经监理工程师指出，未采取有效整改措施，仍继续施工的。

7）违反国家及交通运输部有关规范、标准、规程而强行施工的。

（3）施工中出现安全隐患，监理工程师认为必须停工消除隐患时。

（4）施工中出现违反环保规定、未按合同要求落实环保措施，监理工程师认为必须停工整改时。

（5）由于承包人一方某种违约或过错而导致工程施工无法正常进行时。

（6）由于现场天气条件而导致工程施工无法正常进行时。

（7）施工现场发生了诸如地震、海啸、洪水等不可抗力而导致工程施工无法正常进行时。

（8）工程开挖遇到地下文物、古迹等需要保护处理时。

（9）施工现场发生质量、安全、环境污染事故必须停工保护现场或采取防止事态进一步扩大措施时。

（10）监理工程师认定发生了必须暂停施工的紧急事件或其他情况时。

监理工程师签发的工程暂停令，应明确工程暂停范围、期限及工程暂停期间承包人应做的工作，并报业主同意。

## （二）工程复工

在监理工程师签发工程暂停令后，承包人应当按照工程师的要求停止施工，妥善保护已完工工程，并采取措施消除隐患。监理工程师应当在提出暂停施工要求后，在规定的时间内提出书面处理意见。承包人实施监理工程师做出的处理意见后，发生的问题得到处理和解决，可提出书面复工要求。监理工程师应当在规定的时间内给予答复。若批准工程复工，要指示承包人做好进度计划调整，并报业主。

由于承包人原因导致施工暂停，在具备复工条件需要复工时，监理工程师应审查承包人报送的复工申请以及有关资料，并检查施工现场整改的实际情况，符合要求后，方可签发工程复工指令。

由于非承包人原因而发生工程暂停时，监理工程师应如实记录所发生的实际情况。在施工暂停原因消失后具备复工条件时，监理工程师应及时签发工程复工指令。

## 七、合同争端

### （一）合同争端的概念

合同争端（议）也称合同纠纷，是指合同当事人对合同规定的权利和义务产生不同的理解。

### （二）合同争端的类型

1. 工程价款支付主体争端

施工企业被拖欠巨额工程款已成为整个建设领域中屡见不鲜的"正常事"。往往出现工程的发包人并非工程真正的建设单位，也并非工程的权利人的情况。在这种情况下，发包人通常不具备工程价款的支付能力，施工单位该向谁主张权利以维护其合法权益，会成为争议的焦点。在此情况下，施工企业应理顺关系，寻找突破口，向真正的发包方主张权利，以保证合法权益不受侵害。

2. 工程进度款支付、竣工结算及审价争端

尽管合同中已列出了工程量，约定了合同价款，但实际施工中会有很多变化，包括设计变更、现场工程师签发的变更指令、现场条件变化如地质、地形等，以及计量方法等引起的工程数量的增减。这种工程量的变化几乎每月或每天都会发生，而且承包商通常在其每月申请工程进度付款报表中列出，希望得到额外付款，但常因与现场监理工程师有不同意见而遭拒绝或者拖延不决。这些实际已完的工程而未获得付款的金额，由于日积月累，在后期可能增大到一个很大的数字，业主更加不愿支付，因而造成更大的分歧和争端。

承包商会认为由于未得到足够的应付工程款而不得不将工程进度放慢下来，而业主则会认为在工程进度拖延的情况下更不能多支付给承包商任何款项，这就会形成恶性循环而使争端愈演愈烈。更主要的是，大量的业主在资金尚未落实的情况下就开始工程的建设，致使业主千方百计地要求承包商垫资施工、不支付预付款、尽量拖延支付进度款、拖延工程结算及工程审价进程，致使承包商的权益得不到保障，最终引起争端。

3. 工程工期拖延争端

一项工程的工期延误，往往是由于错综复杂的原因造成的。在许多合同条件中都约定了竣工逾期违约金。由于工期延误的原因可能是多方面的，要分清各方的责任往往十分困难。人们经常可以看到，业主要求承包商承担工程竣工逾期的违约责任，而承包商则提出因诸多业主方的原因及不可抗力等工期应相应顺延，有时承包商还就工期的延长要求业主承担停工、窝工的费用。

4. 安全损害赔偿争议

安全损害赔偿争议包括相邻关系纠纷引发的损害赔偿、设备安全、施工人员安全、施工导致第三方安全、工程本身发生安全事故等方面的争议。其中，建筑工程相邻关系是双方十分关心的问题。施工企业应对可能造成损害的毗邻施工现场的建筑物、构筑物和特殊作业环境采取安全防护措施。

5. 合同终止及终止争端

终止合同造成的争端有：承包商因这种终止造成的损失严重而得不到足够的补偿；业主对承包商提出的就终止合同的补偿费用计算持有异议；承包商因设计错误或业主拖欠应支付的工程款而造成困难提出终止合同；业主不承认承包商提出的终止合同的理由，也不

同意承包商的责难及其补偿要求等。

除不可抗力外，任何终止合同的争端往往是难以调和的矛盾造成的。终止合同一般都会给某一方或者双方造成严重的损害。如何合理处置终止合同后双方的权利和义务，往往是这类争端的焦点。

6. 工程质量及保修争端

工程质量方面的争议包括工程中所用材料不符合合同约定的技术标准要求，提供的设备性能和规格不符，或者不能生产出合同规定的合格产品，或者是通过性能试验不能达到规定的质量要求，施工和安全有严重缺陷等。这类质量争议在施工过程中主要表现为，工程师或业主要求拆除和移走不合格材料，或者返工重做，或者修理后予以降价处置。对于设备质量问题，则常在调试和性能试验后，业主不同意验收移交，要求更换设备或部件，甚至退货并赔偿经济损失。而承包商则认为缺陷是可以改正的，或者已改正；对生产设备质量则认为是性能测试方法错误，或者制造产品初投入的原料不合格或者是操作方面的问题等，质量争议往往变成责任问题争端。

此外，在保修期的缺陷修复问题往往是业主和承包商争议的焦点，特别是业主要求承包商修复工程缺陷而承包商拖延修复，或业主未经通知承包商就自行委托第三方对工程缺陷进行修复。在此情况下，业主要在预留的保修金中扣除相应的修复费用，承包商则主张产生缺陷的原因不在承包商或业主未履行通知义务而其修复费用未经其确认而不予同意。

### （三）合同争端的解决方式

1. 协商

协商是指合同争议的双方当事人在自愿友好、互谅互让的基础上，经过谈判和磋商，自愿达成协议从而解决纠纷的一种方式。

2. 调解

调解是指合同争议的双方当事人在第三人主持下通过对双方当事人进行说服劝导，促使双方当事人自愿达成协议从而解决纠纷的活动。实践中主要有行政调解、法院调解或仲裁调解、民间调解四种方式。

3. 争端（议）评审

争端评审是指争议双方通过事前的协商，选定独立公正的第三人对其争议做出决定，并约定双方都愿意接受该约定的约束的一种非正式的解决争议的方式。

4. 仲裁

仲裁也称公断，是双方当事人通过协议自愿将争议提交第三者（仲裁机构）做出裁决，并负有履行裁决义务的一种解决争议的方式。仲裁须经双方同意并约定具体的仲裁委员会。仲裁可以不公开审理从而保守当事人的商业秘密，节省费用，一般不会影响双方日后的正常交往。

## 八、违约处理

### （一）违约的概念

违约行为，也称违反合约，简称违约，是指一方当事人不合理拒绝或者不履行合法和强制性的合同义务，即完全不履行根据合同应负有的任何义务，通常表现为拒绝履行、不履行、延迟履行或者不当履行等形式。

### （二）承包人的违约及处理措施

1. 承包人的违约

在合同签订以后或在合同执行中，如果承包人已无力偿还他的债务或陷入破产，或承包人同意转让合同，或其财产的主要部分被接管，或对承包人的任何重要部分强制抵押，或监理工程师向业主证明承包人有下述情况之一：

（1）无正当理由拒不执行通用条件规定的开工，或承包人在接到通用条件关于承包人施工进度过慢的通知28天后未进行施工或未进行任何部分的施工。

（2）在接到监理工程师根据通用条件规定需重做某些被拒收的材料或设备检验的通知，或根据通用条件规定拆运出不合格的工程材料或设备的指令28天后，仍不遵守该通知或指令。

（3）无视监理工程师的书面警告，一贯公然忽视履行合同规定的义务。

（4）已经违反了通用条件关于合同分包的规定。

则业主在收到监理工程师的上述关于承包人破产或任一条违约的书面证明后，应向承包人发出通知，并在通知发出14天后进驻施工现场和该工程，终止对承包人的雇用。但这并不解除合同规定的承包人的任何义务和责任，也不影响合同授予业主和监理工程师的各种权利和权限。

2. 承包人违约的处理措施

当监理工程师确认承包人违约时，应采取如下措施：指示承包人将其为履行合同而签订的任何协议的利益（如材料和货物的供应、服务的提供等）转让给业主；认真调查并充分考虑业主因此，受到的直接和间接的费用影响后，办理并签发部分或全部终止合同的支付证明。

## （三）业主的违约及处理措施

1. 业主的违约

业主有下列事实时，监理工程师应确认为其违约：

（1）没有在合同规定的时间内根据监理工程师签发的支付证书向承包人付款，也未向承包人说明理由。

（2）无理阻挠或拒绝监理工程师签发支付证书所需的批准。

2. 业主违约的处理措施

当监理工程师收到承包人因业主违约而提出的部分或全部终止合同的通知后，应尽快深入调查，收集掌握有关情况，澄清事实。在调查、了解的基础上，根据合同文件要求，同业主、承包人协商后，办理部分或全部终止合同的支付。

按照合同规定，因业主未能按时向承包人支付应得款项而违约时，承包人有权按合同有关规定暂停工程或延缓工程进度，由此发生的费用增加和工期延长，经监理工程师与业主、承包人协商后，将有关费用加到合同价中，并应给予承包人适宜的工期延长。如果业主收到承包人暂停工程或延缓工程进度的通知后，在合同规定的时间内恢复了向承包人应付款的支付以及支付了延期付款利息，承包人应尽快恢复正常施工。

# 九、工程保险

工程施工阶段的保险，是指通过专门机构——保险公司以收取保险费的方式建立保险基金，一旦发生自然灾害或意外事故，造成参加保险者的财务损失或人身伤亡时，即用保险金给予补偿额的一种制度。

## （一）检查保险

监理工程师应根据合同有关规定，从以下几个方面对承包人的保险进行检查：

1. 保险种类

合同规定的投保险种类有：工程一切险、第三方责任险、施工装备和施工人员人身意外险。

2. 保险的数额

应与实际价值相符或应符合合同的规定。

3. 保险的有效期

应不少于合同工期或修订的合同工期。

4. 保险单及保险费收据

确认承包人已在合同规定的时间内提交给业主，并保留复印件备查。

## （二）落实保险

当监理工程师确认承包人未在合同规定的时间内，按合同规定的内容，向业主提交合格的保险单时，应采取如下措施：

（1）指定承包人尽快补充办理保险。

（2）承包人拒绝办理时，通知建议业主补充办理保险。

（3）保险最终由业主补充办理的，监理工程师应签发扣除承包人相应费用的证明。

（4）如果业主也未补办，监理工程师应书面通知承包人和业主由此带来的危害。根据合同有关规定，未来发生与此有关的一切责任和费用都将由责任方承担和赔偿，并督促其尽快办理保险。

# 第六章　公路工程组织协调与工地会议

# 第一节　组织协调的概念

## 一、组织协调的含义

协调是一种贯穿于整个项目的管理方法，是通过协商、沟通、调度、联合所有的活动及力量，使各项活动衔接有序地正常展开，以实现自己的预定目标。组织是安排分散的人或事物，使其具有一定的系统性或完整性。

监理的组织协调是为了实现项目目标，监理组织内部人与人之间、机构与机构之间以及监理组织与外部环境组织之间的沟通、调和、联合和联结工作，在实现项目总目标中，相互理解信任、步调一致、运行一体化的工作。

公路工程建设项目目标的实现，需要参与项目建设的各方责任主体同心协力地围绕项目开展工作。但由于各方主体的责、权、利的不同，在项目实施过程中，会产生大量的协调问题，如施工条件变化、技术变更、不可抗力作用等都容易造成合同履行的偏差，这就要求监理工程师具有较强的组织协调能力，能及时进行组织协调工作，使项目建设顺利进行。组织协调工作极为重要，也最为困难，是监理工作是否成功的关键，只有通过积极的组织协调，才能使项目目标最终实现。

## 二、组织协调的作用

### （一）纠偏和预控错位

施工中经常出现作业行为偏离合同和规范的标准，监理协调的重要作用之一就是及时纠偏，或采用控制措施事前调整错位。

### （二）控制进度的关键是协调

在建设施工中，有许多单位工程是由不同专业的工程组成的，这就必然存在着几类工程的相互衔接和队伍间相互协作的问题，而进度控制的关键是搞好协调。

### （三）协调是平衡的手段

在公路工程施工中，特别是大中型建设项目，往往由许多施工队伍进行施工，加上设计单位、施工单位、设备材料供应单位等，既有纵向的串接又有横向的联合，各自又有不同的作业计划、质量目标，这就存在着上述单位之间的协调问题。监理工程师应当从工程内部分析，既要进行各子系统之间的平衡协调，又要进行队伍之间、上下之间和内外之间的协调，要发挥监理工程师的核心作用，突出协调功能。

### 三、组织协调的范围和层次

从系统方法的角度看，项目监理机构协调的范围分为系统内部的协调和系统外部的协调，系统外部协调又分为近外层协调和远外层协调。近外层和远外层的主要区别是，建设工程与近外层关联单位一般有合同关系，包括直接和间接的合同关系；与远外层关联单位一般没有合同关系。

组织协调工作均应遵守以下原则：

#### （一）守法是组织与协调工作的第一原则

监理必须在国家有关工程建设的法律、法规许可范围内去协调、去工作。对于业主和承包人，更应该严格遵守法律法规，只有这样，才能做好组织与协调工作。

#### （二）组织协调要维护公正原则

要站在项目的立场上，公平地处理每一个纠纷，一切以最大的项目利益为原则。做好组织与协调工作，就必须按照合同的规定，维护合同双方的利益。这样，才能最终维护好业主的利益。

#### （三）协调与控制目标一致原则

在工程建设中，应该注意质量、工期、投资、环境、安全的统一，不能有所偏废。协调与控制的目标是一致的，不能脱离建设目标去协调，同时，要把工程的质量、工期、投资、环境、安全统一考虑，不能强调某一目标而忽视其他目标。

### 四、组织协调的工作任务

（1）监理工程师组织协调业主、承包人等各方关系对技术标准、规范等质量标准的统一认识，使之符合设计文件要求。

（2）监理工程师组织协调各方统一计量支付的方法和原则，使其按合同规定进行各期工程计量、工程款支付。

（3）组织协调各方的进度安排，保证按期完工。

（4）对工程施工安全、环保措施等予以高度重视，协调工程施工各方面保质保量，安全施工，文明施工，保护环境。

（5）组织协调、落实施工活动按计划进行。对发现的施工质量问题及时予以纠正，对其重大问题只是提出而不进行讨论，另行召开专门会议或在工地会议上进行研究处理。

（6）监理工程师就施工进度和施工质量予以充分关注，对不符合合同文件要求的工程质量、进度、计划问题及时指示承包人采取措施纠正，保证工程按计划顺利进行。

# 第二节 组织协调的内容

## 一、监理机构内部的协调

### （一）内部人际关系的协调

（1）对项目监理机构各种人员的搭配应注意能力互补和性格互补，人员配置应尽可能少而精，防止力不胜任和忙闲不均现象。

（2）制订明确的目标和岗位职责，使管理职能不重不漏，同时明确岗位职权。

（3）以正面教育为主，要肯定成绩，表扬先进，以利再战，提高项目监理机构人员的信心，同时要指出存在的主要问题，以便今后改正错误，做好工作。

（4）多听取项目监理机构成员的意见和建议，及时沟通，鼓励大家同舟共济。

### （二）内部组织关系的协调

（1）在职能和分工的基础上设置组织机构。

（2）明确规定每个机构的目标职责、权限，形成制度，及时消除工作中的矛盾和冲突。

（3）事先确定各个机构在工作中的相互关系，防止出现脱节等延误工作的现象。

（4）建立信息沟通制度，如工作例会、业务碰头会、会议纪要，采用工作流程图、计算机网络信息传递等方式来沟通信息，这样才能使局部了解全局，服从全局的需要。

### （三）内部需求关系的协调

（1）监理资源配置应满足监理工作的需要。

（2）监理人员的安排应考虑工程进展情况、技术复杂程度，做到专业配套，老、中、青结合，以保证工程监理目标的实现。

## 二、与建设单位的协调

（1）监理工程师要了解建设单位的意图，经常征求建设单位的意见，统一思想，步调一致，使监理工作得到建设单位的支持，全面完成监理工程的总目标。

（2）用监理人员的技术优势、专业优势，帮助建设单位解决工程建设中的重大问题，使工程建设的工期、质量、投资、安全达到合同要求。

（3）尊重建设单位，支持建设单位的工作，尽量满足建设单位的合理要求。对建设单位提出的某些不合理要求或看法，只要不是原则性问题，应该先执行，然后在适当时机，采取不同的方式解释和说明；对原则性问题，说明原因，心平气和，避免矛盾激化，产生误解。

### 三、与承包商的协调

监理工程师的工作是通过承包商来实现的，因此，做好与承包商的协调是监理工作的主要内容。

（1）对承包单位的协调，应坚持原则，实事求是，严格按规范、规程办事，讲究科学态度。监理工程师尽量少对施工单位行使处罚权，在观念上应该认为自己的工作是提供监理服务，强调各方面利益的一致性和项目总目标；鼓励施工单位积极汇报项目实施状况、实施结果及遇到的困难和意见，在工作上加强了解，减少对抗。

（2）对分包单位的协调，主要是对分包单位明确合同管理范围，分层次管理。将总包合同作为一个独立的合同单元，不直接与分包合同发生关系。分包人在施工中发生的问题，由总包人负责协调处理，必要时，监理工程师帮助协调。当分包合同与总包合同相抵触时，以分包合同为准。

（3）在工程实施过程中会遇到各种各样的矛盾和问题，监理工程师要与承包商一起共同商量，集思广益，帮助承包商选择最佳方案，解决实际问题，使工程建设顺利进行。

（4）在协调工作中要注意工作方法，善于引导，启发承包商做好工作，注意说话的场合、方法及分寸，让对方能接受；对于意见不统一、分歧大的问题，也不要急于求成，不要激化矛盾。

### 四、与设计单位的协调

监理单位必须加强与设计单位的协调，协调可从以下三个方面进行：

（1）尊重设计单位的意见。

（2）施工中发现设计问题，应及时向设计单位提出，以免造成大的质量损失。

（3）注意信息传递的及时性和程序性。

### 五、与政府部门的协调

监理单位在处理工程质量控制和安全生产管理问题时，要做好与工程质量、安全生产监督站的交流与协调。重大质量事故或安全生产事故，在承包商采取急救、补救措施的同时，应督促承包商立即向政府有关部门报告情况，接受检查和处理。公路工程合同应送公证机关公证，并报政府交通主管部门备案；要督促承包商在施工中注意防止环境污染，坚持做到文明施工。

# 第三节　组织协调的方法

组织协调工作千头万绪，涉及面广，受主观和客观因素影响较大。为保证监理工作顺利进行，要求监理工程师知识面要宽，更要有较强的工作能力，能够因地制宜、因时制宜处理问题。监理工程师组织协调可采用以下几种方法：

## 一、会议协调法

工程项目监理实践中，会议协调法是最常用的一种协调方法，一般来说，它包括第一次工地会议、监理例会、专题现场协调会等。

### （一）第一次工地会议

第一次工地会议是在工程尚未全面展开前，由参与工程建设的各方互相认识、确定联络方式的会议，也是检查开工前各项准备工作是否就绪并明确监理程序的会议。由建设单位主持召开，建设单位、承包单位和监理单位的授权代表必须参加出席会议，必要时分包单位和设计单位也可参加，各方将在工程项目中担任主要职务的负责人及高级人员也应参加。第一次工地会议很重要，是项目开展前的宣传通报会。

第一次工地会议纪要应由项目监理机构负责起草，并经与会各方代表会签。

### （二）监理例会

监理例会是由监理工程师组织与主持，按一定程序召开的，研究施工中出现的计划、进度、质量及工程款支付等问题的工地会议。参加者有总监理工程师代表及有关监理人员、承包单位的授权代表及有关人员、建设单位代表及有关人员。工地例会召开的时间根据工程进展情况安排，一般有周、旬、半月和月度例会等几种，工程监理中的许多信息和决定是在工地例会上产生和决定的，协调工作大部分也是在此进行的，因此，监理工程师必须重视工地例会。

由于监理工地例会定期召开，一般均按照一个标准的会议议程进行，主要是对进度、质量、投资的执行情况进行全面检查，交流信息，并提出对有关问题的处理意见以及今后工作中应采取的措施。此外，还要讨论延期、索赔及其他事项。

### （三）专题现场协调会

除定期召开工地监理例会以外，还应根据项目工程实施需要组织召开一些专题现场协调会议，如对于一些工程中的重大问题以及不宜在工地例会上解决的问题，根据工程施工需要，可召开有相关人员参加的现场协调会。如对复杂施工方案或施工组织设计审查、复杂技术问题的研讨、重大工程质量事故的分析和处理、工程延期、费用索赔等进行协调，可在会上提出解决办法，并要求相关方及时落实。

## 二、交谈协调法

并不是所有问题都需要开会来解决，有时可采用"交谈"这种方法。交谈包括面对面的交谈和电话交谈两种形式。由于交谈本身没有合同效力，加上其方便性和及时性，所以，公路工程参与各方之间及监理机构内部都愿意采用这种方法进行协调。实践证明，交谈是寻求协作和帮助的最好方法，因为在寻求别人帮助和协作时，往往要及时了解对方的反应和意见，以便采取相应的对策。另外，相对于书面寻求协作，人们更难于拒绝面对面的请求。因此，采用交谈方式请求协作和帮助比采用书面方法实现的可能性要大，无论是内部协调还是外部协调，这种方法使用频率都是相当高的。

## 三、书面协调法

当其他协调方法效果不好或需要精确地表达自己的意见时，可以采用书面协调法。书面协调法常用的各种书面文件包括如下：

（1）监理指令、监理通知、各种报表、书面报告等。

（2）以书面形式向各方提供详细信息和情况通报的报告、信函和备忘录等。

（3）会议记录、纪要、交谈内容或口头指令的书面确认。

各相关方对各种书面文件一定要严肃对待，因为书面协调法的最大特点是具有合同效力。例如，对于承包单位来说，监理工程师的书面指令或通知是具有一定强制力的，即使有异议，也必须执行。

## 四、访问协调法

访问协调法主要用于远外层的协调工作中，也可以用于建设单位和承包单位的协调工作，有走访和邀访两种形式。走访是协调者在建设工程施工前或施工过程中，对与工程施工有关的各政府部门、公共事业机构、新闻媒介或工程毗邻单位等进行访问，向其解释工程的情况，听取具体的意见。邀访是协调者邀请相关单位代表到施工现场对工程进行巡视，了解现场工作。在多数情况下，这些有关方面并不了解工程，不清楚施工现场的实际情况，如果进行一些不恰当的干预，会对工程产生不利影响，此时采用访问法可能是一个相当有效的协调方法。对于远外层的协调工作，一般由建设单位主持，监理工程师主要起协助作用。

总之，组织协调是一种管理艺术和技巧，监理工程师尤其是项目总监理工程师需要掌握领导科学、心理学、行为科学方面的知识和技能，如激励、交际、表扬和批评的艺术、开会的艺术、谈话的艺术、谈判的技巧等。这些知识和能力的获得，只有在工作实践中不断地积累与总结，是一个长期的过程。

# 第四节　工地会议

## 一、工地会议的意义及作用

公路工程施工监理中制订并实施的工地会议，为工程施工全过程的监理工作提供了大量的反馈信息，是监理工程师对工程项目进行全面管理的一种重要方法，也是合同管理项目中普遍用的一种手段。工地会议旨在检查、督促合同各方，特别是承包人对工程项目承包合同的执行情况，协调各方关系，促进工程项目的顺利进行。工地会议可根据会议的时间、内容及参加人员的不同，分为第一次工地会议、工地会议和现场协调会三种形式，其目的是：

### （一）第一次工地会议的目的

监理工程师对工程开工前的各项准备工作进行全面的检查，确保工程实施有一个良好的开端。

### （二）工地会议的目的

监理工程师对工程实施过程中的进度、质量、费用的执行情况进行全面检查，为正确决策提供依据，确保施工顺利进行。

### （三）现场协调会的目的

监理工程师对日常或经常性的施工活动进行检查、协调和落实，使监理工作和施工活动密切配合。

工地会议在施工监理过程中起着十分重要的作用。通过工地会议，便于监理工程师对工程施工的进度和质量的矛盾进行协调，同时方便各种信息迅速在业主、承包人间传递，有利于工程的顺利进行；工地会议可用来协调业主、监理工程师、承包人三方之间的矛盾，也可以协调工程施工中的一些矛盾，使矛盾和问题得到及时解决，避免对工程项目三大目标的影响；工地会议是监理工程师对工程施工进度、质量、费用情况的经常性检查，通过对执行合同的情况和施工技术问题的讨论，可以发现问题，为监理工程师决策提供依据；工地会议还可以集思广益，对施工过程中出现的各种问题，提出建设性意见和措施。因此，工地会议也是监理工程师一项重要的日常性工作。

## 二、第一次工地会议

第一次工地会议是承包人、监理工程师进入工地后的第一次会议，是业主、承包人、监理工程师建立良好合作关系的一次机会。第一次工地会议宜在正式开工前召开，并应尽可能早举行。会议的组织由监理工程师单位负责，监理工程师应事前将会议议程及有关事项通知业主、承包人及有关方面，必要时可先召开一次预备会议，使参加会议的各方做好资料准备。在会议举行中，如果某些重大问题达不到目的要求，可以暂时休会，待条件具备时再行复会。

### （一）第一次工地会议参与者

第一次工地会议应由监理工程师主持，业主、承包人的授权代表必须出席会议，各方将要在工程项目中担任主要职务的部门(项目)负责人及指定分包人也应参加会议。

### （二）会议的主要内容

1. 介绍人员及组织机构

业主或业主代表应就其实施工程项目期间的职能机构、职责范围及主要人员名单提出书面文件，就有关细节做出说明。

总监理工程师应向监理工程师代表及高级驻地监理工程师授权，并声明自己仍保留哪些权力；书面将授权书、组织机构框图、职责范围及全体监理人员名单提交承包人并报备业主。

承包人应书面提出工地代表(项目经理)授权书、主要人员名单、职能机构框图、职责范围及有关人员的资质材料以取得监理工程师的批准；监理工程师应在本次会议中进行审查并口头予以批准(或有保留地批准)，会后正式予以书面确认。

2. 介绍施工进度计划

承包人的施工进度计划应在中标通知书发出后合同规定的时间里提交监理工程师。在第一次工地会议上，监理工程师应就施工进度计划做出如下说明：施工进度计划可于何日批准或哪些分项已获得批准；根据批准或将要批准的施工进度计划，承包人何时可以开始哪些工程施工，有无其他条件限制，有哪些重要的或复杂的分项工程还应单独编制进度计划提交批准。

3. 承包人介绍施工准备

承包人应就施工准备情况按如下内容提出陈述报告，监理工程师应逐项予以澄清、检查和评述。

(1) 主要施工人员（含项目负责人、主要技术人员及主要机械）是否进场或将于何日进场，并应提交进场人员计划及名单。

(2) 用于工程的进口材料、机械、仪器和设施是否进场或将于何日进场，是否将会影响施工，并应提交进场计划及清单。

(3) 用于工程的本地材料来源是否落实，并应提交料源分布图及供料计划清单。

(4) 施工驻地及临时工程建设进展情况如何，并应提交驻地及临时工程建设计划分布和布置图。

(5) 工地试验室、流动试验室及设备是否准备就绪或将于何日安装就绪，并应提交试验室布置图、流动试验室分布图及仪器设备清单。

(6) 施工测量的基础资料是否已经落实并经过复核，施工测量是否进行或将于何日完成，并应提交施工测量计划及有关资料。

(7) 履约保函和动员预付款保函及各种保险是否已办理或将于何日办理完毕，并应提交有关已办理手续的副本。

(8) 为监理工程师提供的住房、交通、通信、办公等设备及服务设施是否具备或将于何日具备，并应提交有关计划安排及清单。

(9) 其他与开工条件有关的内容及事项。

4. 业主说明开工条件

业主代表应就工程占地、临时用地、临时道路、拆迁以及其他开工条件有关的问题进行说明；监理工程师应根据批准或将要批准施工进度计划的安排，对上述事项提出建议及要求。

5. 监理单位说明监理工作准备情况及监理程序

监理单位就监理工作准备情况以及有关事项做出说明，同时，明确监理工作例行程序并提出有关表格及说明，一般应包括：

(1) 质量控制的主要程序、表格及说明。

(2) 计量支付的主要程序、报表及说明。

(3) 延期与索赔的主要程序、报表及说明。

## 三、工地会议

工地会议属于开工后举行的一种例行会议，用于解决施工中存在的问题。工地会议由监理工程师主持，宜每月召开一次，其具体时间间隔可根据施工中存在的问题程度由监理工程师决定，工地会议应在开工后的整个活动期内定期举行。

### （一）参加人员

会议参加者应为高级驻地监理工程师及有关助理人员；承包人的授权代表、指定分包人及有关助理人员；业主代表及有关助理人员。

### （二）会议的内容

会议按既定的例行议程进行，一般应由承包人逐项进行陈述并提出问题与建议；监理工程师逐项组织讨论并做出决定或决议的意向。会议一般应按以下议程进行讨论和研究：

(1) 对上次会议存在问题的解决和纪要的执行情况进行检查。

(2) 工程进展情况。

(3) 对下月（或下周）的进度预测。

(4) 施工单位投入的人力、设备情况。

(5) 施工质量、加工订货、材料的质量与供应情况。

(6) 有关技术问题。

(7) 索赔工程款支付。

(8) 业主对施工单位提出的违约罚款要求。

会议记录由监理工程师形成纪要，经与会各方认可，然后分发给有关单位。会议纪要主要内容包括：

(1) 会议地点及时间。

(2) 出席者姓名、职务及其代表的单位。

(3) 会议中发言者的姓名及所发言的主要内容。

(4) 决定事项。

(5) 诸事项分别由何人何时执行。

监理工地例会举行的次数较多，一定注意要防止流于形式。监理工程师要对每次监理例会进行预先筹划，使会议内容丰富，针对性强，则可以真正发挥协调作用。

## 四、工地专题会议

专题会议一般由监理单位（或建设单位）或承包单位提出后，由总监理工程师及时组织。参加专题会议的人员应根据会议的内容确定，除建设单位、承包单位和监理单位的有关人员外，还可以邀请设计人员和有关部门人员参加。由于专题会议研究的问题重大，又比较复杂，因此，会前应与有关单位一起，做好充分的准备，如进行调查、收集资料，以便介绍情况。有时为了使协调会达到更好的共识，避免在会议上形成冲突或僵局，或为了更快地达成一致，可以先将会议议程打印发给各位参加者，并可以就议程与一些主要人员进行预先磋商，这样才能在有限的时间内，让有关人员充分地研究并得出结论。会议过程中，监理工程师应能驾驭会议局势，防止不正常的干扰影响会议的正常秩序。对于专题会议，也要求有会议记录和纪要，作为监理工程师存档备查的文件。

## 五、现场协调会

在整个施工活动期间，应根据具体情况定期或不定期召开不同层次的施工现场协调会。会议应由监理工程师主持，承包人或代表出席，有关监理及施工人员酌情参加。会议只对近期施工活动进行证实、协调和落实，对发现的施工质量问题及时予以纠正，对其他重大问题只是提出而不进行讨论，另外召开专门会议或在工地会议上进行研究处理。会议的主要内容包括：承包人报告近期的施工活动，提出近期的施工计划安排，简要陈述发生或存在的问题；监理工程师就施工进度和施工质量予以简要评述，并根据承包人提出的施工活动安排，安排监理人员进行旁站、工序检查、抽样试验、测量验收、计算测算、缺陷处理等施工监理工作；对执行施工合同有关的其他问题交换意见。

现场协调会以协调工作为主，讨论和证实有关问题，及时发现问题，一般对出现的问题不做出决议，重点只对日常工作发出指令。监理方和承包人方通过现场协调会彼此交换意见、交流信息，促使监理与承包人双方保持良好的关系。

## 六、监理交底会

为了做好事前控制，让承包人明确监理程序，合同工程开工前，总监理工程师应主持召开由承包人项目经理、技术负责人及相关人员、监理单位主要的监理人员参加的监理交底会，介绍监理计划的有关内容。多年的实践证明，这对于监理工作的顺利开展和监理目标的实现起到了事半功倍的效果。监理交底会可以在开工前单独举行，也可以与第一次工地会议一起举行。

# 第七章　市政工程建设项目进度管理

# 第一节　概述

## 一、进度管理的基本概念

### （一）工程项目进度管理的含义

工程项目进度管理是指项目管理者围绕目标工期编制计划，付诸实施且在此过程中经常检查计划的实际执行情况，分析进度偏差原因，并在此基础上不断调整、修改计划直至工程竣工交付使用；通过对进度影响因素控制及各种关系协调，综合运用各种可行方法、措施，将项目的实际工期控制在事先确定的目标工期范围之内。在兼顾安全、成本、质量控制目标的同时，努力缩短建设工期。本章介绍的进度管理不是局限于项目施工过程进度管理，而是从项目全过程总体管理的角度，介绍项目决策阶段、准备阶段、实施阶段和收尾阶段的全过程进度管理。

### （二）工程项目进度管理的程序

（1）制订进度计划。

（2）进度计划交底，落实责任。

（3）实施进度计划，跟踪检查，对存在的问题分析原因并纠正偏差，必要时对进度计划进行调整。

（4）编制进度报告，报送有关管理部门。

## 二、进度计划的编制

### （一）进度计划的类型

工程项目进度计划通常有下列几类：

（1）整个项目的总进度计划。

（2）分阶段进度计划。

（3）子项目进度计划和单体进度计划。

（4）年（季）度计划。

各类进度计划应包括下列内容：

（1）编制说明。

（2）进度计划表。

（3）资源需要量及供应平衡表。

### （二）进度计划的编制程序

一般来讲，工程项目进度计划的编制应遵循以下程序：

（1）确定进度计划的目标、性质和使用者。

（2）进行工作分解。

（3）收集编制依据。

（4）确定工作的起止时间及节点时间。

（5）处理各工作之间的搭接关系。

（6）编制进度表并确定关键线路图。

（7）编制进度说明书。

（8）编制资源需要量及供应平衡表。

（9）报有关部门批准。

### （三）进度计划的表示方法

1. 横道图表示法

横道图也称为甘特图，是美国人甘特在 20 世纪 20 年代提出的。由于其形象、直观，且易于编制和理解，因而长期以来被广泛应用于建设工程进度管理中。如图 7-1 所示是用横道图表示的某钢筋混凝土工程进度的安排。

| 工作 | 进度计划(d) | | | | | | | | | | |
|---|---|---|---|---|---|---|---|---|---|---|---|
| | 1 | 2 | 3 | 4 | 5 | 6 | 7 | 8 | 9 | 10 | 11 |
| 支撑板 | 一段 | | | 二段 | | | 三段 | | | | |
| 绑钢筋 | | | | 一段 | | | 二段 | | | 三段 | |
| 浇筑混凝土 | | | | | | | | | 一段 | 二段 | 三段 |

**图7-1某钢筋混凝土工程的横道图计划**

横道图计划的优点是较易编制、简单、明了、直观、易懂。因为有时间坐标，各项工作的施工起止时间、作业时间、工作进度、总工期，以及流水作业的情况等都表示得清楚明确，一目了然。对人力和其他资源的计算也便于据图叠加。

横道图计划的缺点主要是不能全面地反映出各工作相互之间的关系和影响，不便进行各种时间计算，不能客观地突出工作的重点（影响工期的关键工作），也不能从图中看出计划中的潜力所在，这些缺点的存在，对改进和加强工程管理工作是不利的。

2. 网络图表示法

网络计划则是以箭线和节点组成的网状图形来表示工程实施的进度。如图 7-2 所示是用网络图表示的某钢筋混凝土工程进度的安排。

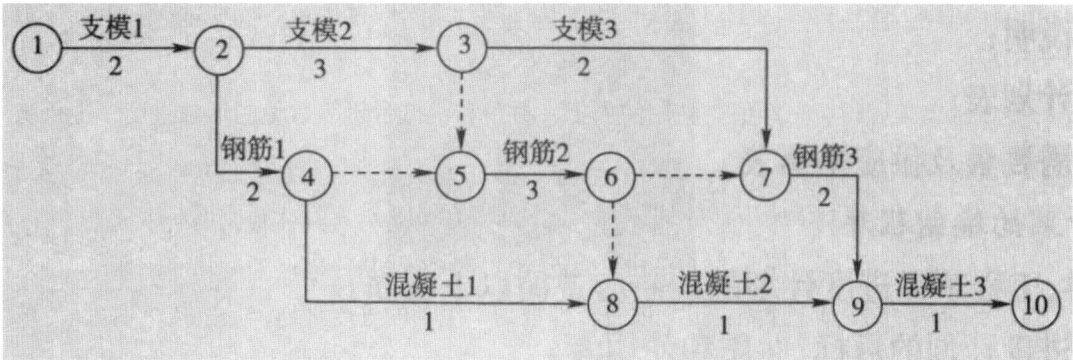

图7-2某钢筋混凝土工程的网络计划

网络计划的优点是把实施过程中的各有关工作组成了一个有机的整体，因而能全面而明确地反映出各工作之间的相互制约和相互依赖的关系。它可以进行各种时间计算，能在工作繁多、错综复杂的计划中找出影响工程进度的关键工作，便于管理人员集中精力抓施工中的主要矛盾，确保按期竣工，避免盲目抢工。通过利用网络计划中反映出来的各工作的机动时间，可以更好地运用和调配人力与设备，节约人力、物力，达到降低成本的目的；在计划的执行过程中，当某一工作因故提前或拖后时，能从计划中预见到它对其他工作及总工期的影响程度，便于及早采取措施以充分利用有利的条件或有效地消除不利的因素。此外，它还可以利用现代化的工具——计算机，对复杂的计划进行绘图、计算、检查、调整与优化。

网络计划的缺点是从图上很难清晰地看出流水作业的情况，也难以根据一般网络图算出人力及其他资源需要量的变化情况。

网络计划技术的最大特点就在于它能够提供工程管理所需的多种信息，有利于加强工程管理。所以，网络计划技术已不仅仅是一种编制计划的方法，而且还是一种科学的工程管理方法。它有助于管理人员合理地组织生产，使他们做到心中有数，知道管理的重点应放在何处，怎样缩短工期，在哪里挖掘潜力，如何降低成本。

（四）进度计划的实施

进度计划的实施就是工程建设活动的开展，就是用工程进度计划指导项目各项建设活动的落实和完成。为了保证进度计划的实施，并且尽量按照编制的计划时间逐步进行，保证各进度目标的实现，在进度计划实施的过程中应进行如下工作：

（1）跟踪计划的实施，当发现进度计划执行受到干扰时，应采取调度措施。

（2）在计划图上进行实际进度记录，并跟踪记载每个实施过程的开始日期、完成日期，记录每个建设环节发生的实际情况，干扰因素的排除情况等。

（3）执行工程项目合同中对进度、开工及延期开工、暂停施工、工期延误、工程竣工的承诺。

（4）跟踪工程量、总产值、耗用的人工、材料和机械台班等数量的形象进度，进行统计与分析，编制统计报表。

（5）落实进度控制措施应具体到执行人、目标、任务、检查方法和考核办法。

（6）处理进度索赔。同时为了顺利实施进度计划，还应具体做好如下几项工作：

1）编制月（旬）作业计划：工程项目管理规划中编制的进度计划，是按整个项目（或单位工程）编制的，带有一定的控制性，但还不能满足施工作业的要求。实际作业时是按月（旬）作业计划和施工任务书执行的，故应进行认真编制。

月（旬）作业计划除依据施工进度计划编制外，还应依据现场情况及月（旬）的具体要求编制。月（旬）作业计划以贯彻施工进度计划、明确当期任务及满足作业要求为前提。在月（旬）计划中要明确：本月（旬）应完成的任务，所需要的各种资源量，提高劳动生产效率和节约措施。

2）签发任务书：任务书既是一份计划文件，也是一份核算文件，又是原始记录。它把实施计划下达到具体部门进行责任承包，并将计划执行与技术管理、质量管理、成本核算、原始记录、资源管理等融为一体，是计划与作业的连接纽带。

3）做好进度记录：在市政工程项目实施过程中，如实记载每一项工作的开始日期、工作进程和结束日期，可为计划实施的检查、分析、调整、总结提供原始资料。要求跟踪记录，如实记录，并借助图表形成记录文件。

4）做好调度工作：调度工作主要对进度控制起协调作用。协调实施中出现的各种矛盾，克服薄弱环节，实现动态平衡。调度工作的内容包括：检查作业计划执行中的问题，找出原因，并采取措施；督促供应单位按进度要求供应资源；控制施工现场临时设施的使用；按计划进行作业条件准备；传达决策人员的决策意图；发布调度令等。要求调度工作做得及时、灵活、准确、果断。

## 三、进度计划的检查

进度计划的检查与进度计划的执行是融会在一起的。计划检查是计划执行信息的主要来源，是进度调整和分析的依据，是进度控制的关键步骤。市政工程项目进度计划的检查工作包括以下方面：

### （一）跟踪检查实施实际进度

这是项目进度控制的关键措施。其目的是收集实际进度的有关数据。

跟踪检查的时间间隔与工程项目的类型、规模、施工条件和对进度执行要求程度有关。通常可以确定每月、半月、旬或周进行一次。若在工程项目实施过程中遇到天气、资源供应等不利因素的严重影响，检查的时间间隔可临时缩短，甚至每日都进行检查或派人驻现场督阵。检查和收集资料的方式一般采用进度报表方式或定期召开进度工作汇报会。为了保证汇报资料的准确性，进度控制人员要经常到现场查看项目的实际进度情况，从而保证经常地、定期地准确掌握项目的实际进度。

### （二）整理统计检查数据

收集到的市政工程项目实际进度数据，要进行必要的整理，按计划控制的工作项目进行统计，形成与计划进度具有可比性的数据、相同的量纲和形象进度。一般可以按实物工程量、工作量和劳动消耗量以及它们的累计百分比整理和统计实际检查的数据，以便与相应的计划完成量相对比。

### （三）对比实际进度与计划进度

将收集的资料整理和统计成具有与计划进度可比性的数据后，对工程项目实际进度与计划进度进行比较。通常用的比较方法有：横道图比较法、S形曲线比较法、香蕉形曲线比较法、前锋线比较法和列表比较法等。通过比较可得出实际进度与计划进度相一致、超前或拖后三种结论。

### （四）进度检查结果的处理

市政工程项目进度检查的结果，按照检查报告制度的规定，形成进度控制报告，向有关主管人员和部门报告。

进度控制报告是把进度检查比较的结果、有关市政工程项目进度现状和发展趋势的分析，提供给有关主管人员和部门的书面形式的报告。

进度控制报告由计划负责人或进度管理人员与其他项目管理人员协作编写。报告时间一般与进度检查时间相协调，也可按月、旬、周等间隔时间编写上报。

进度控制报告的内容主要包括：项目实施概况、管理概况、进度概要；项目实施进度、形象进度及简要说明；材料、物资、构配件供应进度；劳务记录及预测；日历计划；业主单位和施工者的变更指令等。

## 四、进度计划检查的方法

项目进度比较分析与计划调整是项目进度控制的主要环节。其中项目进度比较是调整的基础。

### （一）横道图比较法

横道图比较法是将在项目进展中通过观测、检查、搜集到的信息，经整理后直接用横道线并列标于原计划的横道线，进行直观比较的方法。

### （二）实际进度前锋线比较法

前锋线比较法是按照项目实际进度绘制其前锋线，根据前锋线与工作箭线交点的位置判断项目实际进度与计划进度偏差，以分析判断项目相关工作的进度状况和项目整体进度状况的方法。

根据实际进度前锋线的比较分析可以判断项目进度状况对项目的影响。关键工作提前或拖后将会对项目工期产生提前或拖后影响；而非关键工作的影响，则应根据其总时差的大小加以分析判断。一般来说，非关键工作的提前不会造成项目工期的提前；非关键工作如果拖后，且拖后的量在其总时差范围之内，则不会影响总工期；但若超出总时差的范围，则会对总工期产生影响，若单独考虑该工作的影响，其超出总时差的数值，就是工期拖延量。需要注意的是，在某个检查日期，往往并不是一项工作的提前或拖后，而是多项工作均未按计划进行，这时则应考虑其相互作用。

### （三）S形曲线比较法

S形曲线比较法是以横坐标表示进度时间，纵坐标表示累计完成任务量，而绘出一条按计划时间累计完成任务量的曲线，将项目的各检查时间完成的任务量与S形曲线进行实际进度与计划进度相比较的一种方法。

S形曲线比较法同横道图一样，是在图上直观地进行工程项目实际进度与计划进度相比较。一般情况下，计划进度控制人员在计划实施前绘制S形曲线。在实施过程中，按规定时间将检查的实际完成情况，绘制在与计划S形曲线同一张图上，可以得出实际进度S形曲线，如图7-3所示。

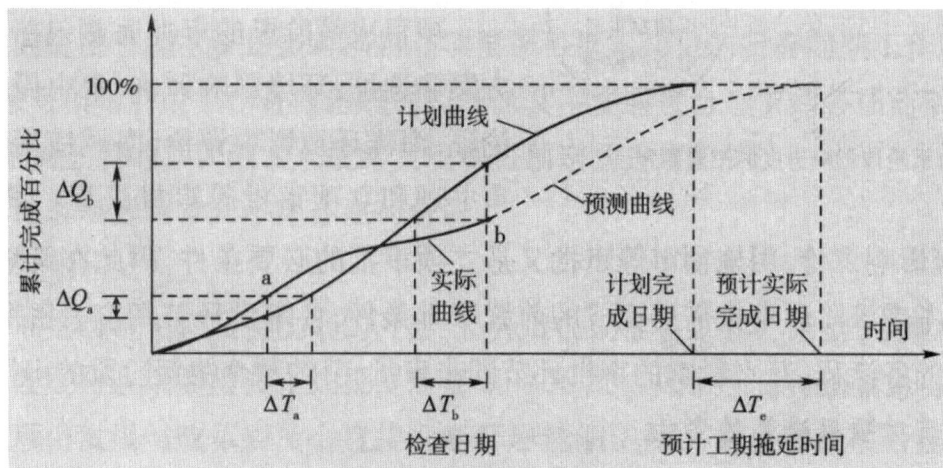

图7-3S形曲线比较图

## （四）"香蕉"形曲线比较法

"香蕉"形曲线是两条S形曲线组合而成的闭合曲线。它根据网络计划中的最早和最迟两种开始和完成时间分别绘制出相应的S形曲线，前者称为ES曲线，后者称为LS曲线。在项目实施过程中，根据每次检查各项工作实际完成的任务量，计算出不同时间实际完成任务量的百分比，并在"香蕉"形曲线的平面内绘出实际进度曲线，即可进行实际进度与计划进度的比较。

## （五）列表比较法

采用无时间坐标网络计划时，在计划执行过程中，记录检查时正在进行的工作名称、已耗费的时间及尚需要的时间，然后列表计算有关参数，根据计划时间参数判断实际进度与计划进度之间的偏差，这种方法就称为列表比较法。

# 第二节　项目决策阶段进度管理

## 一、决策阶段影响项目进度的主要因素

决策阶段影响项目进度的主要因素：

### （一）决策速度对项目进展的影响

市政工程项目通常是由财政筹资建设的公益性项目，决策过程涉及众多的社会因素。因此，在决策阶段，应对项目建设的必要性和可行性进行充分的论证，尤其是对建设方案

应进行充分的利弊分析与优化比选，以便于最快做出科学的决策。

### （二）前期各项审批的合理衔接对项目进展的影响

项目决策阶段的审批通常包括项目建议书、方案和选址、环境影响评价、水土保持论证、防洪论证、海洋环境影响评价、海域使用论证、用地预审办理和立项审批等审批流程。某些环节的审批如方案、环境影响评价、用地预审等审批又是立项审批的必要条件，因此，在策划某一阶段的审批时应充分考虑该阶段审批需要完成的前置审批条件，各审批环节间应紧密衔接。统筹安排能并行审批的各流程，互不影响的审批环节同步审批，节约整个决策阶段的审批时间。

### （三）用地性质对项目进展的影响

按照国家及省市有关规定，不同性质的土地，其审批部门、程序及审批所需时间不尽相同，因此，对项目的进度将有不同的影响。

## 二、决策阶段进度管理的主要原则

### （一）确定合理工期的原则

决策层应根据项目的具体情况，考虑可能影响工期的各种因素，提出科学合理的工期目标。因为能否在决策阶段要求的工期目标内完成项目往往会影响项目的生成，同时在方案比选时应根据工期目标选择可行的方案。

### （二）各项审批流程间紧密衔接、并行开展的原则

在策划某一阶段的审批时应充分考虑该阶段审批需要完成的前置审批条件，各审批环节间紧密衔接，统筹安排能并行审批的各流程，互不影响的审批环节同步审批，节约整个决策阶段的审批时间。

### （三）预判性原则

应充分考虑如用地性质等可能对本阶段审批速度产生较大影响的因素，同时考虑征地拆迁、管线迁改等对项目实施阶段进度产生重要影响的因素，在方案决策阶段就应尽可能地规避各种不利因素，做好突破难点的方案和措施。

### （四）严格控制设计质量原则

决策阶段方案设计的质量对项目实施的可行性具有决定性因素，方案设计阶段应组织公司技术骨干、必要时邀请相关专家对方案进行评审，避免因决策完成后对方案进行调整而导致投资增加、工期延误或重新审批等现象。

## （五）提前沟通介入原则

不同手续的审批所涉及的行政部门各不相同，审批职能部门根据自身的职权范围所考虑的因素各不相同，各职能部门的审批意见可能存在相互冲突现象，因此，作为项目建设的业主单位应尽可能提前与审批部门沟通，充分考虑各审批部门的意见，避免因项目工程内容、方案等与审批部门相悖而造成返工或项目不可行。

## 三、决策阶段进度管理的主要措施

决策阶段的进度管理主要是指对项目立项至项目批复为止的所有前期工作所进行的进度控制，以及决策对项目后续工作进度影响的控制。其主要通过合理节约各项前期手续时间，预判、规避可能影响工期的各项因素来最终实现项目预定的进度目标。

### （一）合理节约各项前期审批手续办理的时间

#### 1. 项目建议书

项目建议书是市政工程项目决策的开始，是开展前期准备工作的依据，一般情况下从项目建议书编制到发展与改革委员会正式批复需要 20 ~ 30 天。如果项目特别紧急可以由市委、市政府研究决定后由发展与改革委员会直接批复开展前期工作的函来替代项目建议书，如果采用开展前期工作函的形式，可以将本阶段工作周期压缩至 5 个工作日内。同时，带投资批复的项目建议书可作为项目报建和设计招标的依据。

#### 2. 方案报批和选址

项目建议书批复后标志着项目正式进入前期工作阶段，建议书批复后要求设计单位及时编制方案设计文件，方案确定后应及时要求设计单位根据项目方案完成项目选址范围的界定，方案设计周期由项目的规模、复杂程度等因素决定，简单项目可在一周内完成，复杂项目方案编制、论证、优化过程可能需要几个月时间。项目方案设计过程中或初步设计成果提交后，建设单位应及时与发改、规划和国土部门进行沟通汇报，确保项目投资规模、建设方案与政府决策、城市规划相互一致；了解项目选址用地的性质，摸清项目选址范围内城市规划用地、农用地、林地、用海等可能影响今后用地红线办理的主要因素；方案设计过程中应召集测量、设计单位对项目沿线进行踏勘，对项目沿线的建筑、文物、古木、庙宇、水系及管线进行详细调研，根据调查结果与规划部门进行沟通协调，尽可能避开以上可能影响项目进展的各主要因素；方案设计成果提交后组织公司核心技术人员对设计方案进行评审，对设计方案的可行性、安全性、经济合理性进行全面的分析研究，避免方案批复后进行重大调整或出现投资规模突破等不利情况出现。完成以上工作后及时向规划部门申报方案、选址审批，一般情况规划部门在 7 个工作日内可完成方案、选址审批，同时要求设计单位对设计方案、投资估算进行优化、细化，做好工程可行性研究报告编制的准备工作。

### 3. 环境影响评价

方案批复后业主应及时委托环境影响评价单位编制环境影响评价报告书或环境影响评价报告表，环境影响评价编制因涉及环境监测、环境影响评价公示等程序，一般项目环境影响评价编制需要 20~30 个工作日，对环境影响较大的项目编制时间需要约 50 个工作日甚至更长时间，环境影响评价编制完成后报环保局审批。

### 4. 水土保持论证、防洪论证

一般情况下项目土方工程量超过 5 万立方米的项目需要进行水土保持论证及审批，水土保持论证编制、报批需要约 1 个月时间；同时如项目涉及防洪排涝问题应委托具备相关资质的单位编制防洪论证，编制完成后及时报水利局审批。

### 5. 海洋环境影响评价、海域使用论证审批

方案批复后，如项目牵涉用海需要及时委托具备相关资质的单位编制海洋环境影响评价、海域使用论证报告，一般项目海洋环境影响评价、海域使用论证编制周期需要约 1 个月时间，如涉及海洋生物保护区等问题还需要专项观测，则编制过程需要更长时间，正常项目报市一级海洋渔业局审批，但吹填造地等用海面积较大的项目需上报省海洋渔业厅或国家海洋局审批。

### 6. 用地预审办理

规划部门选址批复后应及时委托国土局信息中心对项目用地性质进行勘界定界并出具项目勘界定界报告，根据勘界定界报告内容向国土部门申请用地预审批复。

### 7. 立项报批

完成方案、选址、环境影响评价、水土保持论证、防洪论证、海洋环境影响评价、海域使用论证、用地预审等立项必备条件审批后应及时向发展与改革委员会申请立项审批。方案批复后应及时要求设计单位开始编制工程可行性研究报告、投资估算，编制过程与各项前置条件审批同步进行，工程可行性研究报告编制在各前置条件审批完成前基本可以完成出版，争取与立项前置审批同步完成工可编。由于工程可行性研究报告批复后项目建设内容、投资规模已基本确定，因此，设计单位提交工程可行性研究报告的初步设计成果后，建设单位应组织公司核心技术人员、造价人员对项目的可行性、安全性、经济合理性、投资估算的编制等进行全面审核，避免项目方案出现重大变更或估算错漏等问题。工程可行性研究报告文件报送发展与改革委员会后，由发展与改革委员会委托评审、咨询机构对工程可行性研究报告进行评审，同时对项目投资估算进行审核。

**（二）预判、规避可能影响工期的各项因素**

1. 规避项目用地性质对项目进展的影响

正常情况下用地性质主要分为城市建设用地、农用地、基本农田、林地和海域等几种性质用地。前期方案选址线位应尽可能选址在城市建设用地范围内，如果项目选址全部为城市建设用地则可以向市国土部门直接办理用地红线，节约办理农转用的较长周期，国土局红线批复一般可在 15 个工作日内完成；如果项目建设占用林地，需要先向林业厅办理林地使用审批，林地工可编制及审批过程一般需要约 2 个月时间，完成林地审批后方可向国土部门申请农转用审批，国土部门农转用审批也需要 2 ~ 3 个月时间。因此，全部为城市建设用地的项目与用地性质为林地、农用地项目相比，取得用地红线可节约 4 个月时间。

2. 规避征地拆迁对项目进展的影响

征地拆迁尤其是拆迁工作往往是决定项目能否如期完工的最重要因素，且其对项目的影响周期难以预测，城市建设开发过程中的断头路、烂尾工程通常都是受征地拆迁影响而形成的。因此，在项目决策阶段的方案、工程可行性研究报告评审过程中应充分考虑征地拆迁因素，尽可能避开大量拆迁。

3. 规避文物、庙宇、宗祠及古木等因素对项目进展的影响

文物和古木往往受文物保护部门相关规定保护，庙宇和宗祠是城市化改造过程中经常遇到的难题，其拆迁工作会涉及村民信仰、观念上的抵触，涉及的对象往往是整个村庄，拆迁工作难度比一般项目更大。因此，项目线位选址时应尽可能避开文物、庙宇、宗祠及古木等对项目进度可能造成重大影响的因素。

4. 预判管线迁改对项目进度的影响

随着城市规模的不断发展，早期的建设项目在规模、标准等方面将无法满足城市发展的需要，市政工程改造在所难免。市政项目尤其是改造项目往往牵涉到大量的管线迁改，因此，在项目决策阶段应及时召集各家管线权属单位进行研究协调，同时要求测量、设计单位对项目现场进行充分踏勘、调查，尽可能选择市政管线迁改较小的方案。

5. 充分考虑项目实施过程中可能的工程费用、措施费增加对进度的影响

市政工程项目通常由财政投资建设，项目概算经发改委审批后投资规模已基本确定，如果出现工程费用、措施费增加时，需要向发改委申请增加投资。此项工作难度大、时间长，往往会对项目的进度造成较大影响，因此，市政工程的估算与概算的编制应充分考虑各种不利因素对工程造价的影响。

# 第三节　项目准备阶段进度管理

## 一、准备阶段影响项目进度的主要因素

准备阶段影响项目进度的主要因素如图7-4所示。

### （一）具备开工条件的各项审批因素

本阶段核心审批内容主要为用地、概算和建设工程规划许可证，建设单位应协调设计单位提前汇报、及时沟通，避免由于沟通不及时而影响审批进度。

### （二）招标因素

由于相关的法律、法规对招标公告周期都有严格的规定，同时招标主管部门需要对招标文件设置的条款进行审核、监督，因此，招标文件编制完成后应及时与招标主管部门沟通，合理利用审批过程提前发布招标公告，节省公告规定周期的时间。

### （三）前期参建单位实力因素

建设单位、勘测单位、设计单位等前期参建单位的实力对本阶段项目进度也将会产生较大影响，尤其是设计单位的实力对本阶段的实施进度起着决定性的作用，优秀的设计单位可以缩短本阶段的工作周期同时保证设计成果的质量，为实施阶段的进度奠定良好的基础。

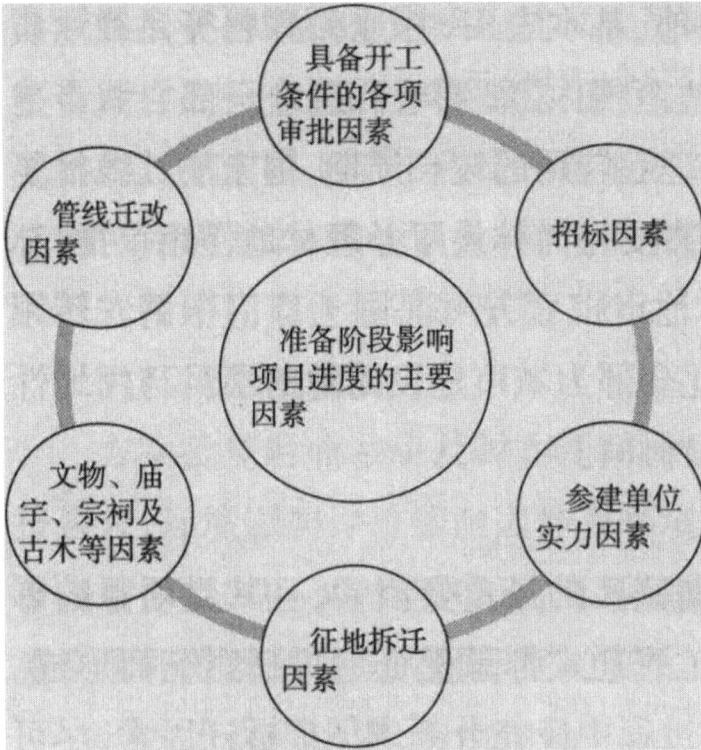

图7-4准备阶段影响项目进度的主要因素

### （四）管线迁改的因素

随着城市的不断发展，对现有市政工程进行改造已在所难免，而这一切往往牵涉到大量的管线迁改。管线迁改又需要一定的时间，因此，它对项目的建设进度有一定的影响。在项目方案、初步设计阶段应要求勘察、设计单位对项目相关的地下管线进行详细的勘察，合理分配各种管线的地下空间资源。设计好初步迁改方案后应召集各管线单位召开协调会议，听取各管线单位的意见，由主体设计单位对管线综合设计进行修改、优化后提交各管线单位进行专业施工图设计。

## 二、准备阶段进度控制的主要原则

### （一）严把招标资格审查的原则

立项批复后可进行设计和勘察招标，概算批复后进行监理招标及施工招标。招标过程中应根据项目的难点、特点设置相应的资质或业绩要求，确保中标参建单位的实力，尤其是设计单位和施工单位的实力对工程项目的进度、质量起着决定性的因素。招标文件编写过程中应分别针对设计、施工单位的工期和质量设置相应的奖罚条款，鼓励、督促各参建单位按招标工期完成相应工作。

### （二）严把勘测设计质量原则

投资估算审批后项目的规模、内容原则上已完全确定，地质勘探资料是否准确，初步设计的质量对工程投资的影响至关重要，因此，该阶段应组织对地勘现场及成果进行验收，同时组织技术人员、专家对初步设计进行评审，在正式报批概算前对设计单位编制的概算进行全面审核，避免由于漏项导致今后实施过程中可能发生的概算调整。

### （三）提前介入原则

设计招标过程正常情况下需要约45天，而设计单位的尽早确定对本阶段的推进起着决定性的作用，因此，在立项审批过程中应提前准备设计招标文件、项目报建等设计招标的必要前置条件，实现立项批复与勘测设计招标无缝对接；初步设计编制过程中同步要求测量单位对沿线地形地物进行修测，勘察单位及时进场开展详勘工作，尽量争取在施工图设计前完成地勘成果审查，为施工图设计、审查做好充分准备；概算批复过程中要求设计单位先行开展施工图设计，确保概算批复后根据批复的规模、投资进行适当调整后即可完成施工图设计；利用施工图审查、建设工程规划许可办理时间提前介入发布施工招标公告，确保手续完成后及时开标。

### （四）并行开展原则

准备阶段根据审批单位和参建单位大致可分为手续审批和成果产生两条线路：其中手续审批的核心内容为概算批复、用地和建设工程规划许可证办理等；参建单位核心工作内容为地质勘探、初步设计、概算及施工图设计等，这两条工作线路应并行开展。

### （五）施工图限额设计原则

概算批复后要求设计单位根据概算批复情况进行施工图设计，在初步设计的基础上进行合理的优化，确保工程投资在概算批复范围内，避免因概算调整等因素导致工期拖延。

### （六）把好工程量清单编制原则

工程量清单编制完成后应组织项目经理、项目总工、造价负责人员进行审核，全面考虑施工过程中的各种因素及相应措施费用，达到合理控制工程投资的目的，同时考虑施工单位合理的利润空间，确保项目总体投资在概算控制范围内，尽量减少实施阶段的变更、签证。

### （七）及时沟通原则

项目审批过程中经常涉及需要分管领导明确或各审批部门意见不一致的问题，建设单位应及时向上级主管部门、分管领导汇报，及时协调解决。

## 三、准备阶段进度管理的主要措施

项目准备阶段进度管理是指项目决策完成后至项目现场开工建设前这一阶段的进度管理，该阶段的主要工作内容包括：设计、测量、地勘单位招标，用地规划许可证办理，林地使用报批，矿产压覆、地质灾害评估办理，农转用及用地红线办理，地质勘察，初步设计及审查，概算报批，施工图设计及施工图审查，建设工程规划许可证办理、征地拆迁预公告等工作内容。该阶段进度管理的主要措施分为各项手续审批和各参建单位工作进度管理两大部分，具体如下：

### （一）各项审批手续办理进度管理

**1. 用地规划许可证办理**

立项批复后即可根据已批复的选址、用地预审材料向规划部门申请办理用地规划许可证（蓝线）。用地规划许可证的办理是项目办理用地红线的依据，同时可根据蓝线由征地拆迁部门发布征地预公告，提前介入征地前期准备工作，争取项目完成招标的同时能提供施工场地。

**2. 林地使用报批**

项目工程可行性研究报告上报后，应提前委托具备资质的单位，利用立项批复的时间编制林地工程可行性研究报告，立项批复后即可向省林业厅申请林地使用报批，林地使用批复是办理农转用的必要条件，林地批复的时间较长，如不及时办理将耽搁用地红线办理的时间，最终影响项目按计划的时间节点开工。

**3. 农转用及红线办理**

林地使用审批及前期的海洋使用论证、用地预审、用地蓝线是作为农转用审批的必要条件，利用林地、用海审批过程的时间，建设单位应准备被征用单位盖章、矿产压覆、地质灾害评估等申报农转用的相关材料，林地审批完成后及时配合市国土局将农转用所需材料上报省国土资源厅正式进入农转用流程，正常审批需要约2个月时间，农转用完成后即可向市级国土管理部门申请红线办理，至此项目用地手续已全部办理完成。

**4. 建设工程规划许可证办理**

项目完成施工图审查、各管线施工图设计、用地红线办理后应及时向规划局申请办理建设工程规划许可证，建设工程规划许可证是项目进入正式开工阶段的必要条件，是中标手续、开工手续和质量监督手续办理的依据。因此，在发布施工招标公告前应及时办理建设工程规划许可证。

5.施工许可证办理

根据《中华人民共和国建筑法》第七条、第八条的规定，项目开工前须向建设行政主管部门申请办理施工许可证。业主单位在完成监理招标和施工招标后，应整理用地红线、建设工程规划许可证、中标通知书、施工图审查合格书和报备的施工合同等已完成批复文件相关材料，在项目正式开工前向建设主管部门申请办理施工许可证，至此项目所有前期手续已全部办理完成。

### （二）各参建单位工作进度管理

1.勘测设计招标工作

项目工可批复后应及时开展设计招标准备工作、尽早确定设计单位，工程可行性研究报告资料上报发改委后，建设单位应利用工程可行性研究报告审批时间（约15个工作日）编写设计招标文件，招标文件的编写应针对设计单位所提供设计成果的质量、时间设置相应的奖罚条款，确保设计单位按时提交高质量的设计成果。项目立项批复后及时发布招标公告，设计招标过程时间通常40～50天。为便于项目设计质量的总体控制，建议采用设计、测量、勘察总承包的模式进行招标，既可以减少分开招标所造成的时间浪费，同时中标单位对设计、测量、地勘负总责任，避免设计成果质量出现问题时各单位间责任互相推诿。

另外，设计单位的尽早确定对项目准备阶段的进度控制起着决定性的作用，项目建议书批复后应立即开展设计、测量、地勘单位招标准备工作，在项目立项报批前完成设计招标，在项目工程审批过程中，中标设计单位可及时介入了解项目情况，开展本阶段的初步设计准备工作，工可批复后及时启动初步设计编制工作。

2.初步设计及概算编制工作

提前委托地勘单位进场开展初步勘察工作，为工可、初步设计、概算的编制提供可靠的依据；工可批复过程设计单位应及时介入了解项目情况、收集相关资料并开展初步设计准备工作，初步设计完成后业主单位应组织公司内部专业技术人员，对初步设计的合理性、现场可操作性、经济可控性进行全面评审，根据工可批复的投资规模和工程内容，审核设计单位所编制投资概算的合理性，充分预判工程实施过程中可能增加费用的风险、适当留有余地，设计单位根据评审的结果重新调整、优化初步设计文件和概算编制。

3.初步设计评审及概算报批

初步设计文件调整、优化完成后，业主单位应及时向建设行业主管部门申报初步设计评审，由行业主管部门组织专家进行技术论证，设计单位根据专家、职能部门审查意见再次修改、优化初步设计文件和调整概算编制；初步设计编制及技术论证、优化工作通常可在工可批复后较短时间内完成，再次修改、优化初步设计文件和调整概算完成后可正式向发改委申请概算批复。

4. 施工图设计及审查

概算上报发改委后，设计单位应同时开展施工图设计，一般市政道路工程项目可在概算批复后15～30天完成施工图设计，规模较大或技术特别复杂的项目施工图设计需要2个月甚至更长时间。施工图设计完成后应及时整理计划书等相关资料并报送施工图审查，审查周期约需要15个工作日。

5. 监理招标

概算批复后可根据概算投资规模进行监理招标，正常情况下，在施工图审查完成的同时可完成监理招标。

6. 施工招标文件、清单编制

在施工图审查的同时，业主单位应同步开展招标文件编写工作，同时委托招标代理单位编制工程量清单，在施工图审查完成前招标文件、清单编制工作也可基本完成；根据编制的清单向财政审核中心申报招标控制价审核，审核工作周期为5天。应根据项目工期紧迫情况，在招标文件中对施工工期控制设置合理、合法的奖罚条款，对工期违约索赔做出明确规定。

7. 施工招标、定标、开工手续办理

施工招标文件编制完成后，应及时发布招标公告并组织施工招标，开标后建设单位应督促中标施工单位配合业主及时办理中标通知书、开工备案等手续，要求施工单位及时完成低价风险金、履约保函、预付款保函等开工前的各项手续办理。

8. 交桩、技术交底

确定施工单位后建设单位应及时组织设计、监理、施工、地勘、测量、质量监督机构等进行技术交底，对施工过程的难点、风险、注意细节进行全面交底；组织测量单位进行测量控制点移交、放样；要求施工单位根据项目现场实际情况及合同工期，编制出合理、详细、可控的进度计划，明确各主要控制工序的完成节点时间。

# 第四节　项目实施阶段进度管理

## 一、实施阶段影响项目进度的主要因素

由于市政工程项目具有涉及面广、工程结构与工艺技术相对复杂、建设周期长及参建

单位多等特点，决定了工程项目实施阶段的进度将受到许多因素的影响，要想有效地控制工程进度，就必须对影响进度的有利因素和不利因素进行全面、细致的分析和预测。一般来讲，实施阶段影响市政工程项目进度的主要因素如图7-5所示：

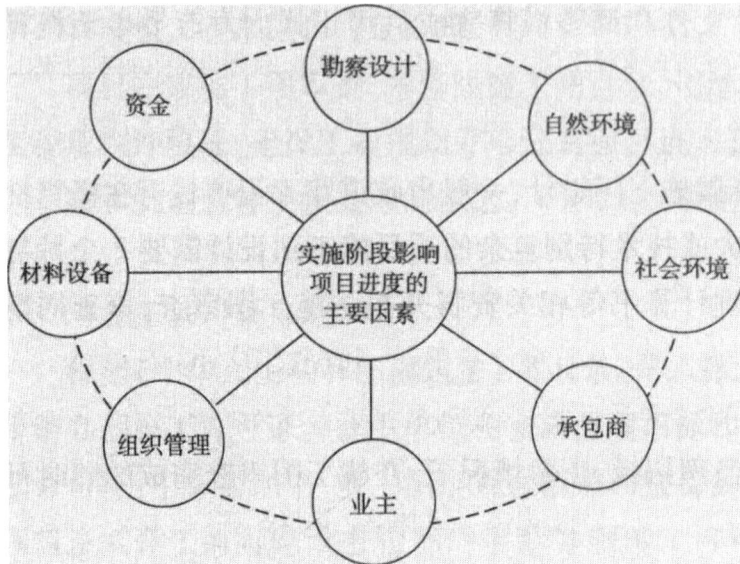

**图7-5实施阶段影响项目进度的主要因素**

### （一）勘察设计因素

设计是工程的灵魂，如果设计存在缺陷或错误，设计方案不切合现场情况，设计图纸供应不及时、不配套或出现重大差错等，均会对实施阶段的进度造成重大影响，严重的甚至会造成返工或停工；如勘察资料不准确，特别是地质资料错误或遗漏而引起的未能预料的技术障碍，导致工程量、投资增加。

### （二）自然环境因素

具体是指如恶劣天气、地震、暴雨、洪水、不良地质、地下障碍物的影响等。

### （三）社会环境因素

项目能否顺利实施与项目所处的人文、社会因素息息相关。如项目所在地的村镇等基层单位对项目征地拆迁工作的推进起着关键性的作用；当地的民风、民俗和宗教信仰等也对项目的进度起着至关重要的影响，一些科学、合法的事情当与民俗和宗教信仰等出现矛盾时经常会受到当地村民的强烈抵触，民风比较强悍的地区，经常会提出工程分包、地材强买强卖等不合法要求。

### （四）承包商因素

如果承包商错误地估计了项目特点及项目实现的施工条件，制订的计划脱离实际，将导致工程无法正常进行，出现工程延误；承包商采用技术措施不当，施工中发生技术事故；承包商管理过程中出现失误，例如施工组织不合理，劳动力和施工机械投入不足、调配不当，施工平面图布置不合理等因素使工程进度受阻；承包商缺乏基本的风险意识，盲目施工而导致施工被迫中断；承包商信誉等级较差，出现窝工、转包、分包和以包代管等不良甚至是违法行为等。

### （五）业主因素

具体是指如业主使用要求的改变；由业主负责提供的材料、设备出现延误；业主没有按合同约定及时向施工单位或供应商拨付资金等。

### （六）组织管理因素

具体指如各种申请审批手续的延误；计划安排不周密，导致窝工、停工；指挥协调不当，导致各方配合出现矛盾，延误工期等。

### （七）材料设备因素

它包括材料、构配件、机具、设备供应环节的差错，品种、规格、质量、数量、时间不能满足工程的需要等。

### （八）资金因素

具体指如业主资金短缺或不能及时到位，施工单位资金挪作他用、拖欠材料款和民工工资等现象。

### （九）征地拆迁因素

由于市政项目通常为线性工程，征地拆迁涉及的单位众多，用地及需要拆迁的各种建筑物性质及权属复杂，因此，征地拆迁是影响实施阶段进度的最重要因素，由于征地拆迁不到位因素常导致工程项目停工几个月甚至几年，严重的可能导致项目无法按规划、设计实施。

## 二、实施阶段进度管理的原则

### （一）网络计划技术原则

网络计划技术不仅可以用于编制进度计划，而且可以用于计划的优化、管理和控制。网络计划技术是一种科学且有效的进度管理方法，是项目进度控制，特别是复杂项目进度控制的完整计划管理和分析计算的理论基础。

### （二）动态控制原则

进度按计划进行时，实际符合计划，计划的实现就有保证，否则产生偏差。此时应采取措施，尽量使项目按调整后的计划继续进行。但在新的因素干扰下，又有可能产生新的偏差，需继续控制进度、调整计划，进度管理就是采用这种动态循环的控制方法。

### （三）系统性原则

为实现项目的进度管理目标，首先应编制项目的各种计划，包括进度、资源和资金计划等。计划的对象由大到小，计划的内容从粗到细，形成了项目的计划系统。项目涉及各个相关主体、各类不同人员，需要建立组织体系，形成一个完整的项目实施组织系统。为了保证项目进度，自上而下都应设有专门的职能部门或人员负责项目的检查、统计、分析及调整等工作。当然，不同的人员负有不同的进度控制责任，分工协作，形成一个纵横相连的项目进度控制系统。所以无论是控制对象，还是控制主体，无论是进度计划，还是控制活动，都是一个完整的系统。进度控制实际上就是用系统的理论和方法解决系统问题。

### （四）封闭循环原则

项目进度管理的全过程是一种循环性的例行活动，其中包括编制计划、实施计划、检查、比较与分析、确定调整措施和修改计划。从而形成了一个封闭的循环系统，进度控制过程就是这种封闭循环中不断运行的过程。

### （五）信息畅通原则

信息是项目进度管理的依据，项目的进度计划信息从上到下传递到项目实施相关人员，以使计划得以贯彻落实；项目的实际进度信息则自下而上反馈到各有关部门和人员，以供分析并做出决策和调整，使进度计划仍能符合预定工期目标。为此，需要建立信息系统，以便不断地传递和反馈信息，所以项目进度管理的过程也是一个信息传递和反馈的过程。

### （六）弹性原则

项目一般工期长且影响因素多，这就要求计划编制人员能根据统计经验估计各种因素的影响程度和出现的可能性，并在确定进度目标时分析目标的风险，从而使进度计划留有余地。在控制项目进度时，可以利用这些弹性缩短工作的持续时间，或改变工作之间的搭接关系，以使项目最终能实现工期目标。

## 三、实施阶段进度管理的主要措施

实施阶段项目进度管理的措施主要包括组织措施、技术措施、合同措施、经济措施和信息管理措施。

## （一）组织措施

进度管理的组织措施主要包括：

(1) 建立进度控制目标体系，明确组织机构中进度控制人员及其职责分工。

(2) 建立进度计划审核制度和进度计划实施中的检查分析制度，如某项目在工程开工之初，有两家施工单位因进场机械、资源等不满足工程施工需要，经检查分析后，及时采取了切分施工任务的组织措施，其中一家施工单位被切分了5联桥梁工程，另一家施工单位被切分了3联桥梁工程，被切分部分工程由有保障的施工单位实施，最终保证了工程的顺利进行。

(3) 建立进度报告制度及信息沟通网络。

(4) 建立进度协调会议制度。

(5) 建立图纸审查、工程变更和设计变更管理制度。

## （二）技术措施

进度管理的技术措施主要包括：

(1) 审查承包商提交的进度计划：

1) 尽量采取先进的施工方案、施工工艺、施工方法，如钻孔桩施工采用泥浆分离器，有效提高了出渣速度，加快了钻孔进度；部分箱梁采用预制架设工艺，有效提高了箱梁施工速度。

2) 优化施工组织设计，采取平行施工组织。如现浇预应力箱梁支架一次性投入，充分提高了箱梁现浇速度。

(2) 编制指导监理人员实施进度控制的工作细则。

(3) 采用网络计划技术，对工程进度实施动态控制。

## （三）合同措施

进度管理的合同措施主要包括：

(1) 推行 CM 承发包模式，缩短工程建设周期（CM 是项目实施阶段的一种管理模式，CM 经理提供专业的咨询管理服务，协助指挥施工活动，在一定程度上影响设计活动。《国际新型建筑工程 CM 承发包模式》，同济大学出版社）。

(2) 加强合同管理，协调合同工期与进度计划之间的关系，确保进度目标的实现。

(3) 严格控制合同变更。

(4) 加强风险管理，在合同中应充分考虑风险因素及其对进度的影响。

### （四）经济措施

进度管理的经济措施主要包括：

（1）及时办理工程预付款及进度款支付手续。

（2）约定奖惩措施；如提前工期竣工奖励、完成计划奖励、计划拖后的处罚等。

（3）加强索赔管理，公正处理索赔。

### （五）信息管理措施

进度管理的信息措施主要包括：建立进度信息、收集和报告制度，通过计划进度与实际进度的动态比较，为决策者提供进度决策依据。如对工程进度进行动态跟踪，及时向业主提供进度分析报告向承包人的上级主管机关通报，促使承包人及时采取措施。现场各级监理人员应积极配合承包人的施工活动，及时审查承包人的各种报告文件和报表，对已完工序或工程的检查验收。业主应按合同要求及时提供施工场地和图纸，积极与外界协调，尽可能改善施工环境，为工程施工创造良好的外部环境。监理工程师和业主应做好各承包人之间的施工配合协调等信息管理工作。

## 四、厦门市政工程快速推进的主要做法

厦门快速公交系统（BRT）工程，是市委市政府依据厦门特有的地理环境、人口密度、经济总量等特点破解城市交通困难的一项重大成果。由厦门市市政建设开发总公司承建的岛内 17km 的 BRT 高架桥和 4 个枢纽站等工程于 2007 年 10 月 8 日开工建设，2008 年 8 月 31 日正式通车，仅用了不到 11 个月的时间，完成了包括高架桥、高架站、地面站、枢纽站、售检票系统、智能系统、景观工程等工程建设任务，充分体现了工程进度管理的成效。下面就该项目实施过程中一些对项目快速推进起关键作用的方法做简单的介绍：

### （一）科学、高效的协调机制

管理和协调是项目施工过程中工作的核心内容，科学的管理模式和协调机制是项目快速推进的重要保障，如果协调渠道不顺畅往往会出现不必要的工期耽搁。BRT 项目采用了建设工程指挥部管理模式，通过指挥部领导下的多部门集中联合办公模式，形成强大合力，实现专业化、科学化、快速化的决策、审批机制，快速地推进了 BRT 的建设。

### （二）创新的管理理念

在建设过程中要求所有的参建单位群策群力、团结一致、动态调控，根据市委、市政府既定目标工期制订工期计划。在实施过程中逐日跟踪、逐一落实，除确保关键节点按计划执行外，力争关键节点尽量比计划提前完成，为后期不可预见的不利因素留有余地。各参建单位同舟共济、同心同德，采取坚决有力的措施，认真解决工程中存在的各种复杂矛

盾和问题，彻底扫除工程障碍，确保项目按既定工期目标建成通车。总体的项目管理经验如下：

1. 提高参建各方对工期计划重要性的认识

由市领导亲自挂帅成立建设指挥部，做好宣传动员工作，提高参建各方对工程的重要性、紧迫性、风险性的认识，进一步增强责任意识、风险意识及忧患意识。

2. 加大实施过程的资源投入

项目无法按计划工期推进，往往存在投入不足，人力、物力、财力和管理、技术等投入不到位。因此，实施过程中要充分集中人力、物力、财力、精力，要做到资金投入到位、人员素质数量到位、物质保障到位、工程管理到位、技术攻关到位。

3. 鼓励、监督施工单位全力以赴地按计划完成各阶段施工任务

工程实施阶段施工单位是具体的执行单位，其余参建单位起管理、协同和辅助作用，不管各参建单位各自的工作做得多好，最终工程都需要通过施工单位的执行来实现。作为业主单位应根据工期计划加强对施工单位执行计划情况的跟踪和监督，实行一日一跟踪，一周一检查的办法。及时跟踪、巡查、督促，及时发现问题、解决问题，特别是对一些重要的、难点的、关键的问题，及时地协调解决好，做到"问题不过夜，工作在现场"。

4. 加强实施过程对施工单位的管理和监督

管理和监督是业主在项目施工过程中工作的重要角色，严格的管理模式和监督机制是项目快速推进的重要保障。因此，要加强业主项目团队职业道德和廉政方面的建设，做得各管理人员敢于管理、严格管理、主动管理。

5. 根据工期计划制订相应的考核和奖罚措施

由于该项目工期特别紧张，项目开工前针对重要的工期节点制订了三个主要措施：制订奖罚措施，要有奖有罚、奖罚均衡，在同一项目不同标段间形成积极的竞争，对于提前或按期完成工程任务的标段给予规定的奖励，对未按期完成施工任务的标段按规定进行处罚，各种奖罚在重要会议上统一执行，打破奖罚不明的管理弊端；制订考核措施，实行一日一跟踪，一周一检查的考核办法，一切奖罚依据考核结果执行；制订调控措施，严格执行优胜劣汰制度，根据考核结果进行调控，对无法按计划完成任务的班子或单位进行适当的处罚，必要时进行淘汰和调整。

6. 加强业主项目团队的教育和建设，提高业主从业人员的职业道德和认识水平

管理人员要深入一线，本着一切为一线服务、一切为工程服务的指导思想，为一线排忧解难，确实解决一线的困难和问题。

7. 加强质量和安全文明施工管理

"质量、安全、进度、投资"是工程管理的四大核心内容，四大要素之间是辩证统一的关系，加大质量和安全管理有时会导致进度放慢或投资增加，但从项目的全局考虑，质量和安全管理又是进度和投资的重要保障，质量安全出问题工程就会欲速则不达，如果出现安全事故或质量事故就会造成返工，导致工期严重耽搁、投资增加。因此，加强质量和安全不但不会影响工期，反而是工程按计划完成的有力保障。

8. 明确责任、落实到位

要把每个问题和任务分解到岗、到人、到位，各司其责、各管其事，要形成层层负责，人人具体负责的机制，从狠抓落实开始，提高工程管理能力和执行能力。

### （三）创新的施工工艺

由于该项目横贯厦门本岛市中心，针对该工程场地狭小、交通组织难、工期紧、安全文明要求高和各种管线迁改等一系列困难，项目部经充分论证后果断采用了混凝土桥梁节段预制拼装施工工艺、先简支后连续的施工工法、钢结构桥梁大节段全断面拼装等技术；这些施工工艺的创新有力地保证了工程进度，实现了在繁华市区 11 个月内建成 17.5km 全高架 BRT 系统并投入运营的工期目标。

1. 因地制宜，多种施工工法科学组合

例如梁体施工工艺，在郊区进行现浇，在城市中心区进行预制拼装，在主要交叉口采用钢结构。

2. 研发了预制节段拼装工艺

专门研发了 TPX35/600 下行式节段拼装架桥机，下行式架桥机尚属国内首创，整体技术居国内领先水平。预制节段拼装采用长短线匹配法、先简支后连续施工工艺等技术。

3. 钢结构焊接控制专项研究

为保证钢结构的焊接质量与结构线形满足设计精度，进行了钢箱梁焊接残余应力、变形控制、桥面铺装等的理论及试验专项研究，形成了钢箱梁分段工厂制造，现场全断面焊接拼装的成套焊接变形控制体系及钢箱梁阶段制造工艺。

# 第五节　项目收尾阶段进度管理

## 一、收尾阶段影响项目进度的主要因素

收尾阶段影响项目进度的主要因素：

### （一）验收移交因素

由于项目建设单位、施工单位与项目接收管理单位所处的立场不同，建设单位主要考虑工程项目是否按照立项批复内容、设计图纸内容完成到位以及工程项目的质量。而接收单位则主要考虑项目的性能、管理是否实用，因此，移交过程往往与建设单位会有不同的要求，如果沟通不及时，会影响项目验收移交进度。

### （二）档案归档备案因素

各参建单位对档案归档的重视程度往往不如对现场实际建设重视，因此，经常出现现场已具备竣工验收条件，但工程档案、内业资料没有达到城建档案馆或档案局的相关要求，影响项目总体竣工、结算。尤其是省级算点工程项目，其档案要经档案局验收后才能完成归档。

### （三）各附属子项目验收结算因素

一个工程项目的合同包含前期的设计、环评、地勘及后期管线迁改、试验检测等一系列合同，通常一个项目从开工至结算往往需要签订几十个合同，复杂项目合同数量甚至上百个，主项如设计、监理、施工等主要合同结算往往比较及时，而一些如管线迁改设计、监理等合同金额小的子项容易被忽略，导致项目无法竣工、决算。

## 二、收尾阶段进度管理的原则

### （一）管养单位提前介入原则

由于项目中的主体工程和路灯、绿化、市政管线等往往由不同的管养单位接收，而各接管单位对各自接收的项目会有行业特点的一些要求，因此，设计、施工过程中尽可能邀请接收单位提前介入，根据各自行业的特点和使用需求提出建议，施工过程中适时进行分项阶段验收，避免项目完工后进行功能性的整改。

## （二）内业资料同步完成原则

由于参加单位对内业资料的重视程度不够，容易出现工程完工后到处补签、拼凑内业资料现象，但有些施工过程的内业资料事后很难补齐，导致档案缺失或不完整，达不到档案验收部门的要求。因此，项目各实施阶段都必须重视资料的整理、管理工作，制订相应的档案管理办法，定期进行内业资料检查、验收。

## （三）先验收内业资料后验收现场原则

由于认识上的偏差，对档案重视程度不够等原因，参建单位往往认为现场达到验收要求后项目就可以竣工验收。因此，建设单位应主导、坚持先验收内业资料后现场验收原则。

## （四）分项合同及时结算原则

管线迁改等子项往往在工程主体施工前或施工过程已完成工程量，具备结算送审条件，因此，应坚持完成一项结算一项的原则。以往项目经常出现主体工程已结算，但项目总体决算时发现一些小的子项未结算现象。

## （五）重视规划、环保、消防等专项验收工作原则

竣工备案是项目完成施工的重要标志，而只有在完成规划、环保、消防等专项验收后才能向建设主管部门办理项目竣工备案，因此，在项目收尾阶段应重视各分项专项验收。另外，如项目前期立项时有办理水土保持审批，在竣工收尾阶段应办理水土保持的专项验收。

# 三、收尾阶段进度管理的主要措施

## （一）组织措施

建立由建设单位项目经理负总责任，施工单位项目经理、总监对项目结算负责制，及时跟踪各分项验收移交、结算。

## （二）合同措施

工程进度款的支付程度是管理、督查相关单位竣工、结算的最有效因素，各分项内容招标时应针对内业资料归档、备案设置相应的条款，项目合同签订时严格按照招标文件内容执行。

## （三）经济措施

进度款支付坚持先严后松原则，同时将内业档案资料的验收情况纳入支付进度款的依据，严格控制施工过程进度款的比例，明确规定内业资料归档在工程尾款支付中的比例，

通过资金的控制，督促、鼓励施工单位尽快完成内业归档及竣工验收、结算。

## 四、收尾阶段进度管理总结的编写

建设单位应在工程进度计划完成后，及时进行总结，为进度控制提供反馈信息。

### （一）总结依据的资料

(1) 进度计划。

(2) 进度计划执行的实际记录。

(3) 进度计划检查结果。

(4) 进度计划的调整资料。

### （二）进度控制总结包括的内容

(1) 合同工期目标及计划工期目标完成情况；

(2) 进度控制经验；

(3) 进度控制中存在的问题及分析；

(4) 科学的进度计划方法的应用情况；

(5) 进度控制的改进意见。

# 第八章　市政道路工程施工现场综合管理

随着国民经济飞速发展的同时，作为城市发展中非常重要的基础设施的市政道路工程建设也获得了巨大的发展。市政道路工程是一项非常复杂的系统的工作，工程的安全、进度、质量及效益受现场管理的直接影响。为此，强化和重视市政道路工程施工现场的管理，提升市政道路的施工质量，从而为城市经济建设的发展提供更好的服务。做好市政道路工程施工现场管理工作，不仅有利于施工单位树立良好的企业形象，而且有利于提高市政道路工程建设的质量，增强市政道路施工队伍的水平。施工单位在进行有效的现场管理时，不仅可以从施工源头进行把关和控制，保证施工建筑的质量和安全，真正提供更加可靠安全的建筑。同时，市政工程是关乎民生的重要工程，通过有效的现场施工管理，可以大大提高工程质量。因此，加强市政道路施工现场管理工作，可以提高道路建设的质量和安全。

目前，市政道路工程施工现场管理的主要问题有以下几方面：

（1）在意识上，施工人员安全质量意识淡薄：施工现场佩戴头盔，是施工作业中的基本要求，但是在实际施工时，许多施工单位为了缩短工期，忽视这些管理中不起眼的地方，导致大问题的出现，经常有人在施工过程中意外死亡，这就是不重视安全问题的代价。同时，在施工时，还存在严重的质量问题，很多施工单位只看重施工进度，却忽视对建筑的质量要求，主要表现在施工掌控不严厉和违章作业，以及在施工材料的选择上不谨慎，把价格摆在第一位，忽视质量要求，最后造成整个施工建筑的质量问题日益突出，更为严重者出现返工现象，造成人力、物力、财力资源的大量浪费。

（2）在计划上，施工现场作业缺乏计划：在市政道路施工前，由于施工管理人员基础知识的缺乏，导致在前期准备工作中，没有很好的施工流程进行规划，特别是在施工图纸方面，严重缺乏实地考察流程，在没有很好的调研就开始施工作业，导致市政道路施工缺乏计划性和可行性。

（3）在监督上，施工过程中监督不到位：施工质量问题很大原因取决于施工监督水平，影响施工质量的因素主要有，市场监管部门的监督不到位，造成市政道路施工质量不合格，还有施工单位内部管理缺乏监督。因此，要想实现效益最大化，就必须落实监督制度，强化监督力度。

因此，施工现场综合管理至关重要，本节主要阐述施工现场综合管理问题。

## 一、现场平面管理

遵循有关法律法规，在保证施工的前提下，结合现场实际情况，以方便施工、节省投资，最大限度地减少对现况交通和附近居民、单位的干扰，便于施工物资的进出及循环为原则，遵循招标文件划定的范围和临时设施修建标准，并符合消防安全和文明施工、环境保护的规定。

### （一）绘制平面图

绘制总平面图或局部段落平面图，以备施工申请临时占地。总平面图应包括以下内容：

（1）工棚搭建地段，仓库、铁木加工、机修等生产、生活设施的位置。

（2）存放材料场，拌和场地。

（3）施工现场运输路线。

（4）水源和电源的线路和配电室的位置。

（5）临时排水的布局。

### （二）施工征地

在市政道路施工中应重视土地的节约，保护农田水利设施，在施工中宜有计划地改造荒地和造田。施工前应按设计要求进行道路用地放样，由业主办理征用土地手续。施工单位可根据施工需要提出增加临时用地计划，并对增加部分进行用地测量，绘制用地平面图及用地划界表，送交有关单位办理拆迁及临时占用土地手续。

### （三）施工拆迁

施工进场后，根据指挥部、拆迁部对现况拆迁物的调查，项目部将组织专门人员进行核实并根据管线产权单位的要求提出合理拆改移或加固方案，既要保证施工的顺利开展亦要保证地下管线的安全运行。

（1）拆除施工必须纳入施工管理范畴。拆除前必须编制拆除方案，规定拆除方法、程序、使用的机械设备、安全技术措施。拆除时必须执行方案的规定，并由安全技术管理人员现场检查、监控，严禁违规作业。拆除后应检查、验收，确认符合要求。

（2）房屋拆除，必须依据竣工图纸与现况，分析结构受力状态，确定拆除方法与程序，经建设（监理）、房屋产权管理单位签认后，方可实施，严禁违规拆除。

（3）采用非爆破方法拆除时，必须自上而下、先外后里，严禁上下、里外同时拆除。

（4）拆除砖、石、混凝土建（构）筑物时，必须采取防止残渣飞溅危及人员和附近建（构）筑物、设备等安全的保护措施，并随时洒水减少扬尘。

（5）使用液压振动锤、挖掘机拆除建（构）筑物时，应使机械与被拆建（构）筑物之间保持安全距离。使用推土机拆除房屋、围墙时，被拆物高度不得大于2m。施工中作业人员必须位于安全区域。

（6）采用爆破方法拆除时，必须明确对爆破效果的要求，选择有相应爆破设计资质的企业，依据现行《爆破安全规程》（GB6722—2003）等有关规定进行爆破设计，编制爆破设计或爆破说明书，并制定爆破专项施工方案，规定相应的安全技术措施，报主管和有关管理单位审批，并按批准要求由具有相应爆破施工资质的企业进行爆破。

（7）各项施工作业范围，均应设围挡或护栏和安全标志。

### （四）地下管线

市政道路施工范围内的新建地下管线、人行地道等地下构筑物宜先行施工。

核实施工范围内对施工有影响的杆、线、管道和附属设备的情况，查明沿线附近下水道的管径、流向或可供排水的沟渠情况和以往暴雨后积水数据，以便考虑施工期间的排水。对埋深较浅的既有地下管线，作业中可能受损时，应采取有效处理措施。并向建设单位、设计单位提出加固或挪移措施方案，并办理手续后实施。

（1）现况各种地下管线拆移，必须向规划和管线管理单位咨询，查阅相关专业技术档案，掌握管线的施工年限、使用状况、位置、埋深等，并请相关管理单位到现场交底，必要时应在管理单位现场监护下做坑探。在明了情况的基础上，与管理单位确定拆移方案，经规划、建设（监理）、管理单位签认后，方可实施。实施中应请管理单位派人做现场指导。

（2）各类管线、杆线等建（构）筑物的加固应遵守下列规定：

1）施工前应依据被加固对象的特征，结合现场的地质水文条件、施工环境与有关管理单位协商确定方案，进行加固设计，经批准后方可实施。

2）加固设计应满足被加固对象的结构安全与施工安全的要求。

3）加固施工必须按批准的加固设计进行，严禁擅自变更。

4）加固施工完成后应经验收，确认符合加固设计的要求，并形成文件。

5）在工程施工过程中，应随时检查、维护加固设施，保持完好。必要时，应进行沉降和变形观测并记录，确认安全；遇到异常，必须立即采取安全技术措施。

### （五）交通导改

1. 路基施工

施工前，应根据现场与周边环境条件、交通状况与道路交通管理部门，研究制定交通疏导措施和制作交通导流图，并实施完毕。施工中影响或阻断既有人行交通时，应在施工前采取措施，保障人行交通畅通、安全。

除严格执行政府的有关规定外，在施工期间还应注意以下几点：

（1）施工段与各道口相交处，人车流密集处道路两侧设专职保通人员疏导行人和车辆，起点在行人和车辆经过地点两侧设置醒目标牌做路标。

（2）在围挡道口设红白相间的隔离杆，提醒行人按指定路线行驶，夜间要在来车方向

5m 外及围挡顶部设置红色警示灯。

（3）上路人员必须穿反光服、戴安全帽。

2. 路面施工

路面施工条件允许的情况下可全幅施工，但由于城市人口众多，很多改建项目均在人口密集和车流量较多的地段，因此，大部分城市道路路面施工时需要分阶段施工。交通导改时除遵循路基施工交通导改要求外，还应符合下列要求：

（1）道路两侧及各路口需要有隔离带和专职保通人员疏导行人和车辆，起点和终点在行人和车辆经过地点两侧设置醒目标牌做路标。

（2）利用辅路路床进行车辆疏导流通，主路快速施工，如道路宽度有限，需要保通人员控制两侧车辆分时通行，做好行人及机动车驾驶员的思想工作。

（3）主路施工完成后，进入辅路施工阶段，在主路上进行导流。

（4）如路宽有限，则需要另辟其他导行道路疏导交通。

（5）如两侧别无其他疏导道路可行，则需要施工单位修建临时道路引导行人及车辆。

## （六）施工便道

施工前，应根据工程规模、环境条件，修筑临时施工便道或便桥。

修建临时施工道路。临时施工道路修建原则是：

（1）以工程指挥部（或项目经理部）为中心，做到内外交通方便——道路能以最短的距离到达主体工程施工场所并与社会已有的主干道路相连接。

（2）充分利用原有道路，若原有道路不能满足施工机械车辆的通行要求，应尽量在原有道路上改进，以节约土地、资金和时间。

（3）临时施工道路应尽量避开洼塘土地和河流，不建或少建临时桥梁。

（4）临时施工道路按简易公路技术要求修建，其具体的标准是：

1）设计车速不大于 20km/h。

2）路基宽度：双车道 6 ~ 6.5m，单车道 4 ~ 5m，困难地段 3.5m。

3）路面宽度：双车道 5 ~ 5.5m，单车道 3 ~ 3.5m。

4）最大纵坡度：平原区 6%，丘陵区 8%，重山区 11%。

5）桥面宽度：4 ~ 4.5m。

6）桥涵荷载质量等级：7.8 ~ 10.4t。

## （七）存、弃土场地要求

（1）存土场要求不得积水，场地周围设置围挡，非施工人员禁止入内，存土场使用结束后要恢复原地貌。

（2）征得场地管理单位的同意。弃土场应避开建筑物、围挡和电力架空线路等，不得妨碍各种地下管线、构筑物等的正常使用和维护。弃土场应采取防扬尘措施。推土时及时整平。

### （八）流水施工法

以路基土石方工程为例介绍流水施工法的原理。

路堤填筑时，通常在道路延伸方向规划出相等的若干段，称为作业区段。在相邻的各段中，进行着不同的作业（如图 8-1 所示）。

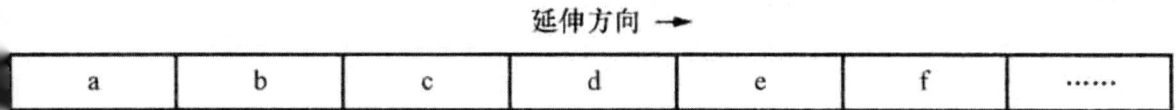

延伸方向 ➙

| a | b | c | d | e | f | …… |

**图8-1路堤填筑区段**

a 段：检验区段，施工人员利用检验仪器设备，检测路堤的质量标准。检测的内容为路堤几何尺寸和压实程度。

b 段：碾压区段，压实机械正在对铺层进行反复碾压。

c 段：平整区段，整平机械（推土机或平地机）正在按设计要求的断面形状和宽度进行平整。

d 段：填筑区段，选定的铲土运输机械或自卸车正在往这段堆送路堤筑材料。

从以上描述中可知，在同一时间内，担负不同作业工序内容的机械设备分别在各自的段落之内，有条不紊地进行着规定的作业内容。当铲土运输机械或自卸车在 d 段填够了规定的土方量后，它们又到近邻的 e 段进行着同样的工作。此时 e 段成了填筑区段，而 d 段、c 段和 b 段则分别成了平整区段、碾压区段和检验区段，如此延伸下去，路堤一段段地完成了"填—平—压—检"四道工序。这种作业方式叫流水施工法。

实践经验认为区段长度以 40～50m 为宜。因此，区段规划太长，每段所需的填方量就大，先填的土，其中的水分蒸发散失就会增多。

## 二、施工测量

### （一）测量由表

施工测量的内容主要包括导线复测、路线交点和转点测设、路线转角的测定和里程桩设置、单圆曲 r 线测设元素的计算和主点的测设、中线测量、带有缓和曲线的圆曲线的曲线测设元素的计算和主点测设、单圆曲线的测设、复曲线和回头曲线的测设、路线纵横断面测量、施工前路线中线的恢复、路基施工放样、挡墙的放样、路线竣工测量。

### （二）细节测量放线

1. 恢复定线测量

在地面上进行中线测量前，应由设计部门办理交桩手续。转角点桩及方向桩应在线外设桩点，并做标记。直线部分每隔 500~1000m 应加设方向桩。

复核水准基点：沿中线做水平测量以复核地面标高及原有水准基点标高，如发现水准基点有疑问，除及时向设计单位查询外，可采用两个水准点为一环进行闭合测量，先确定两点的高程差。看两水准点的闭合差是否在 mm 以内（K 为两点间水平距离，以公里计）。

根据施工要求，城区道路每隔 200~300m 设一临时水准点。

2. 填挖方施工测量

每一地段开工前应根据设计图纸放线，由道路中心线测出道路宽度，在道路边线外 0.5~1m，以 5m、10m 或 15m 为距离钉边桩，钉各主要构筑物位置桩。

测出道路中心高程，标于边桩上，以供施工。施工中应经常检查各测量标志，对丢失或位置移动者要随时补标校正。

## 三、人员管理

由于市政道路工程施工需要大量劳动力，须提前安排，以保证施工时有充足的劳动力。因此，在开工前根据工程签订合同要求，合理组建本标段施工管理机构，以工程实际需要为原则，落实专业施工队，做到按计划适时组织进（退）场，避免造成停工、窝工或劳动力缺乏现象。

### （一）劳动力使用计划

（1）劳动力的投入取决于工程规模和不同施工阶段的要求，根据工程量和工程进度要求提前安排、合理投入劳动力，既做到保证工程工期，又做到不浪费人力、物力，统筹安排。

（2）在施工期间，劳动力的配置根据工程进展的实际需要随时调整和加强。进入工地的劳动力使用情况，将根据施工组织的具体安排和分项工程的进度计划进行安排。

（3）分析施工过程中的用人高峰和详细的劳动力需求计划，拟订日程表，劳动力的进场应相应比计划提前，预留进场培训，技术交底时间。

（4）开工前列出详细的人员计划表，只有各工种施工人员都到位的情况下，才可以大面积开工。

（5）施工人员进场后进行施工，技术准备工作，完善驻地生活条件及现场生产条件，主要重点控制工程早日开工，短期内能形成正常施工生产，逐步进入大干高潮的局面。

### （二）劳动力培训

组织各工种人员对施工方案、施工方法与工艺，质量安全保证措施等技术交底进行学习，进一步提高作业人员的操作技能。提高遵纪守法的意识和法治素质，促进精神文明、物质文明的建设。并尽一切努力丰富职工的精神文化娱乐生活。同时，对特殊工种的人员进行岗前培训，达到先培训后上岗、持证上岗的管理要求。施工现场采用新技术、新工艺、新材料、新设备时，必须对施工管理和作业人员进行相应的培训。

### （三）分包工程的劳动力选择

根据工程内容，由公司及项目管理部门拟出一份合格劳务施工队名单，选择其中具有经验的劳务队，通过综合比较，挑选技术过硬、操作熟练、体力充沛、实力强、善打硬仗的施工队伍。

### （四）特殊季节劳动力安排

（1）实现全面经济承包责任制，遵循多劳多得、少劳少得、不劳不得的分配原则，并进行宣传及主人翁意识教育，使劳动者深刻意识到缺勤对工程施工可能造成的影响，充分利用劳动者的主人翁责任感，减少特殊季节、农忙期间及节假日劳动力缺失。

（2）建立劳动者之家，搞好业余文化生活，活跃业余生活气息，缓解工作压力，稳定劳动者情绪，减少特殊季节、农忙期间及节假日劳动力缺失。

（3）对农忙季节和节假日不能回家的员工，除向其家人发慰问信外，给予适当补助，以人性化的管理，解除劳动者后顾之忧，稳定劳动者思想，减少劳动力的缺失。

（4）做好特殊季节及节假日劳动力意向及动态的摸底工作，提前做好补充预案，保证施工正常进行。

（5）合同签署：所有参施人员均需签订劳动合同，并按照职业健康安全管理体制提供舒适的生活和作业环境，以发挥工人工效，保证施工正常。

## 四、材料管理

### （一）土

1. 分类

岩土分类见表8-1。

表 8-1 岩土的分类

| 分类 | 说明 |
|------|------|
| 岩石 | 岩石应为颗粒间牢固连接，呈整体或具有节理裂隙的岩体。作为建筑物地基，除应确定岩石的地质名称外，还应划分其坚硬程度和完整程度<br>(1) 岩石的坚硬程度应根据岩块的饱和单轴抗压强度，分为坚硬岩、较硬岩、较软岩、软岩和极软岩。当缺乏饱和单轴抗压强度资料或不能进行该项试验时，可在现场通过观察定性划分<br>(2) 岩体完整程度划分为完整、较完整、较破碎、破碎和极破碎 |
| 碎石土 | 碎石土为粒径大于 2mm 的颗粒含量超过全重 50% 的土。碎石土分为漂石、块石、卵石、碎石、圆砾和角砾 |
| 砂类土 | 砂土为粒径大于 2mm 的颗粒含量不超过全重 50%、粒径大于 0.075mm 颗粒超过全重 50% 的土。砂土分为砾砂、粗砂、中砂、细砂和粉砂 |
| 黏性土 | 黏性土为塑性指数 JP 大于 10 的土，可分为黏土、粉质黏土 |
| 粉土 | 粉土为介于砂土与黏性土之间，塑性指数 JP ≤ 10 且粒径大于 0.075mm 的颗粒含量不超过全重 50% 的土 |
| 淤泥 | 淤泥为在静水或缓慢的流水环境中沉积，并经生物化学作用形成，其天然含水量大于液限、天然孔隙比大于或等于 1.5 的黏性土。当天然含水量大于液限而天然孔隙比小于 1.5 但大于或等于 1.0 的黏性土或粉土为淤泥质土 |
| 红黏土 | 红黏土为碳酸盐岩系的岩石经红土化作用形成的高塑性黏土。其液限一般大于 50%。红黏土经再搬运后仍保留其基本特征，其液限大于 45% 的土为次生红黏土 |
| 人工填土 | 人工填土根据其组成和成因，可分为素填土、压实填土、杂填土、冲填土<br>素填土为由碎石土、砂土、粉土、黏性土等组成的填土。经过压实或夯实的素填土为压实填土。杂填土为含有建筑垃圾、工业废料、生活垃圾等杂物的填土。冲填土为由水力冲填泥沙形成的填土 |
| 膨胀土 | 膨胀土为中黏粒成分主要由亲水性矿物组成，同时具有显著的吸水膨胀和失水收缩特性，其自由膨胀率大于或等于 40% 的黏性土 |
| 湿陷性土 | 湿陷性土为浸水后产生附加沉降，其湿陷系数不小于 0.015 的土 |

2. 土样的验收

(1) 土样运到试验单位，应主动附送"试验委托书"，委托书内各栏根据"取样记录簿"的存根填写清楚，若还有其他试验要求，可在委托书内注明。土样试验委托书应包括试验室名称、委托日期、土样编号、试验室编号、土样编号 (野外鉴别)、取样地点或里程桩号、孔 (坑) 号、取样深度、试验目的、试验项目等，以及责任人 (如主管、主管工程师审核、委托单位及联系人等)

(2) 试验单位在接到土样之后，即按照"试验委托书"清点土样，核对编号并检查所送土样是否满足试验项目的需要等。同时，每清点一个土样，即在委托书中的试验室编号栏内进行统一编号，并将此编号记入原标签上，以免与其他工程所送土样编号相重而发生错误。

（3）土样清点验收后，即根据"试验委托书"登记于"土样收发登记簿"内，并将土样交负责试验人员妥善保存，按要求逐项进行试验。土样试验完毕，将余土仍装入原袋内，待试验结果发出，并在委托单位收到报告书一个月后，仍无人查询，即可将土样处理。若有疑问，尚可用余土复试。试验结果报告书发出时，即在原来"土样收发登记簿"内注明发出日期。

3. 土样的运输管理

（1）原状土或需要保持天然含水量的扰动土：在取样之后，应立即密封取土筒，即先用胶布贴封取土筒上的所有缝隙，在两端盖上用红油漆写明"上、下"字样，以示土样层位。在筒壁贴上"取样记录簿"中扯下的标签，然后用纱布包裹，再浇筑融蜡，以防水分散失。原状土样应保持土样结构不变；对于冻土，原状土样还应保持温度不变。

（2）密封后的原状土在装箱之前应放于阴凉处，不需保持天然含水量的扰动，最好风干稍加粉碎后装入袋中。

（3）土样装箱时，应与"取样记录簿"对照清点，无误后再装入，并在记录簿存根上注明装入箱号。对原状土应按上、下部位将筒立放，木箱中筒间空隙宜以稻（麦）草或软物填紧，以免在运输过程中受振、受冻。木箱上应编号并写明"小心轻放""切勿倒置""上""下"等字样。对已取好的扰动土样的土袋，在对照清点后可以装入麻袋内，扎紧袋口，麻袋上写明编号并拴上标签（如同行李签），签上注明麻袋号数、袋内共装的土袋数和土袋号。

（4）盐渍土的扰动土样宜用塑料袋装。为防取样记录标签在袋内湿烂，可用另一小塑料袋装标签，再放入土袋中；或将标签折叠后放在盛土的塑料袋口，并将塑料袋折叠收口，用橡皮圈绕扎袋口标签以下，再将放标签的袋口向下折叠，然后再以未绕完的橡皮圈绕扎系紧。每一盐渍土剖面所取的 5 个塑料袋土，可以合装于一个稍大的布袋内。同样，在装入布袋前要与记录簿存根清点对照，并将布袋号补记在原始记录簿中。

## （二）灰土

1. 分类

按配比不同可分为二八灰土和三七灰土。

2. 进场验收

（1）石灰剂量不应低于设计灰剂量。

（2）石灰土颜色应均匀。

（3）石灰土中不应含有未搅拌均匀的土块。

3. 存储运输管理

灰土应随拌随用，运输时应采取防尘措施。

### （三）沥青

1. 分类

沥青按在自然界获取的方式不同可以分为地沥青（包括石油沥青和天然沥青）和焦油沥青（包括煤沥青、木沥青等）。地沥青可以是天然形成的，也可以是石油工业的副产品。按其产源不同可分为天然沥青和石油沥青两类。道路上最常用的是石油沥青。

2. 进场验收

（1）小容器盛装的石油产品，均应分成批次，并在每一容器上标明下列标志（重油、沥青等除外）：

1）油品名称及牌号。

2）生产厂名称或石油站名称及包装年、月、日。

3）毛重、净重。

4）货堆或批次编号。

5）进出口石油产品应注明国别。

6）对于液体石油产品应注明易燃品，严禁烟火。

（2）收、发货单位或运输部门应保证供给清洁并适合储存该种产品的容器，并由收、发货及运输三方共同对容器按本规则进行检查，如认为不符合要求时，提供容器单位必须负责清洗或调换合格的容器。在遇有对容器清洁程度的判定有争执时，一律不装。但在一方坚持要求装运时，如发生质量问题，则由要求的一方负责。

（3）发货单位根据所发出产品的油罐或管线中采取的油样化验的结果判定质量，如合格则发出产品，并给予产品质量合格证。

（4）收货单位有权抽查所发出的产品质量，如发现该批产品不符合所订质量标准时，可提出复验保留样品意见，以保留样品的分析结果为仲裁根据。

（5）接收散装成批的产品时，收货单位在到货地点检查容器及签封是否完整，如发现签封损坏等情况，应由运输部门查清原因。

（6）以管道输送直接交货时，由发货单位的油罐（发油罐）中取样进行质量检验，但发货单位不得将水或杂质送进收货单位的容器，否则收货单位容器内油料变质，应由发货单位负责；如因收货单位的容器不清洁或原存油品而影响新装入油品质量时，则由收货单位自行负责。

（7）交、接双方在产品质量化验上发生争议时，双方可共同化验或委托双方同意的单位或商请仲裁单位决定。

3.存储运输管理

（1）材料运输：易燃的石油产品，在保管与运输中，须执行有关防火安全规定。必须严禁烟火，并应设置完善的消防设备。在抽注油或倒罐时，油罐及活管必须用导电的金属接地，以防止静电聚积起火：

1）输运易凝的石油产品，可用蒸汽加热盘管或具有加热设备的保温车进行接卸；重柴油、重油及半软沥青等可用直接水蒸气加热，禁止使用明火。

2）在开关容器盖子时，必须使用特制扳手，不得用凿子及锤子，以免产生火花，引起火灾。开启前要擦净，封闭时要加垫片，以免将油弄脏。

3）较大容器（如油罐）要定期对油品检查、化验和清扫容器底部聚沉的残渣及污物。化验和清扫期限随储存情况和产品质量要求自行做出具体规定。

4）用油罐车、油船等运输时，一定要保护好注油口或排油口的铅封，车站交接时，须按铁道部规定的货车施封及拆封规则，并认真检查铅封状况，以免在运输途中发生意外。

5）凡接卸油罐车装运的各种油品的收货人，在卸车后，须及时对每一油罐车填写一份记录前次所装油品名称、牌号的油罐车回送单，随车带走或送交车站，以便往各地配车时记录前次所装油品名称、牌号，以减少洗油罐车次数，发挥油罐车效率，并避免因混装而引起的油品变质。

（2）材料保管

1）保管及运输石油产品时，必须依其名称、性质、牌号加以区别。

2）盛装石油产品所用的容器，必须完整、清洁、不漏、经检查符合要求后，方能使用。

3）为了防止阳光及雨雪的辐射和直接接触而影响产品质量，在保管石油产品时，可按下列顺序入库：①特种润滑油及润滑脂。②透明石油产品。③石蜡及地蜡。④包装易于损坏者等。

如露天放置，应用防雨布或其他材料搭棚遮盖，实在不得已而储存量甚大且无防雨布时，则须将桶倾斜立置并与地面成75°角，桶上大小盖口应在同一水平线上，以防雨水渗入。

4）装有石油产品的油桶，可以按其种类分组堆积存放，水泥地面尽可能垫上木板，土地面最好垫较厚的垫木，每组堆积的体积不得超过$50m^3$，堆积高度视油桶质量而定，一般大桶可堆2~3层，小桶可堆5~6层，两层之间应用木板隔开。每一堆要挂上标签，注明所存油品的名称、牌号及时间，组与组或行列之间应保持1m以上距离，还应执行有关防火规定。

5）在气温高时（30℃以上），汽油等轻质油品易挥发损失，影响质量，且不安全，因此，需采用适当冷却方法。

### （四）沥青混合料

**1. 分类**

（1）按结合料可分为石油沥青混合料和煤沥青混合料。

（2）按施工温度可分为热拌沥青混合料和常温沥青混合料。前者主要采用黏稠石油沥青作为结合料，需要将沥青与矿料在热态下拌和、热态下摊铺碾压成型；后者则采用乳化沥青、改性乳化沥青或液体沥青在常温下与矿料拌和后铺筑而成。

（3）按矿质骨料的级配类型分类。可分为连续级配沥青混合料（采用的矿质混合料为由大到小各粒级的颗粒都有）和间断级配沥青混合料（矿质混合料中的骨料为间断级配）。

**2. 进场验收**

验收取样方法如下：当用于马歇尔试验、抽提筛分时，取样量应为20kg；当用于车辙试验时，取样量应为60kg；当用于浸水马歇尔试验时，取样量应为20kg；当用于冻融劈裂试验时，取样量应为20kg；当用于弯曲试验时，取样量应为25kg。

**3. 热拌沥青混合料的运输**

（1）热拌沥青混合料应采用较大吨位的自卸汽车运输。运输时应防止沥青与车厢板黏结。车厢应清扫干净，车厢侧板和底板可涂一薄层油水（柴油与水的比例可为1:3）混合液，并不得有余液积聚在车厢底部。

（2）从拌和机向运料车上装料时，应防止粗细骨料离析，每卸一斗混合料应挪动一下汽车。

（3）运料车应采取覆盖篷布等保温、防雨、防污染的措施，夏季运输时间短于0.5h时，也可不加覆盖。

（4）沥青混合料运输车的运量应比拌和能力或摊铺速度有所富余，施工过程中摊铺机前方应有运料车在等候卸料。对高速公路、一级公路和城市快速路、主干路，开始摊铺时在施工现场等候卸料的运料车不宜少于5辆。

（5）连续摊铺过程中，运料车应停在摊铺机前10~30cm处，不得撞击摊铺机。卸料过程中运料车应挂空挡，靠摊铺机推动前进。

（6）沥青混合料运至摊铺地点后应凭运料单接收，并检查拌和质量。不符合温度要求，或已经结成团块、已被雨淋湿的混合料不得用于铺筑。

## 五、机械管理

### (一)机械进场

市政道路工程施工使用的大型机械包括挖掘机、装载机、推土机、自卸汽车、破碎炮、平地机、摊铺机、各类压路机等。如租赁机械、设备必须明确租赁双方的安全责任,签订安全协议。不管是租赁还是自有机械,入场前均进行检校,确认其安全技术性能符合要求,确保投入施工现场的每台机械状态良好,并形成文件。轻型机械设备用自卸汽车运至施工现场,重型机械设备采用平板载重车运至工地。

机械设备进场时应预先计划以下内容:

(1)施工人员应根据施工总体进度和工程实际进展情况组织安排机械提前进场,尤其是在施工高峰阶段,提前做好大型机械设备的提前安排,确保工程施工的连续性。

(2)对于控制工期的项目和施工中需要连续运转使用的设备考虑一定的备用量,避免因设备故障而影响工期或造成损失。

(3)工程施工按机械化作业流水线进行选型及配套配置,试验、质量检验设备、仪器、仪表按国家二级试验室标准配置,满足本标段工程施工、试验及质检的需要。

### (二)机械设备的优化配合使用

(1)大型机械设备的使用可以提高劳动生产率。例如,一台斗容量为 $0.5m^3$ 的挖掘机可以代替 $80 \sim 90$ 个工人的体力劳动;一台中型推土机可以代替 $100 \sim 150$ 个人的工作量。可见,大型机械的使用可以大幅度地提高工作效率。

(2)为充分发挥机械设备的性能,在进行机械选型配备时,将若干在主要参数方面彼此协调一致的机械设备组成专门机组,配套使用,充分发挥机械的群体效能,使机械化施工达到理想效果。例如,路基土方工程机械组合时应考虑以下几点:

1)主导机械与配套机械的工作容量、数量及生产率应稍有储备。

2)牵引车与配套机具的组合。

3)配合作业机械组合数尽量少,以提高施工总效率。

4)尽量选用系统产品,便于维修和管理。

对于土方工程,使用机械组织施工的方法有推土机施工法、铲运机施工法和挖掘机加装载机施工法。根据土方工程通常的作业程序,机械的配套和组合见表8-2。它们之间的组合关系可以作为组成合理的机组进行施工的一个参考依据。

表8-2 施工方法

| 作业名称 | | 挖掘 | 装载 | 搬运 | 路基面修整 | 撒布 |
|---|---|---|---|---|---|---|
| 作业程序 | | 1 | 2 | 3 | 4 | 5 |
| 机械的配套和组合 | 推土机施工法 | 推土机 | | | 平地机 | 推土机平地机压实机 |
| | 铲土机施工法 | 铲土机 铲运机＋推土机 | | | 平地机 | 推土机平地机压实机 |
| | 挖掘机加装载机施工法 | 挖掘机 | 装载机翻斗车自卸汽车 | | 平地机 | 推土机平地机压实机 |

（3）根据运距选择：各种铲运机械都有自己的经济运距，所以应结合工程规模及现场条件，见表8-3。

表8-3 施工机械经济运距

| 机械 | 履带推土机 | 履带装载机 | 轮胎装载机 | 拖式铲运机 | 自行式铲运机 | 轮式拖车 | 自卸汽车 |
|---|---|---|---|---|---|---|---|
| 经济运距 /m | ＜80 | ＜100 | ＜150 | 100～550 | 200～1000 | ＞2000 | ＞2000 |
| 道路条件 | 土路不平 | 土路不平 | 土路不平 | 土路不平 | 土路不平 | 平坦路面 | 一般路面 |

（4）加强机械设备管理，机械设备使用、检验、维修、保养制度，做到加强机械设备的检修和维修工作，配备过硬的维修人员，确保机械正常运转，对主要工序要储备一定的备用机械。

（5）对各种机械设备的易损配件，建立自备库，保存足够数量，并且挂标志牌，特殊配件建立邮购业务及时供货，确保机械设备的安好率。

（三）大型机械保养

组建一支由机械工程师及高级技师（修理）为主的修理队伍，配齐各种维修设备和工具，建立机械设备修理基地，确保各种机械设备得到及时修理，以保障机械设备的出勤率。各种机械设备定期、定时维修，以维护机械的正常使用寿命，严禁各种机械设备带病运行。

# 第九章　市政工程建设项目风险管理

# 第一节　概述

## 一、风险的含义

俗话说"天有不测之风云，人有旦夕之祸福""祸兮福之所倚，福兮祸之所伏"。可见人类在从事生产活动的实践中始终伴随着风险。风险是对人们生命、健康、财产、生产活动、生存环境和生活质量等都会产生负面效应的威胁。

一般来讲，风险一词有两方面的含义：一方面是风险的发生意味着将产生不利结果，此不利结果泛指人们不希望发生的、不利于甚至阻碍人们实现预定目标，例如产生的危害、造成的损失等；另一方面是风险不利结果的大小以及出现的可能性是一种不确定性的随机现象。简言之，风险受到风险事件概率和风险损失大小的共同影响和作用。构成风险的三大基本要素为：风险因素、风险事件和损失。

### （一）风险因素

风险因素可理解为引起或增加风险事件的机会或扩大损失幅度的原因与条件。它是风险事件发生的潜在原因，是造成风险损失的根源。风险因素根据性质的不同，可分为实质性风险因素、道德风险因素和心理风险因素。实质性风险因素是指能直接引起或增加损失发生机会或损失严重程度的因素，如环境污染就是影响人体健康的实质性因素；道德风险因素是指由于人的品德、素质不良，促使风险事件发生的因素，如诈骗、偷工减料等行为；心理因素是指由于人主观上的疏忽或过失而导致风险事件发生的因素，如遗忘、侥幸导致损失的发生等。

### （二）风险事件

风险事件是指由一种或几种风险因素共同作用而发生的任何直接或间接造成生命、财产损失的偶发事件，是造成损失和危害的直接原因。风险事件的发生意味着风险因素由发生的可能性转化成了现实的必然性，风险事件是使风险造成损失的可能性转化为现实性的桥梁。

### （三）损失

项目风险一旦发生后将对项目目标的实现产生不利的影响。风险损失通常以货币单位来衡量，具体可表述为非故意的、非计划的和非预期的直接或间接的人身损害及物质财产、经济价值的减少或灭失。

风险损失的不同类型包括：因经济因素，赶工程进度，处理安全、质量事故等而增加的费用。经济因素主要是市场价格、汇率、利率等的波动以及工程项目建设资金筹措不当等；赶工程进度涉及资金的时间价值和赶工的额外支出两个方面，额外支出主要是因建筑材料供应强度增加、工人加班增加的费用以及机械使用费用和管理费用等的增加；安全、质量事故导致的经济损失包括直接经济损失，返工、修复、补救等过程发生的费用，伤亡人员的医疗和丧葬补偿费用，材料设备等的损失，工期拖延造成的损失，工程永久性缺陷对使用功能造成的损失，以及第三者的责任损失等。

### （四）风险因素、风险事件和损失三者的关系

风险因素引发风险事件，风险事件导致损失。解释风险因素、风险事件和损失三者之间相互关系的理论主要有两种：一种是 H.W.Heinrich 的骨牌理论，认为风险因素、风险事件和损失三者骨牌之所以相继倾倒，主要是人的错误所致，强调人的主观作用；另一种是 W.Haddon 的能量释放理论，认为造成损失是因为事物所能承受的能量超过了所能容纳的能量所致，其中物理因素起主要作用，即强调客观作用。风险因素、风险事件和损失三者的关系可通过作用链条来表示，如图9-1所示。

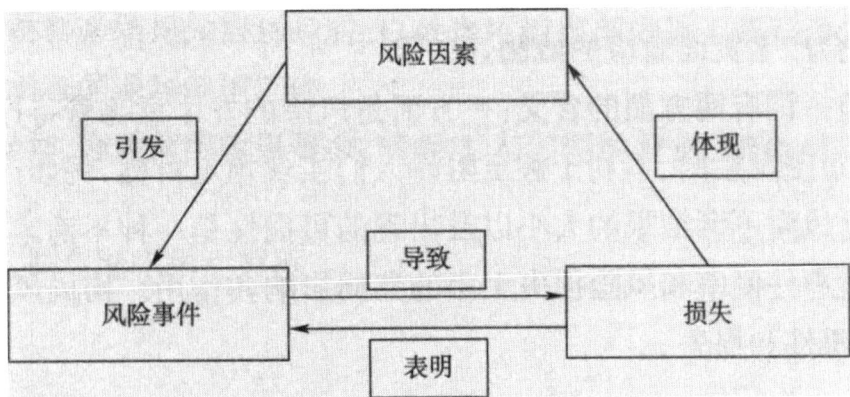

**图9-1风险因素、风险事件、损失关系图**

风险是由风险因素、风险事件和损失三者相互关联而产生的，是三者构成的统一体，其产生的过程如图9-2所示。

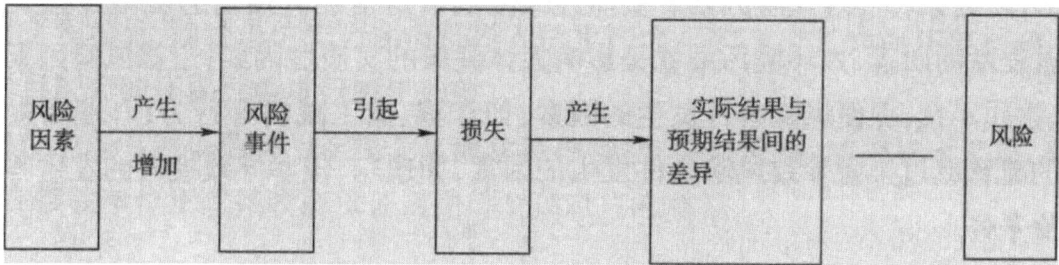

图9-2风险产生过程示意图

## 二、风险的特征

风险是普遍存在的现象，它具有客观性、普遍性、随机性、规律性、潜在性、可变性、阶段性、相对性等特征。

### （一）客观性和普遍性

人类赖以生存的自然界，既受其内在规律的作用，也会受外部力量的影响制约，在其运动发展的过程中往往呈现出不规则变化的趋势，因而决定了风险因素的普遍大量存在。风险是不以人的意志为转移并超越主观意识的客观存在，风险存在于客观事物发展变化的整个过程中。虽然人类一直希望完全地认识和控制风险，但也只能在有限的时间和空间内改变风险存在和发生的条件，降低其发生的可能性，减少损失程度，却不能也不可能完全地消除风险。

### （二）随机性和规律性

风险的发生及其后果具有随机性，任一具体风险的发生多是诸多风险因素和其他因素共同作用的结果，是一种随机的突发现象。个别风险事故的发生是偶然的，但人类对大量的风险事故资料进行长期观察和统计分析后发现，许多风险事件的发生具有一定的统计规律性，使人们可以利用概率统计方法来客观地计算出风险发生的概率和损失程度，有意识、有目的地实施监督和控制。

### （三）潜在性和可变性

风险的随机性和不确定性决定了风险的发生仅是一种可能，从可能变为现实是有一定条件的，即风险具有潜在性。现代科学技术的迅猛发展给人们带来了新的不确定风险和新的损失机会，新的风险可能导致的损失往往比自然灾害和意外事故所产生引起的风险损失大得多。随着项目或活动的展开，风险的性质可能会随着事件的进程发生变化，随着人们对风险的认识、预测、防范和应对水平的变化，风险事件发生的概率和造成的损失会发生变化，随着技术的进步、人们管理水平的提高以及风险控制措施的有效运用，部分原有风险因素可能会消除，也可能导致新的风险因素产生。

### （四）阶段性

风险可分为潜在阶段、发生阶段、后果阶段三个不同的阶段。当风险处在潜在阶段时，潜在的风险对项目没有危害，但如果放任其发展，它将会逐步演变为现实的风险；风险在发生阶段尚未对项目产生影响，应及时采取措施处理；风险在后果阶段已经对项目造成了影响，后果已无法挽回，只能采取措施尽量减少其对项目的危害。

## 三、风险的分类

为了便于识别风险，对不同类型的风险采取不同的分析评价方法和管理措施，将风险进行分类。按照不同的原则和标准，风险存在不同的分类，如表9-1所示。

表9-1 风险的分类

| 分类依据 | 风险类型 | 特点 | 备注 |
| --- | --- | --- | --- |
| 按风险的性质 | 纯粹风险 | 只会造成损失，但不会带来机会或收益 | 如：地震对工程项目的影响，一旦地震发生则只有损失没有收益，若不发生则既无损失也无收益 |
| | 投机风险 | 可能带来机会，获得利益；但又可能隐含威胁，造成损失 | 现实案例中，纯粹风险和投机风险有可能同时存在 |
| 按风险的来源 | 自然风险 | 由于自然力的作用，造成财产毁损或人员伤亡 | 如：气候、地理位置等 |
| | 人为风险 | 由于人的活动而带来的风险 | 又可以分为行为风险、经济风险、技术风险、政治风险和组织风险等。 |
| 按风险事件主体的承受能力 | 可接受风险 | 低于一定限度的风险 | 项目可以进行，但须采取措施防范风险 |
| | 不可接受风险 | 超过所能承担的最大损失或和目标偏差巨大的风险 | 应立即停止项目，或改进方案等 |
| 按风险能否管理 | 可管理风险 | 可以预测和可以控制的风险 | 风险是否可控制和管理，取决于客观资料的收集和风险管理技术掌握的程度，随着数据、资料和其他信息的增加和管理技术和水平的不断提高，一些不可管理的风险，可以变为可管理的风险 |
| | 不可管理风险 | 难以或不能预测并且超出风险事件主体控制能力的风险 | |
| 按风险对象 | 财产风险 | 财产所遭受的损害、破坏或贬值的风险 | |

| | | | |
|---|---|---|---|
| | 人身风险 | 疾病、伤残、死亡所引起的风险 | |
| | 责任风险 | 法人或自然人的行为违背了法律、合同或道义的规定，给他人造成财产损失或人身伤害 | |
| 按技术因素对风险的影响 | 技术风险 | 由于技术原因形成的风险 | 技术条件和水平的不确定性 |
| | 非技术风险 | 非技术原因而引起的风险 | 如：计划、组织、管理、协调等 |
| 按风险作用的强度 | 低度风险 | 风险一旦发生造成的危害不大 | 按此分类标准也可将风险划分的更细 |
| | 中度风险 | 风险一旦发生造成的一定程度的危害，但采取措施可以控制，应给予一定的重视 | |
| | 高度风险 | 风险一旦发生造成的危害巨大，应加强防范和应对 | |
| 按风险对项目目标的影响 | 工期风险 | 局部的（工程活动、分项工程）或整个的工期延长 | |
| | 费用风险 | 财务状况恶化，成本超支，投资追加，收入减少，投资回收期延长或无法收回，回报率降低 | |
| | 质量风险 | 材料、工艺、工程不能通过验收，工程试验不合格 | |
| | 安全风险 | 施工人员或过往行人意外伤亡，施工人员违规操作造成伤亡 | |
| | 环境风险 | 无法弥补的环境污染、破坏等 | |
| 从项目风险管理的角度出发 | 项目外风险 | 工程项目建设环境或条件的不确定性而引起的风险 | 包括：政治风险、自然风险、经济风险 |
| | 项目内风险 | 与项目生产活动存在直接或间接的关系 | 包括：业主风险、承包商风险、监理单位风险、勘察设计单位风险、供应商风险等 |

注：风险还可分为：静态风险和动态风险，基本风险和特殊风险，一般风险和个别风险，微观风险和宏观风险，经济风险和非经济风险，不可避免又无法弥补损失的风险，可避免或可转移的风险等。

## 四、市政工程项目风险的特点

市政工程项目及项目管理的特点决定了施工过程中存在大量的不确定性因素、随机因素和模糊因素，随着项目的进行不断发生着变化，因此，市政工程项目建设是一项充满风险的事业，且其风险具有如下特点：

### （一）客观性

在市政工程项目全寿命周期内尤其是施工阶段，风险几乎是无处不在、无时不有，并且不以人的意志为转移，超越人们的主观意识而客观存在，因此，无法完全回避和消除，只能通过采取各种先进技术手段和有效措施来应对风险，降低风险发生的概率和减少风险带来的损失。

### （二）偶然性

市政工程项目中，任何具体风险事件的发生都是诸多风险因素共同作用的结果，通过人们对以往市政工程项目进行长期的研究和统计分析，发现部分风险事件的发生具有一定的概率，但由于人们认识水平有限，个别风险事件的发生仍然是无规律可循，具有极大的不确定性。

### （三）可变性

市政工程项目在施工的全过程中，受确定性因素、不确定性因素的影响，随着市政工程建设过程的进展，在采取了有效的控制措施后，部分风险会得到相应的控制与处理，但同时又有可能产生新的风险。

### （四）损失的严重性

市政工程项目投资巨大、涉及面广，一旦出现事故，势必造成巨大的财产损失和人员伤亡，引起广泛的社会影响，也间接给项目的经济共同体（业主、承包商、监理、勘察设计、科研单位、地方政府等）的财产和声誉带来损害，而且这种财产损失和声誉的损害短时期内是不可能恢复的，并且直接影响社会稳定。

## 五、风险管理的含义

风险管理是一门跨自然科学与社会科学的系统化管理科学，它是在现代工程技术和管理学、社会学、行为科学、经济学、运筹学、概率统计、计算机科学、系统论、控制论、信息论等学科的基础上，结合现代建设项目和高科技开发项目的实际，逐渐形成的交叉学科。风险管理是一个完整的、系统的过程，履行的是一种管理的职能。

项目风险管理是在对风险进行识别、评价的基础上，合理地运用各种风险管理方法、应对策略、技术和手段等对项目的所有风险实施有效的预防与控制，妥善处理风险事故所造成的不利后果，以最少的成本保证项目总体目标实现的管理工作。

风险管理的目标是：使项目顺利进行获得成功；为工程建设创造安全的环境；降低工程费用使总投资不突破限度；保证工程总体按计划有节拍地进行，使其在实施中始终处于良好的受控状态；减少环境内部的干扰，使工程总体始终处于良好的受控状态；保证工程建设质量；使已竣工部分的效益稳定。

## 六、风险管理的流程

风险管理在项目管理中属于一种高层次的综合性管理工作，是分析和处理由不确定性产生的各种问题的一整套方法，国内外文献中对项目风险管理的流程的说法不尽相同，一般来讲，风险管理由风险识别、风险评价和风险应对三步骤构成。

### （一）风险识别

风险识别是风险管理的第一步，风险识别首先明确风险的存在性，运用有效方法和手段对尚未发生的各种潜在风险进行系统的分析、归纳，将导致风险的复杂事物分解成简单、易识别的基本因素，并在众多的影响因素中总结出主要的风险因素，分析其产生的原因和条件，导致的损失后果、影响范围。风险识别确定风险管理的对象，是风险评价和应对的基础，有助于提高风险分析的有效性，有助于制订有效的风险应对策略。

### （二）风险评价

风险评价是在风险识别的基础上，进一步综合考虑风险概率和风险损失后果两方面，选取适当评价方法，建立风险评价模型，得到描述项目总体风险的综合指标，并以量化的指标全面衡量系统当前的风险大小，判定系统风险的可接受程度和总体风险的等级水平，准确地表示出系统当前的风险状态，更准确地认识风险。为风险应对提供科学的依据，最终保障项目的顺利开展。

### （三）风险应对

风险应对是在风险发生前，从消除风险因素、降低风险发生的概率、风险后果的损失程度等方面，针对已识别出的风险采取控制措施，包括风险预防、风险缓解、风险转移、风险接受、风险回避和风险监控等措施。

# 第二节　项目决策阶段风险管理

## 一、工程规划的风险管理

市政工程规划阶段的主要工作包括：线路规划方案、桥梁方案、隧道规模等的拟定与专项审查、工程初步勘察与环境调查等。对此阶段进行有效的风险管理，对市政工程的设计、施工及运营具有重要意义。此阶段的风险管理可以由政府部门或建设单位委托相关工程风险管理咨询单位协助进行风险管理。

### （一）风险管理目标

确保工程规划方案与城市总体规划和地理环境条件相一致，最大限度地降低因规划不当而导致的工程设计、施工及运营风险。

### （二）风险管理的内容

此阶段的风险管理应重点针对线路方案、工程选址、桥梁方案、隧道规模、工程投资、环境影响等进行分析，对规划中潜在的重大风险可考虑采用修改线路方案、桥梁方案、隧道规模，重新拟定建设技术方案等措施进行风险控制。主要内容包括：

(1) 规划方案与城市市政网络协调性风险分析。

(2) 交通及客流量预测风险分析。

(3) 线路、桥梁、隧道选择与工程选址风险分析。

(4) 场地水文地质与环境调查风险分析。

(5) 工程重大风险源分析。

(6) 工程投融资可行性风险分析。

(7) 不同工程规划方案风险综合评价与控制措施。

### （三）工程重大风险源

市政工程的重大风险源主要是指在工程方案规划设计阶段中，利用工程初勘和环境调查等技术，辨识工程潜在的对工程自身或周边区域环境产生重大风险影响的关键性工程，具体包括：

(1) 跨江河湖海的工程。

(2) 邻近或穿越既有轨道线路（含铁路）的工程。

(3) 邻近或穿越既有建（构）筑物、道路、重要市政管线的工程。

(4) 邻近或穿越有重要保护性的建（构）筑物或水利设施的工程。

(5) 重大明挖或暗挖的工程。

(6) 邻近或穿越文物保护区的工程。

(7) 需特殊设计或采用新工艺、新设备或新材料的工程。

## 二、工程可行性研究的风险管理

工程可行性研究阶段风险管理的内容主要包括：工程可行性方案拟定与施工方法适用性分析等，可以由工程建设相关单位委托专业的风险咨询单位协助其进行风险管理。最后应对工程可行性研究阶段的风险进行综合评估。

### （一）风险管理目标

通过辨识和评估工程建设风险，优化可行性方案，避免和降低由于线路、桥梁、隧道、施工方法、规划方案等不合理所带来的风险，为工程设计、施工及保险做好前期准备，初步制订工程风险控制措施，完成工程可行性研究阶段风险评估。

### （二）风险管理内容

(1) 建立工程风险管理大纲，确定工程风险管理具体要求。

(2) 工程风险评估单元划分。

(3) 工程风险分级标准和接受准则。

(4) 对重要、特殊的工程结构设计和施工方案进行风险分析。

(5) 工程可行性方案风险综合比选，确定总体方案设计，初步制订风险处置对策。

### （三）潜在的主要风险源

(1) 自然灾害风险（暴雨、洪水、泥石流、飓风、地震等）。

(2) 水文地质与工程地质条件。

(3) 周边环境影响（包括第三方损失及周边区域环境影响）。

(4) 施工方法与施工工期。

(5) 项目资金筹措及资金成本。

(6) 施工场地拆迁引发的各类工期、投资及社会影响风险。

(7) 市政工程运营对其周边区域环境影响风险。

(8) 重大关键性节点工程风险。

### （四）施工方法选择的风险分析

在工程可行性研究阶段，应对可能采取的工程施工方法加以对比选择与风险分析。针对建设工程类型和特点，同时有多种施工方法可供选择。施工方法选择不当可能会发生重大事故，引发严重的安全、经济、环境和工期风险。

综合考虑市政工程的建设工程规模、水文地质条件、邻近地下及地面环境等因素，从施工方法的可实现性、安全性、适应性、技术性和经济性、工期进度及对周围环境影响等因素进行综合分析，选择合适的施工方法，以期最大限度地控制和减少风险，避免因施工方法不适合所引起的工程风险。

## 三、方案设计的风险管理

为便于有效开展方案设计的风险管理工作，市政工程方案设计阶段又细分为投标优化设计阶段和总体方案设计阶段。此阶段应识别出特、一级风险工程，并形成全线特级、一级风险工程清单，识别、分级原则上应考虑到各工点。形成的方案设计文件应包括安全风险初步分析的专项内容。

### （一）风险管理目标

通过初步识别特、一级风险工程并有针对性地进行风险分析和设计，规避和降低由于线位和施工工法等方案设计不合理可能导致的风险。

### （二）风险管理内容

（1）特、一级风险工程分级及分级清单的审查论证。

（2）投标方案优化设计和总体方案设计文件的审查论证。

### （三）风险管理职责

（1）设计单位负责完成特、一级风险工程的初步识别和分级，并编制投标方案优化设计文件。

（2）建设单位规划设计部门负责组织风险工程分级和方案设计的实施及其成果复审，并协助组织专家对各项目特、一级风险工程清单及投标方案优化设计文件进行终审、论证。

# 第三节　项目准备阶段风险管理

## 一、详细勘察与环境调查风险管理

工程详细勘察与环境调查的主要任务是进行地形地貌绘制、工程测量、周边环境调查、工程水文地质勘察及室内岩土力学试验分析等；工程地质勘察与环境调查的主要目的是为工程设计和施工提供必要的基础数据资料。

### （一）风险管理目标

通过对工程地质勘察与环境调查报告的过程审查和论证，控制因勘察遗漏、失误或环境调查不准、室内试验方法及参数获取失误等引起的工程设计与施工风险，同时注意避免工程地质勘察施工或环境调查过程中发生的风险。

### （二）风险管理内容

工程地质勘察与环境调查风险管理的内容包括：

（1）收集工程方案相关资料；审查工程地质勘察与环境调查单位资质、技术管理文件及报告；

（2）工程地质勘察方案风险分析，对勘察孔位与数量、钻探与原位测试技术、室内土工试验方法等进行风险分析；

（3）工程地质勘察施工风险分析；

（4）潜在重大不良水文地质或环境风险分析。

### （三）风险管理责任

工程地质勘察单位和环境调查单位承担风险管理实施责任；建设单位主要承担组织与协调责任；风险管理咨询单位承担合同中约定的相应咨询责任。

## 二、初步设计风险管理

工程初步设计阶段的风险管理应以工程地质勘察与环境调查的风险管理为基础，结合选定的规划线路和建设技术方案，重点针对工程结构的具体设计方案、设计参数及施工工艺与技术，考虑工程建设的投资、安全、工期、环境等因素进行风险管理。

### （一）风险管理目标

配合工程设计目标和需求，形成符合国家法律、法规和设计规范条例中要求的安全、可靠、经济、适用和技术先进的设计文件，控制并减少由于设计失误或可施工性差等因素引起的工程功能缺陷、结构损伤及工程事故。同时，通过工程结构设计进一步明确重大风险因素源，对其进行专项初步设计。

### （二）风险管理内容

主要考虑工程初步设计中水文地质条件、地层物理力学参数取值、结构设计计算模型的采用等方面存在的不当或失误，对由此可能导致的风险事故进行分析。针对不同的风险等级，建设单位和设计单位可采用调整初步设计方案、补充地质勘探、对新技术进行试验研究等措施规避风险。

### （三）风险管理责任

工程设计单位承担工程风险管理实施责任，负责完成工程初步设计，确定工程施工方法和安全专项施工技术；建设单位主要承担工程初步设计的组织与协调责任，同时，与设计单位一起承担工程设计方案决策风险管理责任；风险管理咨询单位承担合同中约定的相应咨询任务。

## 三、施工图设计风险管理

结合工程初步设计方案，考虑具体的施工方法及工艺流程，进一步细化初步设计，以保障工程建设施工。施工图设计阶段风险管理的重点是对已辨识的风险进行有效控制，以及对由于初步设计审查引起方案的变化进行风险评估。

## （一）风险管理目标

确保风险源的可靠识别和分级管理，确保施工图设计方案的具体实施，采取合理的施工图设计方案来对风险进行有效的控制，对工程中潜在的重大风险进行施工风险专项评估，提出工程重大风险专项风险管理方案。

## （二）风险管理内容

以工程初步设计风险管理内容为基础，针对建设的关键节点或难点工程进行专项研究，尤其需注意采用新材料、新工艺、新技术及复杂区域施工的难点单项工程。对施工图设计中所确定的具体施工流程、风险控制措施等，尽量采用量化的风险评估方法对工程施工图设计中潜在的风险因素及事故进行专项分析。施工图设计阶段风险管理包括：

（1）工程施工风险源的辨识、分级与风险评估。

（2）重大风险源的专项分析与控制措施。

## （三）风险管理责任

工程设计单位承担工程风险管理实施责任，负责完成工程施工图设计，确定工程施工方法和安全专项施工技术；建设单位主要承担工程施工图设计的组织与协调责任，同时，与设计单位一起承担工程施工图设计方案决策风险管理责任；风险管理咨询单位承担合同中约定的相应咨询责任。

## 四、工程招投标风险管理

### （一）招标文件风险管理要点

（1）在招标文件中，应包含工程施工技术及其他方面的风险管理要求，确定工程建设各方应承担的工程风险管理责任等。

（2）招标文件应明确说明对投标单位的风险管理实施要求。

（3）招标文件需包含以下信息：

1）投标单位在类似工程中进行风险管理的相关信息及其成果。

2）工程风险管理相关的组织结构与人员安排。

3）投标单位针对工程施工的风险管理目标概述。

4）投标单位对工程可能涉及风险的辨识与分析。

5）投标单位针对工程风险管理提出的措施与建议。

## （二）投标文件风险管理要点

在投标文件中，施工单位的风险管理方案和措施应符合招标文件要求。施工单位风险管理方面的要求包括：

（1）风险管理的职位安排和人员组织。

（2）可考虑和预测到的各种风险。

（3）对工程施工方案的风险评估、风险等级划分和风险控制措施等说明。

（4）风险管理的日程安排。

（5）与建设单位的风险管理体系及风险管理小组的协调。

（6）与其他施工单位风险管理方面的协调。

（7）与其他部门（如政府部门、质量管理、环境管理部门等）的协调。

（8）对分包商的工程风险控制具体要求和管理制度。

## （三）合同签订风险管理要点

（1）合同条款的完整性分析。

（2）以合同为依据，对可能的重点或难点技术方案须明确是否需要进行二次风险评估。

（3）工程投资费用及时到位的风险。

（4）工程工期提前或延误的风险。

（5）重要设备的采购与供货风险。

（6）对于未辨识的风险，合同中应包括与之相关的风险管理责任，具体实施或执行方案可通过双方商定，在合同条款中补充说明。

# 第四节　项目实施阶段风险管理

实施阶段，作为主要的参建单位——建设单位与施工单位各自首先应明确风险管理的内容，然后按照风险管理的流程进行风险管理，必要时可成立工程风险管理小组或委托专业的风险管理咨询单位协助进行项目的风险管理。

## 一、建设单位风险管理内容

建设单位是工程风险管理协调与组织主体，负责统领工程施工现场风险管理，对工程施工各参与单位的风险管理方案实行审查，监督实施施工过程风险监控、安全状态判定和风险事故处理，对重大安全事故，及时上报上级主管单位和政府部门，启动工程事故应急预案，并负责组织工程现场抢险。具体工作包括：

（1）建议成立工程风险管理小组，组织工程建设参与各方共同建立风险管理体系。

（2）开展工程风险管理培训工作，并参与工程施工单位的风险管理培训。

（3）负责协调、组织和布置工程建设各方开展工程风险管理工作，按照合同规定及时支付工程风险管理费用。

（4）建立工程现场风险监控动态管理台账，定期对施工单位的风险管理状况进行督查记录。

（5）负责对施工单位的风险管理方案和措施进行审定，其中重大风险的控制须经建设单位评审后方可实施。

（6）定期向政府主管部门报告风险管理情况，配合政府主管部门对重要风险管理活动实施同步监督管理。

## 二、施工单位风险管理内容

施工单位承担工程施工风险管理实施责任。主要负责施工准备期和施工过程中风险源的识别与动态风险评估，编制工程施工管理方案和具体风险控制措施，执行风险管理实施细则及风险事务处理等。根据签订的工程承包合同，具体工作包括：

（1）拟订详尽的风险管理计划，制订工程风险管理体系，明确工程风险管理流程。

（2）制订工程施工风险实施细则，确定工程施工风险管理的人员组织及人员名单、工作职责。

（3）在工程正式开工建设前，根据工程前期阶段已有的风险评估或管理文件和报告，分析施工前期及合同签订阶段中已识别的工程风险及风险控制措施，并考虑企业的施工设备、技术条件和人员，针对新辨识的风险提出相应的风险控制措施。

（4）针对风险较大的风险事故，制订工程风险预警标准，列举风险事故发生的征兆现象，编制工程重大风险事故应急处置预案，其中，工程风险应急预案及应急措施应与国家、地方政府及相关的公共应急预案和服务相衔接。

（5）制订详尽的工程风险管理培训计划，负责对参与工程风险管理的技术人员进行风险管理培训和指导，并对作业层进行施工风险交底。

（6）当工程设计、施工方案或工期有重大变更时，应对工程风险重新进行分析与评估。

（7）负责完成工程施工阶段的风险动态评估，研究施工对邻近建（构）筑物影响的风险分析，并梳理重大工程风险，提交施工重大风险动态评估报告。

（8）结合工程施工进度，施工单位应及时上报工程施工信息，通告建设各方施工风险状况。

（9）施工单位应对与工程施工有关的事故、意外、缺漏等进行调查与记录，分析风险发生原因，评估风险可能对工程既定投资、工期或计划的影响，并迅速完善风险控制措施，避免类似事故的再次发生。

（10）施工中当某些风险控制措施的执行可能导致工期延误，或对建设单位造成其他的损失时，须经过建设单位批准后方能实施。

（11）施工单位应根据工程特点，明确工程风险管理专项保证费用额度，并承诺专款专用。

## 三、风险管理小组的管理内容

项目实施阶段，建议成立工程风险管理小组。该小组是由建设单位、咨询单位、设计单位、施工单位、监理单位、监测单位等工程参与各方负责人代表组成的工程现场风险管理最高机构，由建设单位负责领导，实行"分级管理、分工负责、集体决策"制度。在现场应有专职人员开展工作，主要负责现场施工风险管理的组织、督促与协调等责任，同时协助工程风险事故的应急决策与组织。主要职能包括：

（1）负责组织工程参与各方开展施工风险管理，负责现场风险管理的沟通与协调。

（2）督促与监督工程参与各方风险管理落实情况，配合工程参与各方实现工程动态风险控制。

（3）协助工程参与各方进行工程风险决策与控制，及时了解风险现状，发现风险事故征兆。

（4）作为风险管理的中枢，一旦发生风险则组织启动相应的风险应急预案。

## 四、风险管理咨询单位的管理内容

施工阶段是工程风险管理的核心，也是工程风险能否得到有效控制的关键。随着工程进展，风险在不断变化，各项风险发生的概率及其损失也在不断改变。因此，工程施工阶段风险管理应以先期各阶段完成的风险管理为基础，进行风险的动态管理与控制，通过委托专业风险管理咨询单位配合开展工程施工过程中的现场风险管理。其主要职责为承担工程施工风险查勘责任，主要为工程建设单位（或保险单位）进行现场施工全过程的风险动态查勘，汇报现场风险管理现状，预测下阶段风险管理的重点及发展趋势等。

### （一）风险辨识和评估

根据工程条件、施工方法以及设备条件，按照工程施工进度和工序，对工程风险进行评估和整理，尤其是要对工程的重大风险进行梳理和分析，确定工程风险等级，并对重大风险提出规避措施和事故预案，完成施工风险评估报告。具体包括：

（1）工程各分部分项工程的主要风险点。

（2）致险因子与风险环境。

（3）风险等级及排序。

（4）风险管理责任人。

（5）风险规避措施。

（6）风险事故预案。

风险评估报告应以正式的文件发送给工程建设各方，并经讨论使工程各方对工程风险评估等级和控制对策形成共识。

### （二）风险跟踪管理

风险跟踪管理是指对工程风险状态进行跟踪与管理，督促风险规避措施的实施，同时及时发现和处理尚未认识的风险，具体包括：工程总体风险水平的变化、重大风险的发展趋势、规避措施实施情况以及风险损失情况等。具体流程如图9-3所示。

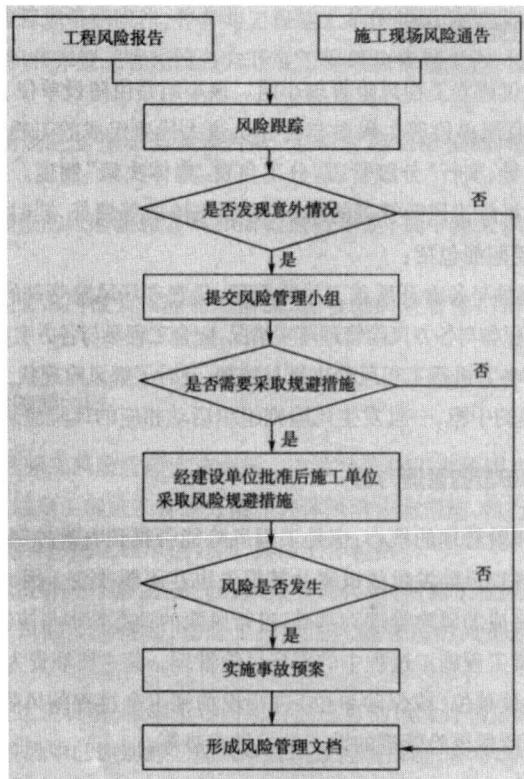

**图9-3工程风险动态跟踪流程图**

风险跟踪的内容主要包括对已辨识风险和其他突发风险的实时观察、对风险发展状况的记录和查询，以便及时地发现和解决问题。记录内容包括：风险辨识人员、风险发生区域、发展状态、是否采取规避措施、实施人员及风险控制效果等。具体风险跟踪内容如图9-4所示。

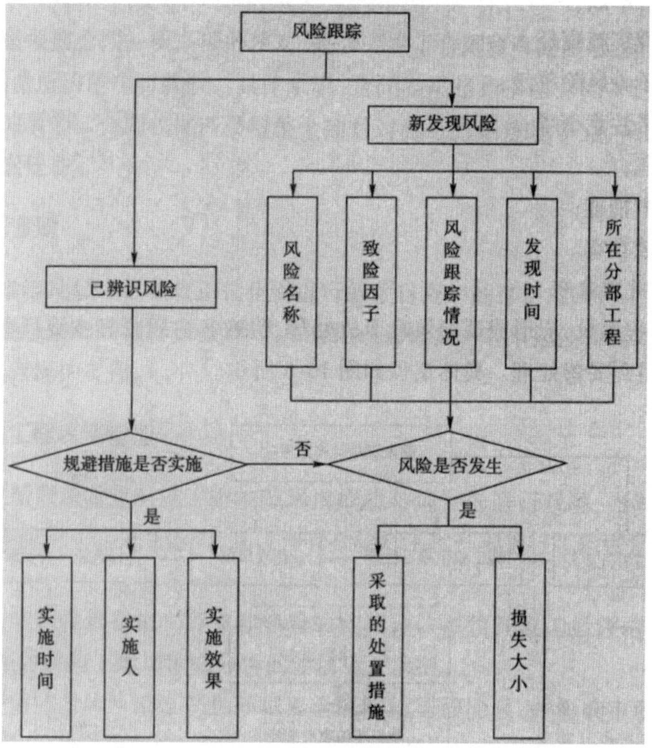

图9-4工程风险跟踪内容

## （三）风险预警预报

现场施工应建立一套系统的风险监控和预警预报体系。特别是对于工程重大风险点，应通过对监测数据的动态管理，及时掌握其发展状态。具体工作包括：

(1)根据工程风险特点，确定合理的工程监测方案，制订预警标准。

(2)将各监测结果和风险事故建立对应关系。

(3)确定基于监测结果的风险评价等级。

(4)根据监测结果进行风险的动态评价。

(5)如果发现异常或超过警戒值，应及时进行风险报警，采取规避措施，做好风险事故处理准备工作。

## （四）风险通告

根据风险评估结果，在每个单项工程施工之前，建设单位应以风险预告的形式，将其中的主要风险点通告施工单位、施工单位应提交专门的风险处置方案，上报建设单位，审批通过后方可施工。

施工现场风险通告是工程风险管理中非常重要的一环，施工单位应在工程现场设置风险宣传牌，对各个阶段的风险点和注意事项进行宣传和教育。现场风险通告应包括：

（1）主要风险事故。

（2）风险管理实施责任人。

（3）致险因子与风险等级。

（4）施工人员注意事项。

（5）事故预兆。

（6）风险规避措施。

（7）风险事故预案。

### （五）重大事故处理流程

对于重大工程事故，应形成现场风险事故处理流程，明确各方职责和主要任务，确保风险事故发生后，能尽快得到妥善处理。具体流程如图9-5所示。

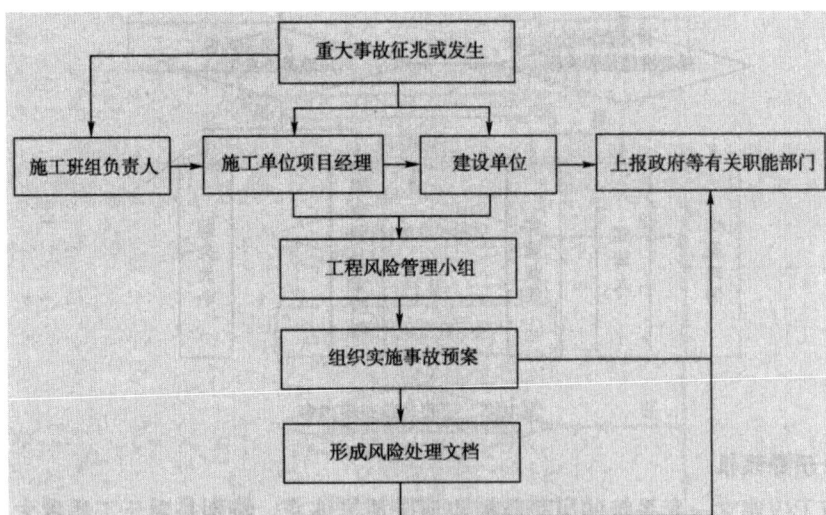

图9-5工程重大事故处理程序

### （六）工程风险文档编写

工程建设过程中应形成专门的风险管理文档。风险管理文档和风险评估报告应作为工程竣工交验的文件。具体包括：

（1）主要工程风险及其致险因子。

（2）工程重大风险点的规避措施和事故预案。

（3）风险事故发生的时间、地点、原因分析、损失情况和采取的处理措施。

（4）规避措施的实施责任人、时间和控制效果。

# 第五节　项目收尾阶段风险管理

## 一、合同收尾管理

合同收尾就是根据合同一项一项地核对，是否完成了合同所有的要求，是否可以把项目结束，也就是人们通常所讲的项目验收。具体来说，合同收尾是指了结合同并结清账目，包括解决所有尚未了结的事项。合同收尾需要对整个项目过程进行系统的审查，找出合同上签订的事项是否已经完成任务。

## 二、资料收尾管理

资料收尾是指涉及对项目验收正式化而进行的项目资料的移交和归档。具体包括实施期间的所有项目文档整理和归档，同时还要求所有的项目成员一起来把经验教训、实施心得写成总结，方便日后运营维护工作。

## 三、周边影响工程收尾管理

（1）项目收尾阶段应重点对施工影响范围内周边环境变形进行观测，当周边建（构）筑物等周边环境的正常使用功能遭受影响，或认为有必要对工程环境进行工后恢复处理时，应进行工后评估。

（2）工后评估应委托具有相应资质和经验的检测评估单位开展工后评估工作，原则上可考虑由现状检测评估或施工附加影响分析的评估单位承担。

（3）当工后评估认为风险工程存在环境安全风险或工程隐患，并影响市政项目的正常运营时，建设单位应组织有资质和经验的设计单位进行恢复设计和施工单位进行修复处理。

（4）监理单位负责监督、检查修复施工处理的实施，并按有关程序组织验收。

# 第十章 市政工程建设项目造价管理

# 第一节　概述

## 一、工程造价的含义

工程造价通常是指建设工程的建造价格。在市场经济条件下，从不同的角度而言，工程造价的含义也不同。

第一种含义：从投资者（业主）的角度而言，工程造价是指建设一项工程预期开支或实际开支的全部固定资产投资费用，包括设备及工器具购置费、建筑安装工程费用、工程建设其他费用、预备费、建设期贷款利息和固定资产投资方向调节税。投资者在投资活动中所支付的全部费用最终形成了工程建成以后交付使用的固定资产、无形资产、流动资产和其他资产价值，所有这些开支就构成了工程造价。在这个意义上讲，工程造价就是建设工程项目的固定资产投资费用。因此，人们有时把固定资产投资费用也称为工程造价。

第二种含义：从市场交易的角度来定义，工程造价是指工程价格，即为建成一项工程，预计或实际在土地市场、设备市场、技术劳务市场以及工程承发包市场等交易活动中所形成的建筑安装工程的价格和建设工程项目的总价格。显然，工程造价的第二种含义是将工程项目作为特殊的商品形式，通过招投标、承发包和其他交易方式，在多次预估的基础上，最终由市场形成价格。通常把工程造价的第二种含义认定为工程承发包价格。

工程造价的两种含义是针对不同对象把握同一事物的本质。对于建设工程的投资者来说，工程造价就是项目投资，是"购买"项目要付出的价格，同时也是投资者在市场"出售"项目时定价的基础；对于规划、设计、承包商以及包括造价咨询在内的中介服务机构来说，工程造价是他们出售商品和劳务的价格总和，或者是特指范围的工程造价，如建筑安装工程造价。

区别工程造价的两种含义，其理论意义在于为以投资者和承包商为代表的供应商的市场行为提供理论依据。当政府提出降低工程造价时，是站在投资者一方更多地考虑市场的需求；当承包商提出要提高工程造价、获得更多利润时，是要实现一个市场供给主体的管理目标。这是市场运行机制的必然，不同的利益主体不能混为一谈。区别工程造价的两种含义的现实意义在于，为实现不同的管理目标，不断充实工程造价的管理内容，完善管理方法，更好地为实现各自的目标服务，从而有利于推动全面的经济增长。

## 二、工程造价管理的含义

工程造价有两种含义，相应地工程造价管理也有两种管理，即建设工程投资费用管理和建设工程价格管理。

### （一）建设工程投资费用管理

建设工程投资费用管理是指为了实现投资的预期目标，在拟订规划、设计方案的条件下，预测、确定和监控工程造价及其变动的系统活动。建设工程投资费用管理属于投资管理范畴，它既涵盖了微观层次的项目投资费用的管理，也涵盖了宏观层次的投资费用的管理。

### （二）建设工程价格管理

建设工程价格管理属于价格管理范畴。在社会主义市场经济条件下价格管理一般分为两个层次。在微观层次上，是指生产企业在掌握市场价格信息的基础上，为实现管理目标而进行的成本控制、计价、定价和竞价的系统活动。它反映了微观主体按支配价格运动的经济规律，对商品价格进行能动的计划、预测、监控和调整，并接受价格对生产的调节。在宏观层次上，是指政府部门根据社会经济发展的实际需要，利用现有的法律、经济和行政手段对价格进行管理和调控，并通过市场管理规范市场主体价格行为的系统活动。

## 三、工程造价管理的基本内容

工程造价管理的基本内容就是合理确定和有效控制工程造价。具体内容为：

### （一）工程造价的合理确定

所谓工程造价的合理确定，就是在工程建设的各个阶段，合理确定投资估算价、概算造价、预算造价、承包合同价、结算价、竣工决算价。

（1）在可行性研究阶段，按照有关规定，应编制投资估算，经有关部门批准，作为拟建项目列入国家中、长期计划和开展前期工作的控制造价。

（2）在初步设计阶段，按照有关规定编制初步设计总概算，经有关部门批准，即作为拟建项目工程造价的最高限额。对初步设计阶段，实行建设项目招标承包制签订承包合同协议的，其合同价也应在最高限价（总概算）相应的范围以内。

（3）在施工图设计阶段，按规定编制施工图预算，用以核实施工图阶段预算造价是否超过批准的初步设计概算。

（4）在招标投标阶段，承发包双方确定的承包合同价，是以经济合同形式确定的建筑安装工程造价。

（5）在工程实施阶段要按照承包方实际完成的工程量，以合同价为基础，同时考虑因物价变动所引起的造价变更，以及设计中难以预计的而在实施阶段实际发生的工程和费用，合理确定结算价。

（6）在竣工验收阶段，全面汇集在工程建设过程中实际花费的全部费用，编制工程项目的竣工决算，如实体现该工程项目的实际造价。

### （二）工程造价的有效控制

所谓工程造价的有效控制，就是在优化设计方案、施工方案的基础上，在建设程序的各个阶段，采用一定的方法和措施把工程造价的发生控制在合理的范围和核定的造价限额以内。具体来说，要用投资估算控制设计方案的选择和初步设计概算造价；用概算造价控制技术设计和修正概算造价；用概算造价或修正概算造价控制施工图设计和预算造价，以求合理使用人力、物力和财力，取得较好的投资效益，控制造价在这里强调的是控制项目投资。

有效控制工程造价应体现三个原则：

1. 以设计阶段为重点的建设全过程造价控制

建设工程造价控制应贯穿于项目建设的全过程，在控制过程中，必须重点突出，只有抓住关键阶段，工程造价控制才能有效可控。大量资料显示，在工程项目整个建设程序中，影响项目造价最大的阶段，是约占工程项目建设周期1/4的决策阶段和准备阶段。投资决策阶段，影响项目造价的可能性为75%～95%；在准备阶段，影响项目造价的可能性为35%～75%；在实施阶段，影响项目造价的可能性为5%～35%；在竣工结算阶段对造价的影响已经很小，为0～5%。

很显然，工程造价控制的重点在于决策阶段和准备阶段，而在项目做出投资决策后，控制工程造价的关键就在于设计。在我国，长期以来忽视工程建设前期工作阶段的造价控制，而把造价控制的主要精力放在承发包阶段以及施工阶段（如审核施工图预算、结算建筑安装工程价款），对工程项目建设前期的造价控制重视不够。要有效地控制建设工程造价，就应将工程造价管理的重点转到工程建设前期。

2. 实施主动控制

长期以来，人们一直把控制理解为目标值与实际值的比较，以及当实际值偏离目标值时，分析其产生偏差的原因，并确定下一步的对策。在工程项目建设全过程进行这样的工程造价控制当然是有意义的。但问题在于，这种立足于调查—分析—决策基础之上的偏离—纠偏—再偏离—再纠偏的控制方法，只能发现偏离，不能使已产生的偏离消失，不能预防可能发生的偏离，因而只能说是被动控制。自20世纪70年代初开始，人们将系统论和控制论的研究成果用于项目管理后，将"控制"立足于事先主动地采取决策措施，以尽可能地减少乃至避免目标值与实际值的偏离，这是主动的、积极的控制方法，因此，被称为主动控制。也就是说，工程造价的控制，不仅要反映投资决策，反映设计、发包和施工，被动地控制工程造价，更要能动地影响投资决策，影响设计、发包和施工，主动地控制工程造价。

3.技术与经济相结合是控制工程造价最有效的手段

要有效地控制工程造价，应从组织、技术、经济等多方面采取措施。从组织上采取措施，包括明确项目组织结构，明确工程造价控制者及其任务，明确管理职能分工；从技术上采取措施，包括重视设计多方案选择，严格审查监督初步设计、技术设计、施工图设计、施工组织设计，深入技术领域调查研究节约造价的可能性；从经济上采取措施，包括动态地比较工程造价的实际值和计划值，严格审核各项费用支出，采取节约造价的奖励措施等。

应该看到，技术与经济相结合是控制工程造价最有效的手段，应通过技术比较、经济分析和效果评价，正确处理技术先进与经济合理两者之间的对立统一关系，力求在技术先进条件下的经济合理，在经济合理基础上的技术先进，把控制工程造价的观念渗透到各项设计和施工技术措施之中。

## 四、建设项目总投资的构成

建设项目总投资是指投资主体为了特定的目的，以达到预期收益，从工程筹建开始到项目全部竣工投产为止所发生的全部资金投入。生产性建设项目总投资包括固定资产投资和流动资产投资；非生产性建设项目总投资只包括固定资产投资。其中，建设投资、建设期利息和固定资产投资方向调节税之和对应于固定资产投资，固定资产投资与建设项目的工程造价在量上相等。按照是否考虑资金的时间价值，建设投资可分为静态投资部分和动态投资部分两部分，静态投资部分由建筑工程费、安装工程费、设备及工器具购置费、工程建设其他费用、预备费的基本预备费构成；动态投资部分由预备费的涨价预备费、建设期贷款利息和固定资产投资方向调节税构成。

上述建设项目总投资的构成仅适用于基本建设新建和改扩建项目，在编制、评审和管理建设项目可行性研究投资估算和初步设计概算投资时，作为计价的依据。不适用于外商投资项目。在具体应用时，要根据项目的具体情况列支实际发生的费用，本项目没有发生的费用不得列支。

## 五、建设项目全过程造价管理流程

为了合理确定和有效控制工程造价，就需要建设单位从项目可行性研究开始，经方案设计、初步设计、施工图设计、组织施工、竣工验收直到决算，实行整个项目全过程的造价控制和管理。项目全过程造价管理程序如图 10-1 所示。

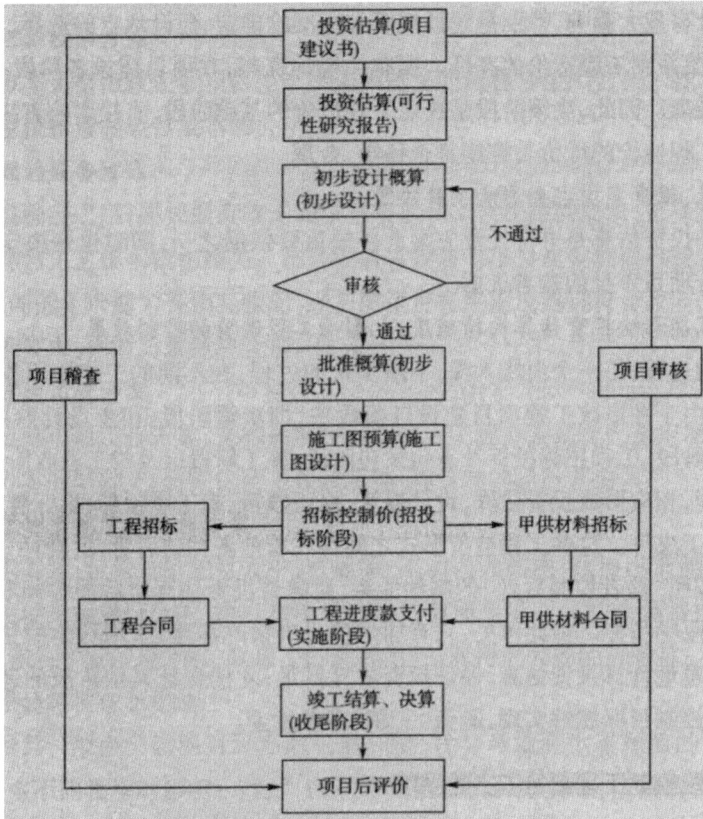

```
          ┌──────────────┐
          │ 投资估算(项目  │
          │ 建议书)       │
          └──────┬───────┘
                 │
          ┌──────▼───────┐
          │ 投资估算(可行  │
          │ 性研究报告)    │
          └──────┬───────┘
                 │
          ┌──────▼───────┐
          │ 初步设计概算   │
          │ (初步设计)     │◄──── 不通过
          └──────┬───────┘
                 │
              ◇审核◇─────────►
                 │通过
          ┌──────▼───────┐
          │ 批准概算(初步  │
          │ 设计)         │
          └──────┬───────┘
```

图10-1全过程造价管理流程

# 第二节　项目投资决策阶段造价管理

## 一、项目决策与工程造价的关系

### （一）决策的正确性是工程造价合理性的前提

正确的项目决策，意味着对项目建设做出科学的决断，优选出最佳投资方案，达到资源的合理配置。这样才能科学合理地估计和计算工程造价，并且在实施最优投资方案过程中，有效地控制工程造价。项目决策失误，主要体现在对不该建设的项目进行投资建设，或者建设地点的选择错误，或者投资规模、建设方案的确定不合理等，诸如此类的决策失误，会直接带来不必要的人力、物力和财力的浪费，甚至造成不可弥补的损失。在此情况下，合理地进行工程造价的控制已经毫无意义了。因此，要达到工程造价的合理性，事先就要保证项目决策的正确性，避免决策失误。

### （二）决策的内容是决定工程造价的基础

工程造价的计价与控制贯穿于工程项目建设全过程，但决策阶段各项技术经济决策，对该项目的工程造价有重大影响，特别是建设规模和标准的确定、建设地点的选择、工艺的评选、设备选用等，直接关系到工程造价的高低。据有关统计资料，在项目建设各阶段，投资决策影响工程造价程度最高。因此，决策阶段是决定工程造价的基础阶段，直接影响着决策阶段之后的各个建设阶段工程造价的计价与控制是否科学、合理。

### （三）造价高低、投资多少也会影响项目决策

决策阶段的投资估算是进行投资方案选择的重要依据之一，同时也是决定项目是否可行及主管部门进行项目审批的参考依据。

### （四）决策的深度影响投资估算的精确度，也影响工程造价的控制效果

投资决策的过程，是一个由浅入深、不断深化的过程，在不同的工作阶段投资估算的精度也不同。另外，由于在市政工程项目建设各阶段中，即决策阶段、初步设计阶段、技术设计阶段、施工图设计阶段、工程招标投标及承包发包阶段、施工阶段以及竣工验收阶段，通过工程造价的确定与控制，相应形成投资估算、设计概算、修正概算、施工图预算、招标控制价、承包合同价、结算价及竣工决算。这些工程造价形式之间存在着前者控制后者，后者补充前者这样的相互作用关系。按照"前者控制后者"的制约关系，意味着投资估算对后面各种形式的造价起着制约关系，作为限额目标。由此可见，只有加强项目决策的深度，采用科学的估算方法和可靠的数据资料，合理地计算投资估算，保证投资估算打足，才能保证其他阶段的造价被控制在合理范围，使投资控制目标能够实现，避免"三超"现象发生。

## 二、决策阶段控制工程造价的主要手段

一般来讲，决策阶段控制工程造价的主要手段：

### （一）确定合理的项目规模

项目合理规模的确定，就是要合理选择拟建项目的生产规模，解决"生产多少"的问题。每一个建设项目都存在着一个合理规模的选择问题。因此，项目规模的合理选择关系着项目的成败、决定着工程造价合理与否。在确定项目规模时，不仅要考虑项目内部各因素之间的数量匹配、能力协调，还要使所有生产力因素共同形成的经济实体（如项目）在规模上大小适应。这样可以合理确定和有效控制工程造价，提高项目经济效益。

### （二）确定合理的建设标准水平

建设标准的主要内容有：建设规模、占地面积、工艺装备、建筑标准、配套工程、劳动定员等方面的标准或指标。建设标准是编制、评估、审批项目可行性研究的重要依据，是衡量工程造价是否合理及监督检查项目建设的客观尺度。建设标准能否起到控制工程造价、指导建设投资的作用，关键在于标准水平定得合理与否。

### （三）确定合理的技术方案

工程技术方案是指市政工程项目生产所采用的工艺流程和生产方法。技术方案的选择直接影响项目的建设投资和运营成本的大小。

### （四）确定合理的设备方案

在技术方案确定之后，要根据市政工程项目规模和工艺程序的要求，选择设备的型号和数量。设备的选择与工艺技术密切相关。选择设备时，设备与项目建设规模和技术方案之间要相互适应，设备之间的生产能力要相互匹配，设备质量可靠性能成熟且符合政府部门或专门机构发布的技术标准要求，同时力求经济合理。

### （五）确定合理的工程方案

工程方案也称市政工程方案，是构成项目的实体。工程方案是在已选定项目建设规模、技术方案和设备方案的基础上，研究论证主要建筑物、构筑物的建造方案。

### （六）确定合理的节能节水工程方案

在研究技术方案、设备选型的过程中，对能源、水消耗大的项目，提出节能节水措施，并对产品及工艺的能耗指标进行分析，提出对项目建设的节能要求。节约能源是指要求通过技术进步、合理利用和科学管理等手段，以最小的能源消耗，取得最大的经济效益。

### （七）确定合理的环境保护措施

市政工程项目一般会引起项目所在地自然环境、社会环境和生态环境的变化，对环境状况、环境质量产生不同程度的影响。因此，在线路方案或技术方案中，应调查识别拟建项目影响环境的因素，研究提出治理和保护环境的措施，比选和优化环境保护方案。

## 三、决策阶段造价管理的主要措施

投资决策阶段的工程造价管理是工程造价控制的源头，具有先决性，它对市政工程项目建设全过程的工程造价控制往往起决定性的作用，是工程造价管理的一个很重要的阶段。

### （一）提高投资估算的准确性

在投资策划决策阶段要编制投资估算，因在该阶段，项目仅有初步意向，估算所选用的数据资料信息有时难以真实反映实际情况，工程量估计不准确，因此，投资估算准确性差。但经批准的投资估算是作为建设工程造价的最高限额，对以后的设计概算，施工图预算和工程竣工结算都起到控制作用，因此，在投资决策阶段造价控制的重点是力求把资金准备足，避免"钓鱼"项目的发生。一般来说，作为业主单位，在审核投资估算时，要了解建设项目中有关资金筹措、实施计划、水电供应、配套工程、征地拆迁赔偿等情况，掌握设计方案的具体工程数量和设计实施方案，参与实地调查研究，搜集编制估算的基础资料，包括人工工资、材料供应和价格、运输条件和运价、施工条件等，审核是否正确选用定额、指标、费率等，并注重搜集市场信息，审核工资、材料、设备价格及预期变化情况，以提高投资估算的准确性。

### （二）优化前期设计方案

市政工程项目前期方案的优化是影响项目的重要因素，在完成基础资料的收集后，应本着经济、实用的原则在技术层面下工夫，设计多套方案，经过充分调查、分析、比较和论证(可行性研究报告评审)，选择技术先进、经济合理的设计方案。

## 第三节　项目准备阶段造价管理

### 一、设计概算的编制

#### （一）设计概算的概念

设计概算是设计文件的重要组成部分，是在投资估算的控制下由设计单位根据初步设计(或技术设计)图纸及说明、概算定额(概算指标)、各项费用定额或取费标准(指标)、设备、材料预算价格等资料，编制和确定的建设项目从筹建至竣工交付使用所需全部建设费用的文件。

设计概算的编制内容包括静态投资和动态投资两部分。静态投资部分作为考核工程设计和施工图预算的依据，静、动态两部分投资之和作为筹措和控制资金使用的限额。

#### （二）设计概算的内容

设计概算分为单位工程概算、单项工程综合概算、建设工程项目总概算三级。

（1）单位工程概算是确定各种单位市政工程、单位设备及安装工程所需建设费用的文件，单位工程概算确定的工程价格是单位工程建设所需的投资额。单位工程概算是编制单项工程综合概算的依据，是单项工程综合概算的组成部分。

（2）单项工程综合概算是确定一个单项工程所需建设费用的文件，它是由单项工程中的各单位工程概算汇总编制而成的，是建设项目总概算的组成部分。单项工程综合概算按其费用内容，包括单位建筑工程概算、单位设备及安装工程概算、工程建设其他费用概算（不编制建设项目总概算时列入）。

（3）建设工程项目总概算是确定整个建设项目从筹建到竣工验收所需全部费用的文件，是设计文件的重要组成部分。建设工程项目总概算是由各单项工程综合概算、工程建设其他费用概算、预备费、专项费用等汇总编制而成。

### （三）单位工程概算的编制方法

1. 单位建筑工程概算的编制方法

（1）概算指标法：概算指标法是采用直接工程费指标，用拟建的道路、桥梁等的计量单位乘以技术条件相同或基本相同工程的概算指标，得出直接工程费，然后按照有关的取费标准计算出措施费、间接费、利润和税金等，编制出单位工程概算的方法。

概算指标法的适用范围是：当初步设计深度不够，不能准确计算出工程量，但工程设计技术比较成熟而又有类似工程概算指标可以利用时，可采用此法。

（2）概算定额法：概算定额法也叫扩大单价法，它是根据概算定额编制扩大单位估价表（概算定额单价），用算出的扩大分部分项工程的工程量，乘以概算定额单价，进行具体计算。其中工程量的计算，必须根据定额中规定的各个扩大分部分项工程内容，遵守定额中规定的计量单位、工程量计算规则及方法来进行。

概算定额法的适用范围是初步设计达到一定深度，建筑结构比较明确，能按照初步设计的平面、立面、剖面图纸计算出概算定额子目所要求的扩大分项工程的工程量的单位工程概算编制。

（3）类似工程预算法：它是一种利用技术条件与编制对象类似的已完工程或在建工程的预算造价资料来编制拟建工程设计概算的方法。即以原有的相似工程的预算为基础，按编制概算指标的方法，求出单位工程的概算指标，再按概算指标法编制工程概算。

类似工程预算法适用于拟建工程初步设计与已完工程或在建工程的设计相近又无概算指标可用者的概算编制，但必须对建筑结构差异和价差进行调整。

2. 单位设备及安装工程概算编制方法

单位设备及安装工程概算包括设备购置费用和设备安装工程概算两部分。

（1）设备购置费概算编制方法：设备购置费由设备原价和设备运杂费汇总得到。

（2）设备安装工程概算编制方法：根据初步设计的深度和要求明确程度，一般有预算单价法、扩大单价法、设备价值百分比法和综合吨位指标法等。

## 二、初步设计阶段造价管理的主要措施

初步设计阶段是造价管理的重点。该阶段造价管理的基本思想是：以预控为主，促使设计在满足功能及质量要求的前提下，不超过投资估算，并尽可能节约投资。据有关资料统计，在初步设计阶段，影响投资的可能性为35%～75%。若要更有效地控制工程造价就要把工作重点转移到设计阶段上来，积极推行和完善限额设计，推行工程设计招标，方案竞争，切实落实勘察设计单位的经济责任制。加强设计阶段的监督力度，把好设计这个重要环节，充分考虑设计方案的合理性，设计标准的高与低，设计材料的选择及新技术、新科学的利用等诸多因素，使工程造价得到充分控制。

### （一）做好设计概算的编制与审查

在初步设计阶段要编制初步设计概算，设计概算是确定和控制建设项目全部投资的文件，是编制固定资产投资计划、实行建设项目投资包干、签订承发包合同的依据，是签订贷款合同、项目实施全过程造价控制管理，以及考核项目经济合理性的依据。概算的编制和审查是很重要的环节。设计概算的编制依据主要有：批准的可行性研究报告，设计工程量，概算指标或定额，国家、行业和地方政府有关法律、法规或规定，资金筹措方式，合理的施工组织设计，设备材料供应及价格，项目的管理、施工条件，项目所在的地区有关的气候、水文、地质地貌等自然条件，有关的经济、人文等社会条件，项目的技术复杂程度，以及新技术、专利使用情况等；有关文件、合同、协议等。

目前，许多设计概算编制存在的主要问题有：概算往往由设计单位编制，编制概算时习惯按建设单位提供的立项投资额进行凑数；由于设计文本、图纸的深度不够，工程量误差大，漏项多，使概算编制人员无法详细、准确地编制设计概算；有些设计单位存在着重设计轻概算的现象，缺乏足够的概算编制力量，有些设计院没有专门的造价编制人员，而是由一些设计人员兼职编制概算，编制时责任心不强，造成编制出来的设计概算质量不高，缺漏项或高估冒算的现象较多；有些编制人员对定额的理解模糊，定额及建设其他费用项目漏项或规定的费率计取错误等问题时有发生。有些是迁就业主意见，有意压低或抬高概算。因此，作为业主，应根据可行性报告认真审核工程设计概算，在确保工程设计概算不超过投资估算的前提下，用正确的专业知识去确定一个合理的投资限额，既保证项目工程的使用功能，又做到投资最合理。

## （二）重视工程测量和地质勘察

一般来说，市政工程建设的规模大、线路长，有很多路段处于未开发地带，由于受森林、草丛、沟渠、泥塘及建筑物等自然障碍的限制，给准确进行地形测量和地质勘察工作带来一定困难。工程测量、地质勘察成果的准确性对工程投资有重大影响，如果数据不准确，必然引起工程设计的较大误差，导致工程数量计算不准，造成工程重大变更发生或可能出现严重的索赔情况，最终将难以对工程造价实行有效的控制。

1.选择优秀的测量、勘察单位

委托或通过招标选择有资质、力量强、信誉好的测量、勘察单位。签订测量、勘察服务合同，明确工作进度、质量、费用，并派专人监督勘测过程，约定因工作成果造成对工程投资、进度、质量产生影响的奖罚措施，以保证测量、勘察的质量和进度要求，并为工程投资控制提供准确基础资料。

2.严格控制测量、勘察的重点单位

测量内容应包括道路施工影响范围内的纵横断面测量及整个用地范围进行地形图修测。重点是对高压电线塔（杆）现况、建筑物、旧路面高程、现状地下管线高程及现状排水进出口高程进行测量，并提供准确位置和高程。

地质勘察控制重点为：水塘、洼地等需要特殊处理的软弱地基地质情况及可能出现石方的山坡地带，主要构筑物基础等。

3.加强测量、勘察成果的核对及审核工作

测量、勘察工作完成后，由建设单位项目技术负责人依照勘察测量任务书、勘察测量技术要求及相关规范进行检查，负责组织设计负责人、监理负责人（若有）共同逐一验孔（对钻探的平面位置、孔深、岩层分类、水文等进行验收；对测量的地形、地貌、古树、电力设施、地上、地下物、各管线检查井的孔底高程、涵洞尺寸及底标高等进行验收），保留相关证据资料作为计量和拨款的依据。测量数据应满足设计的要求，必要时测绘单位应对设计要求的关键点位进行补测。勘察的钻孔深度、钻孔布置也应满足设计的要求，必要时提出增补钻孔要求，在勘察成果符合设计要求后报送施工图审核所审核，取得勘察成果审核批准书。

## （三）强化设计管理

1.引入竞争机制，实行设计方案招标

工程设计招标和设计方案竞选是指通过竞争，择优选用最佳设计方案，促使设计单位改进管理，采用先进技术，提高设计质量、缩短设计工期、降低设计费用，同时降低工程造价（中标的设计方案的投资估算必须控制在招标文件规定的投资范围内），从而使工程投资得到控制。

2. 在确定设计单位后，通过限额设计来控制工程投资

初步设计要重视方案选择，其投资要限制在设计任务书批准的投资限额内。如果发现设计方案或某项费用指标超出任务书的投资限额，应及时反映，并提出解决的方法，不能等到概算编制后，发现超投资再压造价或减项目和设备，以致影响设计进度，造成设计上的不合理，给施工图设计埋下超投资的隐患。

3. 利用价值工程的基本原理优化设计与投资的关系

在初步设计阶段应用价值工程管理的主要任务是进行方案创造，并对创造方案进行优化，求到价值最大化的设计方案。由建设单位牵头组织各有关方面成员组成价值小组，发挥集体的智慧，评审初步设计方案，发现设计方案中价值低下部分，消除不必要成本。在不影响设计功能和质量标准的前提下，积极采用可以降低成本的代用材料。

4. 加强设计成果的检查和审核

加强对设计图纸设计质量的外部监督与审查是控制工程造价的有效途径。

初步设计完成后，由建设单位的主管部门组织有关专家、相关管理部门、建设单位相关人员审查初步设计成果，重点审查初步设计图纸的深度、质量、完整、经济合理及设计概算是否完整准确，审查是否符合规范、规划、交通等要求。

5. 专业管线由各专业设计院分别设计

市政工程地处城区，经常涉及一些地上或地下综合管线的迁改，管线迁改工作量大、难度大，涉及的管线产权单位比较多，有关管线协调工作难度大，而主体设计单位对专业管线的了解不够，因此，管线的设计由管线责任单位直接委托给各专业设计院分别设计。专业管线的概算由各管线设计单位编制，这样可以保证各专业管线概算不漏项，投资合理。

### 三、施工图预算的编制

#### （一）施工图预算的概念

施工图预算又叫设计预算，是施工图设计预算的简称。施工图预算是在施工图设计完成后，工程开工前，根据已批准的施工图纸、现行的预算定额、费用定额和地区人工、材料、设备与机械台班等资源价格，在施工方案或施工组织设计已大致确定的前提下，按照规定的计算程序计算工程费、措施费、其他项目费、规费、税金等费用，确定单位工程造价的技术经济文件。

## （二）施工图预算的内容

施工图预算一般先编制单位工程预算。单位工程预算即单位工程施工图预算，是预先确定各单位工程预算价格的文件，它所确定的工程价格即是单位工程建设所需的投资额。通常分为建筑工程预算和设备安装工程预算两类。建筑工程预算按工程性质又可分为建筑和装饰工程预算、电气照明工程预算、给水排水工程预算、通风空调工程预算、工业管道工程预算、特殊构筑物工程(如炉窑、烟囱、水塔)预算、园林绿化工程预算等；设备安装工程预算又可分为机械设备及安装工程预算、电气设备及安装工程预算、热力设备及安装工程预算、静置设备及安装工程预算、自动化控制装置及仪表工程预算等。

## （三）施工图预算的计价模式

施工图预算价格可以按照政府统一规定的预算单价、取费标准、计价程序计算得到，也可以根据企业自身的实力和市场供求及竞争状况计算得到。根据预算造价的计算方式和管理方式不同，施工图预算可分为传统计价和工程量清单计价两种计价模式。

### 1. 传统计价模式

传统计价模式是采用国家、部门或地区统一规定的定额和取费标准进行工程造价计价的模式，通常也称为定额计价模式，是我国长期使用的一种施工图预算编制方法。

在传统计价模式下，由国家制订预算定额，规定间接费的内容和取费标准，建设单位和施工单位根据预算定额规定的工程量计算规则、定额单价，计算直接费，再根据规定的费率和取费程序计取间接费、利润和税金，汇总得到工程价格。

但是，由于制订预算定额时工、料、机的消耗量是根据"社会平均水平"综合测定，规定的取费标准是根据不同地区价格水平平均测算，使得企业不能结合项目具体情况、自身技术管理水平和市场价格进行自主报价，也不能满足业主对建筑产品质优价廉的要求。因此，传统计价模式存在着一定的缺陷。

一般传统计价模式采用的计价方法是工料单价法，按照分部分项工程单价产生方法的不同，它又可以分为预算单价法和实物法。

### 2. 工程量清单计价模式

工程量清单计价模式是一种区别于定额计价模式的新计价模式，是一种主要由市场定价的计价模式。它是由招标方按照全国统一的工程量清单规范规定的工程量计算规则，提供工程量清单和有关技术说明，投标方根据自身的技术、财务、管理、设备等能力进行投标报价。因此，工程量清单计价是市场定价体系的具体体现形式，在市场经济发达的国家是非常流行的。

为了使我国的工程造价管理与国际接轨，我国颁布了《建设工程工程量清单计价规范》。随着我国建设市场的不断成熟和发展，总结了《建设工程工程量清单计价规范》（GB50500—2003）实施以来的经验，针对执行中存在的问题，由中华人民共和国住房和城乡建设部和中华人民共和国国家质量监督检验检疫总局联合发布了新的国家标准《建设工程工程量清单计价规范》（GB50500—2008），自 2008 年 12 月 1 日起实施。《建设工程工程量清单计价规范》规定，工程量清单应采用综合单价计价。

### 四、施工图设计阶段造价管理的主要措施

在施工图设计阶段造价控制的主要任务是将施工图预算严格控制在批准的概算内。设计单位的最终产品是施工图设计，在这阶段要掌握施工图设计对工程造价的影响，使工程造价严格控制在批准的概算以内。一般采用的造价管理的措施如下。

#### （一）跟进施工图设计，以限额设计控制工程投资

即把施工图预算严格控制在批准的概算以内。设计单位的最终产品是施工图设计，设计部门要掌握施工图设计造价变化情况，使造价严格控制在批准的概算以内。这一阶段限额设计的重点应放在工程量控制上。控制工程量采用审定的初步设计工程量，控制工程量一经审定，即作为施工图设计工程量的最高限额，不得突破。对于市政工程，一些挖填方大的地段、软基处理地段、涵洞及地质复杂、地形变化大的地段、管线复杂段，结构形式要特别注意，要进行细化设计和优化设计，既力求提高设计标准，又应有效控制工程投资。

#### （二）加强设计成果的检查和审核，减少设计变更以控制投资

施工图设计完成后，由建设单位项目技术负责人组织设计工程师、地勘工程师、监理工程师到现场核对施工图的合理性，进行施工图会审，把施工图做深、做细，减少设计变更以控制投资。建设单位的造价人员应认真审查施工图预算，重点审查预算项目的完整性、主要项目工程量的准确性，核对预算造价是否符合限额设计的要求。项目施工图经施工图审查所批准后，报送规划管理部门申请建设工程规划许可证。

#### （三）引入设计监理机制，确保工程造价符合投资限额

除了建设单位选派能力强、经验丰富的技术骨干管理和协调设计中的各种问题和矛盾以外，还应委托专业能力强的设计公司进行设计监理。施工图设计应充分保证在初步设计文件审批的内容、规模和标准范围内，应符合技术法规和规范，符合现场和施工实际条件，设计深度应能满足施工要求和国家有关法规要求，保证工程造价符合投资限额。

#### （四）主要材料、设备的选用，应既经济又可靠

工程的主要材料、设备占整个项目投资的 70% 左右，其对造价控制极为重要，工程项

目管理必须对此谨慎处理。要充分研究项目中的主要材料、设备的功能和用途，了解建设项目的需求，以使主要材料、设备的选用及采购既满足建设项目的功能要求又经济实惠。

### （五）做好施工图预算的编制与审查

在施工图设计阶段要编制施工图预算。施工图预算的编制依据包括：施工图设计项目一览表，设计施工图纸和说明，工程地质勘察资料，国家和省市现行的工程建设预算定额、费用定额、材料信息价；现行有关设备原价和运杂费率；施工组织设计文件以及各种费用定额；已批准的设计概算；工程造价有关计价规定等有关资料。对施工图预算的审查主要是：审核建设项目是否已经经过有关部门批准，预算是否控制在概算之内，是否经济合理；审核工程量计算是否正确，单价套用是否合理；费用定额是否正确。如果存在施工图预算价高于概算价 10%，应重新调整和优化施工图设计，否则要重新调整概算。

### （六）结合工程实际，优选科学合理的施工方案

施工方案选择的不同，不仅决定整个施工工期，而且还对工程造价有很大的影响。作为业主，首先要杜绝无施工组织设计的工程项目开工；其次，在项目开工前，要认真审查施工组织设计，应注意其对工程造价的影响，避免在工程结算中引起纠纷；最后，在项目的施工中，要对施工组织过程进行监督控制，保证项目的施工过程有序，防止施工组织设计流于形式，真正达到控制工程造价的目的。

## 五、招标控制价的编制

### （一）招标控制价的概念

招标控制价是指招标人根据国家或省级、行业建设主管部门颁发的有关计价依据和办法，按设计施工图纸计算的、对招标工程限定的最高工程造价。

我国对国有资金项目的投资控制实行的是投资概算审批制度。国有资金投资的工程，原则上不能超过批准的投资概算。国有资金投资的工程进行招标，根据《中华人民共和国招标投标法》的规定，招标人可以设标底。当招标人不设标底时，为有利于客观、合理地评审投标报价和避免哄抬标价，造成国有资金流失，应编制招标控制价。

招标控制价应由招标人负责编制，当招标人不具有编制招标控制价的能力时，根据《工程造价咨询企业管理办法》(建设部令第 149 号) 的规定，可委托具有工程造价咨询资质的工程造价咨询企业编制。工程造价咨询人不得同时接受招标人和投标人对同一工程的招标控制价和投标报价的编制。

### （二）招标控制价的编制方法

按照工程量清单的基本构成，招标控制价的编制包括分部分项工程费、措施项目费

用、其他项目费、规费和税金等内容。

1. 分部分项工程费

分部分项工程费的计算应以招标文件中提供的分部分项工程量清单为依据，按照招标文件中的分部分项工程量清单项目的特征描述及有关要求，确定综合单价。

2. 措施项目费

措施项目费中的安全文明施工费应当按照国家或省级、行业建设主管部门的规定标准计价。措施项目应按照招标文件中提供的措施项目清单确定，措施项目采用分部分项工程综合单价形式进行计价的工程量，应按措施项目清单中的工程量，并按与分部分项工程工程量清单单价相同的方式确定综合单价；以"项"为单位的方式计价的，依有关规定按综合价格计算，包括除规费、税金以外的全部费用。

3. 其他项目费

它包括暂列金额、暂估价、计日工以及总承包服务费。

（1）暂列金额：暂列金额由招标人根据工程特点，按有关计价规定进行估算确定，一般可以分部分项工程量清单费的10%～15%为参考。

（2）暂估价：暂估价中的材料单价应按照工程造价管理机构发布的工程造价信息或参考市场价格确定；暂估价中的专业工程暂估价应分不同专业，按有关计价规定估算。

（3）计日工：在编制招标控制价时，对计日工中的人工单价和施工机械台班单价应按省级、行业建设主管部门或其授权的工程造价管理机构公布的单价计算；材料应按工程造价管理机构发布的工程造价信息中的材料单价计算，工程造价信息未发布材料单价的材料，其价格应按市场调查确定的单价计算。

（4）总承包服务费：招标人应根据招标文件中列出的内容和向总承包人提出的要求参照下列标准计算：招标人仅要求对分包的专业工程进行总承包管理和协调时，按分包的专业工程估算造价的1.5%计算；招标人要求对分包的专业工程进行总承包管理和协调并同时要求提供配合服务时，根据招标文件中列出的配合服务内容和提出的要求按分包的专业工程估算造价的3%～5%计算；招标人自行供应材料的，按招标人供应材料价值的1%计算。

4. 规费和税金

规费和税金必须按照国家或省级、行业建设主管部门的规定计算。

招标控制价应在招标时公布，不应上调或下浮，招标人应将招标控制价及有关资料报送工程所在地工程造价管理机构备查。投标人经复核认为招标人公布的招标控制价未按照相关规定进行编制的，应在开标前5天向招投标监督机构或（和）工程造价管理机构投诉。

招投标监督机构应会同工程造价管理机构对投诉进行处理，发现确有错误的，应责成招标人修改。

## 六、招标阶段造价管理的主要措施

施工招标及合同管理方案的优劣对工程造价起着十分重要的作用，是有效控制工程造价的核心。招标阶段建设单位造价管理的主要措施有：

### （一）编写完整的资格审查文件及招标文件

（1）根据项目的施工技术要求和难度，以及自身的情况确定对投标人的资质要求。编写完整的资格预审或后审文件，考察投标人的履约能力和保证措施，只有各方面均达到合格条件的投标人才能通过资格审查。

（2）招标文件是合同的一部分，招标时应编写严谨、准确、全面的招标文件。对有关工程质量、安全、工期、风险、费用结算办法等主要的合同条款一定要列在招标文件中，尽量少留或不留"活口"，中标后再谈容易引起争议和反复。

招标文件中有关工程造价条款：招标范围和工作内容、招标控制价编制、投标报价要求；主要合同条款中的价款调整、设计变更价款的确定、中间结算（进度款计算与支付）、违约及索赔、竣工结算、保修金等条款要符合现行有关法律法规和计价规定，特别是标外项目单价和材料设备价的确定要有较为详细的可操作性的定价和计算办法。

（3）根据项目具体特点和实际需要，结合标准文件和行业范本做一些补充或者修改形成比较完整和规模的招标文件，以免在实施过程当中存在因招标文件或合同歧义而产生争议，造成投资失控。

### （二）认真审核工程量清单及预算，确保招标控制价科学、合理

建设单位长期从事项目投资管理工作，其造价人员从项目决策阶段开始负责项目全过程的投资控制，积累了丰富的经验，建设单位造价人员应组织清单编制人员踏勘现场，审查清单的编制是否符合工程量清单计价规范、相关定额、取费标准、施工图纸，是否有结合项目施工的现场条件和工期要求，安排设计人员与编制人员的答疑，配合提供相关规范及图集，提供特殊项目的主要技术措施，认真审核工程量清单及预算的准确性，减少实施过程的计量纠纷。

1.工程量清单要准确，内容要完整

工程量清单是工程量清单计价的基础，是作为编制招标控制价、投标报价、计算工程量、支付工程款、调整合同价款、办理竣工结算以及工程索赔等的依据之一。

（1）政府投资项目招标工程量清单的编制要采用《建设工程工程量清单计价规范》

（GB50500—2008）。

（2）项目特征是确定综合单价的前提，是履行合同义务的基础，因此，要做到项目划分、项目特征描写、工程量计算准确，涉及并影响到组价的因素的特征都必须描述，否则影响招标预算的准确性和投标报价及评标的合理性，还会造成施工单位不平衡报价和施工过程的索赔以及结算时发、承包双方引起争议。

（3）避免工程量清单缺项漏项，以防引发施工期间计量纠纷或过多签证突破合同价。

2. 科学、合理地确定招标控制价

科学、合理的控制价是工程质量及进度的保证。高造价会使财政资金蒙受损失，低造价会使施工单位不规范施工、延误工期、工程质量隐患多、增加项目使用后的维修费用。在确定招标控制价时，必须反映目标工期的要求，应将目标工期对照工期定额，要求提前竣工的给出必要的赶工费，纳入控制价；必须反映业主的质量要求，优质优价；必须考虑招标工程的自然地理条件和招标工程范围等因素；必须结合工程实际情况，采用合理的施工工艺、施工方法。

3. 考虑不同施工方案对标底的影响

不同施工方案的造价必然不同，甚至会相差很多，因此，在编制标底时，应综合考虑工程规模和技术复杂程度，熟悉设计图纸中关于施工方案的部分，了解设计意图；认真对工程现场条件和周围环境进行调查，收集工程所需当地建材的质量、料源、储量情况；场内外交通运输条件，周围道路和桥梁的通行能力；施工供水、供电条件；生产、生活用房和场地情况及租赁条件；地质、水文、气象资料；当地环境对施工的影响；招标文件对工期和质量的要求等，分析施工方案的合理性，以切实可行的施工方案为基础编制招标控制价，提高招标控制价的合理性。

### （三）依据界面清晰、经济高效、便于操作的原则，合理划分标段

标段划分的原则是：

1. 界面清晰

大型综合性工程中往往有很多个标段，所以对各标段承包界面的划分要明确清晰是首要原则。若各标段承包界面划分不清，不但会出现各承包商之间的推诿扯皮现象，而且不利于业主和工程师对投资、质量、安全和进度的控制。

2. 经济高效

标段划分得越细，标段的规模越小，市场上具备投标资格的承包人就越多，工程的承包费用就越低，然而各个标段间的协调就越难，协调的风险也就越大；相反，标段划分数越少，标段的规模就越大，对投标人的技术要求、资质要求、实力要求也就越高，相应

地符合招标要求的潜在投标人就越少，工程的承包费用就会越高。因此，要根据工程特点的自身条件平衡经济与高效的关系，找到一个最优的标段划分方案，实现效率与经济的统一。

3. 便于操作

标段划分后的可操作性是划分标段必须遵循的又一基本原则。包括招标的可操作性，即划分后的标段在市场有一定的竞标对象，可以形成合理的价格竞争；业主管理的可操作性，即建设方有相应的管理能力协调好各标段之间在工程界面及工期、质量、成本、安全、环保等方面的搭接关系。因此，建设方应将工程合理划分标段，将工程量大小相当、施工难度相仿的单位工程，发包给不同人，这样既有助于调动工作性，又较广泛地分散了来自于承包人的风险，从而获得较好的投资效果。

**（四）对分期或分次招标的项目，应分标段进行概算复核**

有些工程因种种原因分期或分次招标，为了有效防止概算超估算、预算超概算现象的发生，避免重复或漏项，必须以投资概算的子项进行控制，建设单位在报送招投标资料时，必须将分标段资料送市政府投资项目评审中心进行标段概算复核；业主单位向财政审核中心报送控制价审核时，应提供项目评审中心的概算复核意见，作为审核中心审核控制价的依据。

**（五）在施工招标和签订合同时明确规定实行担保制度**

工程担保是为了保证投标人能够认真投标和忠实履行合同而设置的保证措施，共有下列内容：

1. 投标保证担保

投标保证是担保人为保障投标人正当从事投标活动所做出的一种承诺，其有效期通常比投标书的有效期长 28 天。由于实行合理低价中标，为防止投标人因可能报价太低而不接受中标书，因此，按标价总额的 1%～2% 收取投标保证金，以规范投标单位的报价行为。

2. 履约保证担保

履约保证是担保人保障承包商履行承包合同所做出的一种承诺，其有效期通常应截止到承包商完成了工程施工和缺陷修复之日。履约保函一般为合同价的 10%～25%。

3. 预付款保证担保

建设单位往往预先支付一定数额的工程款以供承包商周转使用。由于实行低价中标，为了保证承包商将这些款项用于工程项目建设，防止承包商挪作他用、携款潜逃或宣布破产，需要担保人为承包商提供同等数额的预付款保证，或者提交预付款银行保函。预付款保证金额一般与预付款等额。

**4. 低价风险金**

"上有封顶、下无封底",即招标方只公布投标上限控制值,不设下限控制值,为防止投标人盲目报低价而造成工程质量降低或半途退场,可以将投标人投标报价低于最低控制价的差额以及评标委员会认定的漏报项目金额及其他措施不可靠的低价金额,作为低价风险金。

**5. 维修保证担保**

维修保证也称质量保证,是保证人为承包商提供的,保证工程维修期内出现质量缺陷时,承包商应当负责维修的担保形式。一般为合同价的5%。

#### (六) 实行大宗材料集中采购招标

在施工图设计完成后,根据施工图所需的各种原材料的名称和数量,由建设单位集中向大厂家、大卖场招标采购,其价格应比零散采购的供应方式便宜,同时能确保材料及时供应,保证材料质量,有利于工程的"四大控制"。材料集中采购的内容包括:照明灯杆、灯具、电缆、变压器、电缆套管、桥梁支座、伸缩缝、钢筋、防水材料、预应力筋、绿化苗木、钢材等材料。在材料采购单价确定后,将单价和采购的具体要求写入施工招标文件,由中标的施工单位与材料供应商签订采购合同。

# 第四节 项目实施阶段造价管理

## 一、实施阶段造价管理的要点

项目实施是将建设项目的规划、计划、设计方案转变为工程实体的过程,是工程资金花费的主要过程,即建设资金的主要使用阶段。因此,工程从施工到竣工,对建设资金的控制管理,在全过程资金管理中占有很重要的地位,直接影响着工程质量和效益。在工程项目的可行性研究和初步设计等前期阶段,造价管理的主要任务是优化设计方案,合理预测工程投资。而在工程实施阶段,如何将实际造价控制在预测值之内,如何科学地使用建设资金是该阶段的主要任务。工程项目实施阶段在控制工程造价方面可从如下几点着手:

(1) 仔细审查合同标价和工程量清单、基本单价及其他有关文件。

(2) 正确进行工程计量,复核工程付款账单,按规定进行工程价款结算。

(3) 正确理解设计意图,严格控制设计变更,对设计不妥的地方及时更改,并按设计变更程序做好报批工作。

（4）熟练运用定额，合理进行现场签证。

（5）审查施工组织设计，从技术和经济的角度选择合理的施工方案，有效控制造价。

（6）预防并处理好费用索赔。

## 二、实施阶段造价管理的主要措施

要有效地控制工程造价，应该从技术、组织、经济、合同等多方面采取措施。

### （一）投资控制的技术措施

主要是通过控制工程计量、工程款支付、工程变更、合同外签证、竣工结算来实现对工程的投资控制。

（1）参与施工图纸会审，了解施工图纸变更情况，做到心中有数。

（2）在施工过程中，对施工单位在建设中使用的建筑材料必须按投标书的要求进行现场审计，以防止不符合招标书要求的材料以次充好，影响建设质量，变相增加工程造价。

（3）参与工程进度款支付控制。根据施工合同的约定，与监理共同审核确认工程进度款，为财务付款提供准确的凭证。

### （二）投资控制的管理措施，严格把控变更和签证

（1）工程变更是指已签订合同的工程建设项目在合同执行期间发生的涉及合同标的、数量、质量、合同价、工期等变化的变更事项，包括设计变更、进度计划变更、施工条件变更、技术规范的变更等。具体表现为以下几种类型：

1）因设计变更或工程规模变化而引起的工程量增减。

2）因技术规范改变而导致的工程质量、性质或类型的改变。

3）因设计变更而导致的工程任何部分的高程、位置、尺寸的改变。

4）为使工程竣工而实施的任何种类的附加工作。

5）改变原定的施工顺序或时间安排。

6）因设计变更而使得某些工程内容取消。

处理方式有两种：一种是由原设计单位出具的设计变更通知单或由施工单位征得原设计单位同意的设计变更联络单；另一种是以洽商单形式的现场签证，不需要由设计院单位出具变更通知单。

（2）处理好工程变更是控制工程造价的重要举措。必须加强对工程变更的审核。对工程变更事项进行审核时，应严格审查变更事项发生的内容、原因、范围、价格，明确费用发生的承担方，如果该变更事项是承包商的原因造成的或已包含在合同价款中，应予注明。并要规范现场签证，详细说明签证事项产生的原因、时间、处理的办法等内容，必要

时配以简图和文字说明。

（3）对工程变更处理要遵循一定程序进行处理，并规定处理权限：

1）对于设计变更单，一般由提出入办理申请建议，按级报请批准。通常，子项设计变更由施工单位提出经总监核后报业主代表、业主项目经理和业主项目总工核签、部门总工审批后，由项目总工与设计代表磋商确定后下达设计变更通知书或图纸，但所有设计变更通知书或图纸必须经业主部门总工审核确认后方可下发，否则不予计量。对于变更值超过10万元的较大设计变更由公司分管领导或总工程师主持，应请质监部门、财政审核中心人员及项目造价师参加，施工单位应编制变更造价预算经总监审核报业主批准。分项工程量正常由施工单位测算计量或编报预算，经监理工程师审核或复测，由甲方认定，项目的设计变更预算应报财政审核批准。对于变更值超过20万元的重大设计变更，应向公司主要领导报告后办理变更手续。

2）对于以洽商单形式的现场签证，由施工单位项目经理签字，报现场监理核签（两名），经总监核准后报业主签批，须附三方（施工单位、监理单位、业主）签字的原始量测记录。工程量变更的联系单和计量签证若增加造价在5万元以下由业主代表、业主项目经理及工程部经理签署；在5万元以上须经业主分管领导签署；超过10万元的签证，应由分管领导或公司总工组织设计、财政审核中心、造价人员及相关人员现场踏勘，并以设计变更形式完成变更图方可作为结算依据。

（4）合理地调整合同价款：在实行工程量清单计价的情况下，确定变更项目的价格是一项比较复杂的工作，一般情况下在合同条款中应事先规定设计变更价格的确定方法：

1）在实物工程量清单之内的项目，按承包人投标书中的工程量清单的综合单价计算。

2）不在工程量实物清单之内的项目，分部分项工程量清单综合单价按中标价的综合单价编制原则确定其综合单价；其他措施费、规费及税金按中标人在投标报价中所计取的费率标准计取相应的费用。

3）材料变更时价格确定：承包人在投标文件中价格明细表已有的材料，按承包人材料价格明细表所列的材料单价计算。承包人材料价格明细表中没有的材料，以厦门市为例，参照《厦门市建设工程信息》在投标期间公布的材料单价按中标价的综合单价编制原则计算。《厦门市建设工程信息》没有公布的材料，由承包人提出适当的价格，发包人会同市（区）财政审核部门审定。

4）钢材、水泥以及特殊主要材料由于市场价格变动因素及政策性调整导致的价格变化，由于不可预见原因造成施工工期延后，延后工期在二年以内（含二年）的，均不进行调整；延后工期在二年以上的项目钢材、水泥以及特殊主要材料涨（跌）幅度超过10%（含

10%）时，根据市场价格变动情况，由市财政局会同有关部门共同研究确定进行价差调整；因承包人的原因造成工期拖延的，在拖延期间价格上涨引起的价差由承包人承担。

### （三）投资控制的组织措施

具体措施包括：通过落实岗位责任、建立健全投资控制管理制度；定期组织投资情况检查，及时对各个事项进行投资实际值与目标值的比较，通过比较找出实际支出额与投资控制目标之间的偏差，分析产生偏差原因，并及时采取切实有效的措施加以控制，以保证投资控制目标值的实现。

### （四）投资控制的经济措施

详细编制资金使用计划及制订一定的奖罚制度，确定、了解投资控制目标，对工程施工过程中的投资支出做好分析和预测，项目监理机构及建设单位责任部门根据检查情况定期向项目总负责人、项目技术负责人和项目造价管理负责人提交项目投资分析及其存在问题的报告，根据施工情况控制工程款项的支付。

### （五）投资控制的合同措施

选择合理施工合同价款形式，尽量降低业主承担的风险，实行投标承包风险包干制度，便于投资控制。保存各种文件图纸、工程施工记录，特别是注意实际施工变更情况的图纸，注意积累资料，为正确处理可能发生的索赔提供依据。

（1）选择合理施工合同价款形式，实行投标承包风险包干制度。合同价款中包括的风险因素主要有：

1）因工程量清单有错、漏，导致工程预算控制价不准确。

2）因市场变化、政策性调整导致人工、机械价格变化和材料价格变化在包干幅度范围内的。

3）因天气、地形、地质等自然条件的变化，采取的临时措施。

风险费用的计算方法：综合上述风险因素并根据工程大小、技术复杂程度、施工难易程度、施工自然条件、发包人按规定已考虑1%～3%的风险包干系数计入工程预算价。承包人在投标报价时已考虑了上述风险因素并计取了风险包干费用。在风险范围内工程造价包干，施工过程和竣工结算时不再调整。

（2）在合同履行过程中容易引起施工索赔的主要原因有：

1）不利的自然条件与人为障碍引起的索赔，如地质条件变化、设计变更引起的索赔。

2）延误工期的索赔。

3）加速施工的索赔。

4）业主不正当地终止工程而引起的索赔。

5）拖欠支付工程款引起的索赔。

6）甲供材料及设备不能按时提交或质量不合格而引起的索赔。

7）指定分包商违约引起的索赔。

8）因合同条款模糊不清甚至错误引起的索赔。

（3）索赔的控制及预防方法包括：

1）加强合同管理：尽可能在合同条款中规避此类风险，要建立合同会签及审批制度。施工合同内容广泛，涉及施工、技术、经济、法律等多方面，在合同未正式签订前，应由各专业部门和人员共同研究，提出对合同条款的具体意见（如可以增加合同的限制性条款制约承包人的索赔），进行会签。实行合同会签制度，能够确保合同的全面及实际履行。通过严格的审查批准手续，可以使签订的合同合法、有效，提高合同文件的质量，尽量防止合同纠纷的发生，减少索赔事件的产生因素；建立合同交底制度：由合同管理人员向各层次管理者做"合同交底"；把合同责任具体落实到各责任人和合同实施的具体工作上；加强合同履行过程中的管理，做好工程的文件资料积累工作。

2）加强现场施工管理：严格控制工程变更与现场签证；加强对工程监理的管理，可能存在部分监理由于专业知识不够或责任心缺失等原因发出错误指令而导致索赔；严格执行索赔程序。

3）强化甲供材料及设备采购管理：将对工程造价影响大的材料作为甲供材料采购，并应在项目开工前就做好采购计划，采取公开招标，使采购置于阳光下，以保证甲供材料质优价廉，真正起到节约投资的作用。

4）健全基本建设资金集中支付体系：严格建设资金管理和基建财务管理，按计划、按预算、按进度、按程序拨付建设资金，任何单位和个人不得挤占、挪用建设资金。保证工程款的按期支付，避免由于拖延支付工程款而导致的索赔事件发生。

5）完善反腐倡廉保证体系。

（4）确定索赔价款：在合同中应规定关于索赔价款确定的原则，主要表现在以下两个方面：

1）损失赔偿额不得超过违反合同一方订立合同时预见到或者应当预见到的因违反合同可能造成的损失。

2）当事人一方违约后，对方应当采取适当措施防止损失的扩大；没有采取适当措施致使损失扩大的，不得就扩大的损失要求赔偿。当事人因防止损失扩大而支出的合理费用由违约方承担。

# 第五节　项目收尾阶段造价管理

建设单位项目收尾阶段的造价管理主要是做好竣工结算和竣工财务决算工作，必须做到从严、合理的审查和控制。这个阶段是决定项目造价的最后一关，也是造价管理的末端，其造价多少，是否有突破合同价或预算价甚至概算价，都要在这个阶段解决。

## 一、竣工结算的重要性

在市政工程基本竣工、运营开通后，就全面进入工程结算阶段。结算工作是合同双方完成合同工程后的一次全面彻底清算，是建设工程全过程投资控制和工程造价管理的重要环节，它标志着甲、乙双方产品交换的完成。对业主而言是运用专业技术手段，科学、合理地监控、审核建设工程在各阶段上的工程投入，算出工程实际造价，并尽快使建设资金和竣工工程发挥应有的投资效益和工程效益。对承包商来说是算出最终收益，以保证承包各方企业和员工的工程收益和合法权益，维护社会的稳定和企业的正常经营。同时，竣工结算也是竣工决算的前提。

## 二、竣工结算的原则与依据

### （一）竣工结算的原则

竣工结算既要正确贯彻执行国家、省、市有关政府投资工程的政策和规定，又要准确反映施工单位完成的工程价值。在进行结算时要遵循以下原则：

（1）必须具备结算的条件：要有工程验收报告，对于未完成工程，质量不合格工程，不能结算；需要返工重做的，应返工修补合格后，才能结算。

（2）严格执行国家和省、市的各项有关规定。

（3）实事求是，认真履行合同条款。

（4）编制依据充分，审核和审定手续完备。

（5）工程结算内容与清单内容基本相同，但主要体现在"量差"和"价差"的基本内容。量差就是实际工程量和招标工程量之间的差值，价差就是签订合同时的计价或取费标准与实际完成工程量计价或取费标准不符而产生的差别。

### （二）竣工结算的依据

工程结算的依据主要包括：

（1）工程竣工报告、工程竣工验收证明、图纸会审记录、设计变更通知及竣工图。

（2）经审批的施工图预算、材料购买凭证、代用材料差价、施工合同。

（3）现行预算定额、费用定额、材料预算价格及各种收费标准、双方有关工程计价协定。

（4）各种技术资料（技术联系单、隐蔽工程记录、停复工报告等）及现场签证记录。

（5）不可抗力、不可预见费用的记录以及其他有关文件规定等。

## 三、市政工程结算的特点

### （一）工程结算庞大复杂

市政特大型工程是一项非常庞大的、复杂的系统工程，如某特大市政工程有 50 多个土建施工标段，安装、装修各有 10 多个标段，因此，结算工作也是一个具体而浩大的工程，需要投入大量的人力，这是和工程特点相匹配的。

### （二）时间长、接口多

工程跨越几年的时间段，经历许多的工作人员，涉及许多接口，中间设计、施工、人员变化多，因此，某些市政特大型工程结算是一项非常细致、全面、烦琐、艰难的工作。

### （三）结算关系复杂，政策性强，涉及面广

工程结算是矛盾的交汇点，是各方利益的终结点。它关系到建设单位的投资控制和建设成本控制，同时也关系到所有参建单位各方的切身经济利益。

### （四）结算过程复杂

工程竣工结算依据工程承包合同（采购合同）和施工组织设计、工程变更、施工签证，涉及施工竣工结算书编制、审查、审定等过程。

### （五）结算范围复杂

工程结算（工程造价管理的最终环节）需要对建设过程中施工图纸、图纸的修改、工程变更、工程量增减、材料代换、计日工、工期、保险以及价格调整等所有涉及工程费用的事项进行最终审核确认，是工程全过程、全方位的归结。

## 四、市政工程结算审核的方法

竣工结算资料涉及工程的全方位、全过程，虚实混淆、多少难分、矛盾交织、错综复杂。必须抓住重点，把握要领，进行去粗取精、去伪存真、有此及彼、由表及里的严格审

核，提高审核水平，确保审核质量。

**（一）审核必备条件**

结算的前提是必须具备一定条件，市政工程各项目进行结算，必须审核下列条件是否满足：

（1）依据《工程承包合同》"通用条款""专用条款"及合同中其他有关条款的规定，承包商已完成业主批准的施工图纸内的工作量（合同工程量清单），且"本工程或本工程的一部分已实质上竣工并已合格地通过本合同规定的竣工验收"；或设备合同中承包商已完成合同内的合同设备供货及安装。

（2）按照有关市政工程竣工验收程序，已经通过监理组织的初验，承包商已完成初验提出的整改项目或整改部分，且已由业主组织的阶段性验收合格。

（3）按相关规定，承包商已向业主及档案馆移交经档案局验收合格的竣工资料且有档案局文字证明，承包商也已按业主及监理工程师的要求，提供了需要的其他有关资料。

（4）最终竣工结算时，业主已审核完承包商申报的合同内外及施工工程中有争议的工程量价。

**（二）审核依据材料**

任何一个项目，在编制结算时都要以相关资料为依据。因此，在审核时，首先要将相关资料，以及在施工过程中发生的奖励和罚款都纳入竣工结算中，所有资料都要一一核对，力求资料完整齐全，才能确保审核工作正常进行。工程任务完成与否要以施工图纸为依据，工程的工期、质量、建筑材料价格、奖惩等规定要以承包合同和补充合同或其他形式的协议条款作为依据，而具体施工中的动态进展、局部更改和隐藏工程等都要有相关的资料佐证才能纳入结算。要特别重视设计变更资料问题。设计变更文件是竣工资料的基础和重要组成部分，设计变更通知必须由原设计单位下达，必须有设计人员的签名和设计单位的印章。有现场监理人员或承包商提出的不影响结构使用功能和造型美观的局部小变动也属于变更之列，但必须要有建设单位项目经理的签字且还要征得设计人员的认可及签字方可生效。总之，没有完备齐全的资料所做的结算是不完善的结算，没有完整齐全的资料所进行的审核是不准确的审核。

**（三）审核定额单价**

结算工作的关键在于以合同为单位的合同结算，也就是合同工程竣工结算，这是工程各方结算的核心，是市政工程结算的基础和前提，所有合同结算完成了，结算工作就完成了大部分。合同工程竣工结算的内容一般包括三方面：合同价格、合同价格的调整和索赔事项。价格调整的方法、内容、程序等都按具体文件规定执行。合同的关键是价格，价格的关键是定额单价。工程定额单价是单位产品生产过程中消耗的人力、物力或资金的定量，反映一定的社会生产力水平，是建设产品进行结算的标准尺度。在一般情况下，工程的定额单价都有具体规定，编制工程结算时只要参照定额单价的明细就可以直接套用。然而在实际操作中，定额单价套用往往出现差错，究其原因如下：

（1）人为地提高或降低规格。

（2）错将定额中包含的工作内容分离，多估冒报或少估漏报。

（3）核算时不按规定的定额单价换算。

（4）补充的定额单价缺乏依据，也没有经过批准就直接进入结算。等等。

这些都会直接影响工程造价，因此，在审核时应牢记单价的审核是合同工程结算的要点所在。

### （四）审核工程数量

工程量是审核的关键，工程量审核是工程结算的基础。工地现场的实施工程量及现场签证是结算的计算依据，它必须数据准确，手续完整，资料齐全。现场签证，即施工签证，包括设计变更联系单、施工确认签证、主体工程中隐蔽工程签证、暂不计入但说明按实际工程量结算的项目工程量签证以及一些合同外的用工、用料或建设单位原因引起的返工费等。其中，及时做好主体工程中的隐蔽工程签证尤为重要，必须是在施工的同时，画好隐蔽图检查隐蔽验收记录，再请设计单位、监理单位、建设单位等有关人员到现场验收签字，手续完整，工程量与竣工图一致方可列入结算。工程量是工程造价的主体，审核工程量是重点，也是难点。工程量怎样计算及工程量计算的准确与否直接影响到工程造价的高低。在审核中，经常发现结算的工程量与实际完成的工程量有出入。其原因很多，一般有以下几种：

（1）施工企业为加大费用，有意增加工程量和夸大工程的施工难度。

（2）有些变更了的项目仍按原定项目进入结算。

（3）多方施工的工程项目，有时会出现各方都把自己承担的部分工程作为整体工程进入结算。

### （五）审核内在关系

要全力做好工程估算、概算、预算、结算、决算之间，财务管理与合同管理之间，甲方与乙方之间，单价与总价之间，标准件与非标准件之间，设备与系统之间等各种纵横交错、分分合合、形式多样、错综复杂的内在关系的审核。如果各种内在关系梳理不清、界面不明，就会出现缺项、漏项或反复重叠等问题，单位工程就无法形成，单位合同就无法完善，就不能还原为一个整体的工程项目。因此，内在关系审核是工程结算的难点所在，一定要理顺弄清。

### （六）审核合理性

工程其他费用的审核要坚持合情合理的原则。对于其他费用，由于计算方法不同于工程量和定额单价的套用，故在审核中要根据费用发生的具体情况对待。其他费用大体有四类：

（1）施工中发生的费用。

（2）政策性规定的费用。

（3）市场波动产生的材料价差费用。

（4）实行激励机制产生的费用。

对于施工中发生的费用，在审核时首先要对项目本身实际应用情况进行核实，其次对计算中所采用的系数进行核对，做到实事求是，尽量避免差错。对于政策性规定的费用，审核时要以相应的上级主管部门的文件为准，如没有文件的，可以以相关政府会议纪要或批准文件为准。有些工程在施工期跨越两个以上文件，在计费上就要按文件确定的时间界限分段计算，不同性质、不同等级的企业要按规定核定，调减系数和调减基数。在审核税金时，除审查是否执行正常税率外，重点要审核某些已含税的项目是否在结算中重复计算。对于因市场波动而引起的材料价差费用，审核重点是看补差价方式是否合情合理。目前在实际操作中，往往采取如下四种补差价方式：

（1）按合同订的单价补差。

（2）按各地市发布的市场价格信息补差。

（3）按施工单位提交的质保书和发票，加权平均价补差。

（4）按政府确定的政策补差。

无论采用哪种补差方式，只要双方接受即可。对于实行激励机制产生的费用，如优质优价、赶工费等就要以合同、协议为计费依据。

## 五、影响竣工结算的问题及解决方案

根据财政主管部门相关文件规定，在项目办理财务竣工决算之前，财政拨付的建设单位管理费原则上不超过该项目建设单位管理费总额的60%，余下部分待工程竣工财务决算后清算。而建设单位必须在规定时限内将完整的工程竣工财务决算资料上报有关部门审核，逾期未按规定上报的，逐月扣减该项目建设单位管理费的10%，直至预留的40%建设单位管理费扣完为止。因为竣工结算是竣工财务决算的前提，这就要求必须加快办理工程结算。

### （一）影响工程结算及时办理的原因

（1）施工单位整理结算资料进度缓慢：工程结算资料主要是由施工单位提供的。施工单位结算资料收集和整理进度慢的主要原因是工地资料整编人员少，未能及时整编和交付结算资料（施工单位往往重工程建设进度，轻工程竣工结算）。工程款的支付也直接影响到施工单位整编资料的积极性。如果建设单位长期拖欠工程款，施工单位就会怠于收集和移送结算资料；如果建设单位工程款拨付超过了实际投资额，建设单位没有了可制约施工单位的"尚方宝剑"，施工单位就没有了及时编制工程结算资料的推动力。

（2）建设单位组织工程竣工验收不及时。

### （二）加快工程结算办理的措施

（1）推动政府相关职能部门重视结算工作，充分发挥建设单位积极性和能动性。

（2）提高结算办理各环节人员责任感和主人翁精神是加快工作结算进度的重要手段。

（3）市政工程专业管线先行结算。市政工程专业管线多，而且都是先施工，因此，做好专业管线的结算工作至关重要。

## 六、竣工财务决算的编制

竣工财务决算是以实物数量和货币指标为计量单位，综合反映竣工项目从筹建开始到项目竣工交付使用为止的全部建设费用、投资效果和财务情况的总结性文件，是竣工验收报告重要组成部分。

以厦门市为例，厦门市财政局2002年7月公布的《关于印发〈厦门市财政性投融资建设项目工程竣工财务决算审核审批管理暂行办法〉的通知》（厦财基〔2002〕41号）规定，凡是财政性投融资建设项目都必须将工程竣工财务决算资料上报市财政审核中心审核，厦门市财政审核中心在规定的时间内出具项目审核结论书报厦门市财政局审定后批复。

竣工决算的内容。建设项目竣工决算是建设工程从筹建到竣工投产全过程的全部实际支出费用，包括建筑安装工程费、设备及工器具购置费、工程建设其他费、预备费、建设期贷款利息、固定资产投资方向调节税等费用。

竣工决算资料包括：竣工财务决算说明书，竣工财务决算报表，厦门市财政性投融资建设工程决算审核结论书，工程项目盘点移交清单及财产盘点移交清单，勘察设计费、土地征用及拆迁补偿费、工程质量监理费、前期工作费等各项间接费用的合同、发票，借款利息计算清单，工程管理费计提及支出有关单据，工程成本总表及其明细表，项目资金来源清单及银行账单，与工程相关的文件、资料等。其中，竣工财务决算说明书、竣工财务决算报表两部分又称为建设项目竣工财务决算，是竣工决算的核心内容。建设工程项目竣工决算的文件，由建设单位负责组织人员编写，在竣工建设工程项目办理验收使用6个月之内完成。

　　建设单位接到竣工财务决算审批文件后，必须于3个月内按照审批的工程总造价办理账面财产移交（或形成固定资产）及核销基建支出的财务处理，并办理建设项目工程资金尾款清算，把财政投资结余资金上缴财政部门专门设立的建设专项户头。

　　总之，工程造价的控制贯穿于市政工程项目建设的全过程，只有正确的项目决策、合理的设计、严格的施工管理、准确的竣工决算才能合理确定和有效控制市政工程项目造价。

# 参考文献

[1] 刘明维 . 桩基工程 [M]. 北京：中国水利水电出版社 , 2015.

[2] 于力，刘恩元，孟令海 . 建筑工程地基处理与基础工程施工技术与质量控制 [M]. 北京：机械工业出版社 , 2011.

[3] 徐晓珍 . 建设工程监理工程师一本通系列丛书公路工程监理工程师一本通 [M]. 北京：中国建材工业出版社 , 2014.

[4] 李斯海 . 市政工程建设项目管理理论与实践 [M]. 北京：人民交通出版社 , 2014.

[5] 杨润林 . 施工员市政工程 [M]. 北京：中国电力出版社 , 2014.

[6] 蒋建平 . 桩基工程 [M]. 上海：上海交通大学出版社 , 2016.

[7] 徐猛勇 . 公路工程施工监理 [M]. 北京：机械工业出版社 , 2016.

[8] 陈爱连 . 市政工程 [M]. 北京：中国建材工业出版社 , 2014.